公司法实务精要

任春玲 著

北京理工大学出版社
BEIJING INSTITUTE OF TECHNOLOGY PRESS

内 容 简 介

本书的编写目的，一方面是使读者能够直接对照本书处理公司法律实务问题，完成实际业务，培养读者操作公司业务的基本技能；另一方面是使读者能够综合运用法律知识，预防和解决法律争议。

本书以公司法规定的主要公司制度为基础，按不同的主题分设专题，每个专题不仅涉及公司法实务领域的基础问题、实操问题，还紧跟公司法实务的热点问题、疑难问题，也包括了公司法实务的前沿问题。

版权专有　侵权必究

图书在版编目（CIP）数据

公司法实务精要 / 任春玲著. --北京：北京理工大学出版社，2022.3
ISBN 978-7-5763-1097-9

Ⅰ. ①公… Ⅱ. ①任… Ⅲ. ①公司法–研究–中国 Ⅳ. ①D922.291.914

中国版本图书馆 CIP 数据核字（2022）第 037138 号

出版发行 / 北京理工大学出版社有限责任公司
社　　址 / 北京市海淀区中关村南大街 5 号
邮　　编 / 100081
电　　话 /（010）68914775（总编室）
　　　　　（010）82562903（教材售后服务热线）
　　　　　（010）68944723（其他图书服务热线）
网　　址 / http://www.bitpress.com.cn
经　　销 / 全国各地新华书店
印　　刷 / 北京昌联印刷有限公司
开　　本 / 787 毫米×1092 毫米　1/16
印　　张 / 11.75　　　　　　　　　　　　　　责任编辑 / 李　薇
字　　数 / 240 千字　　　　　　　　　　　　　文案编辑 / 杜　枝
版　　次 / 2022 年 3 月第 1 版　2022 年 3 月第 1 次印刷　　责任校对 / 刘亚男
定　　价 / 60.00 元　　　　　　　　　　　　　责任印制 / 施胜娟

图书出现印装质量问题，请拨打售后服务热线，本社负责调换

前　言

法律是一门实践性很强的学科。自《中华人民共和国公司法》颁布之后，相关司法解释陆续出台，司法实践也有了新的发展。为适应当下实践需要，现推出《公司法实务精要》。

本书的编写目的，一方面是使读者能够直接对照本书处理公司法律相关问题，完成实际业务，培养读者操作公司业务的基本技能；另一方面是使读者能够综合运用法律知识，预防和解决法律争议。

本书内容涵盖公司法律实务中需要特别关注的问题，包括公司设立与发起人责任，股东出资与股东资格纠纷，股东知情权，股权转让，董事、高级管理人员责任，公司变更，公司解散与清算等常见的业务板块，以及从事公司法律业务所需具备的职业素质和执业技能要求，为读者从事公司法律业务提供指导与借鉴，帮助读者有效提高业务技能和业务素质。

本书的出版得到了北京青年政治学院科研处的资金支持，在此表示感谢！

目 录

专题一　公司设立与发起人责任实务 ·· 1

专题二　股东出资与股东资格纠纷实务 ······································ 19

专题三　股东知情权实务 ·· 61

专题四　股权转让实务 ··· 86

专题五　董事、高级管理人员责任实务 ···································· 105

专题六　公司变更实务 ··· 130

专题七　公司解散与清算实务 ·· 159

专题一

公司设立与发起人责任实务

一、公司设立

（一）公司设立行为的认定

公司设立是指依照《中华人民共和国公司法》（简称《公司法》）的规定，在公司成立之前为组建公司而进行的一系列法律行为的总称，目的在于取得法律主体资格。这种行为包括以下三项内容。

1. 发起行为

发起行为即发起人按照法律规定的条件和程序而采取的完成组建公司的行为，包括订立发起人协议和公司章程、募集股份、出资、认股、缴纳认股款、召开公司创立会议、申请设立登记等。其特征是限于发起人与设立登记机关之间、发起人与认股人之间以设立公司为目的法律关系，一般不包括与第三人之间的交易行为。

2. 必要的交易行为

依照《最高人民法院关于适用〈中华人民共和国公司法〉若干问题的规定》（简称"公司法司法解释（三）"）第二条、第三条的规定，发起人的以下交易行为可以认定为设立公司的行为：一是发起人为设立公司以自己名义对外签订合同，公司成立后对该合同予以确认，或者已经实际享有合同权利或者履行合同义务的，该发起人对外签订合同的行为可以认定为公司设立行为；二是发起人以设立中公司名义对外签订合同，公司成立后没有证据证明发起人利用设立中公司的名义为自己的利益与相对人签订合同的，该对外签订合同行为可以认定为公司设立行为。发起人的职责范围是为公司设立法律上、经济上必要行为，这些行为由设立中公司作出，其后果归属于设立中的公司。

3. 部分非必要交易行为

提前购买原料、联系客户等，这些行为并不是直接为了设立公司，属于公司设立的非必要交易行为。但这种交易行为是为了替公司发展赢得机会代其提前实施的经营行为，同样属于设立公司进行的必要行为。

（二）设立中公司是否具有诉讼主体资格及其何时产生与消灭？

《公司法》规定了公司设立的程序和方法等，没有设立中公司的概念。对设立中公司的概念及法律地位等问题，其他法律也没有相应的规定。在设立公司的过程中，承担设立公司责任的人通常会以拟设立公司的名义或者其他主体的名义为设立中公司安排民事活动，在公司获得法人资格之前，设立中公司有可能实际成为法律关系的一方当事人。从《公司法》的规定来看，全体发起人以设立公司为共同目的，起草公司章程、募集资金及从事其他申请登记设立公司事务，通过签订发起人协议、投资协议等，以合同关系建立设立中公司的组织构架。设立中公司具备一定的组织机构，有一定的财产，能够确定代表机关，发起人或者组织成员之间存在紧密的合同关系。设立中公司的上述特点符合《中华人民共和国民法典》（简称《民法典》）规定的非法人组织和《中华人民共和国民事诉讼法》（简称《民事诉讼法》）在民事诉讼主体中规定的其他组织的特征。根据《民事诉讼法》第四十八条规定，除公民、法人可以成为民事诉讼主体外，其他组织也可以成为民事诉讼主体。《最高人民法院关于适用〈中华人民共和国民事诉讼法〉的解释》第五十二条将其他组织界定为"合法成立、有一定的组织机构和财产，但又不具备法人资格的组织"。设立中公司符合上述规定的非法人组织或其他组织的特征，可以成为民事诉讼主体。《最高人民法院公报》2006年第7期所载（2005）民二终字第147号民事判决书（福州商贸大厦筹备处与福建佳盛投资发展有限公司借款纠纷案）中承认了设立中公司具有诉讼主体资格。

设立中公司是何时产生的？一般情况下，公司设立活动必须完成三项工作：第一，发起人签订设立公司协议或者投资人协议，并编制公司章程；第二，认股人向公司认缴股份或者缴纳出资；第三，办理申报审批、登记手续等。这几项工作一般是依次顺序进行的。在实务中，这些活动也可能是同一天完成的。一般认为，除当事人有特殊约定外，自签订设立公司协议或者投资人协议之日起即应认定为开始了设立公司的活动，设立中公司即存在了。如果发起人未签署设立公司协议，直接签署公司章程，也可以认定签署公司章程之日是设立中公司产生之日。因此，自发起人签署设立公司协议或者公司章程之日起，应当认定设立中公司产生了。特殊情况下，也可以结合其他事实或者证据，以这几项工作被记载的最早时间确定设立中公司产生的时间。

设立中公司何时消灭？公司成立后，设立中公司的使命完成，其创设的民事主体已经产生，临时替代公司的预备载体应不复存在，设立中公司消灭。故公司登记成立之日，应为设立中公司终结之时。如果公司设立失败或者设立取消，设立中公司应当消灭；公司设立活动开始以后，申报设立公司未获得相关国家管理机关批准、发起人协议解除设立公司协议或者以其他方式放弃设立公司等导致设立公司活动终止的，设立中公司消灭。

（三）对于因公司未成立而产生的纠纷，应按照何种规则处理？

对于未成立的公司的性质，我国法律没有明确规定。"公司法司法解释（三）"第四条第一款规定："公司因故未成立，债权人请求全体或者部分发起人对设立公司行为所产生的费用和债务承担连带清偿责任的，人民法院应予支持。"据此，可以认为，公司未成立的，其性质应为合伙解散，按照合伙解散的规则来处理纠纷，理清债权债务关系。就对外关系而言，所有的发起人对于设立中公司的所有对外债务和费用承担连带清偿责任。就对内关系而言，要按照约定的份额承担责任，如果有盈余的，应按照约定份额分配盈余。

（四）公司不实登记未被登记机关责令改正或撤销登记之前，公司是否可以以其登记事项不实对抗善意第三人？

《民法典》第六十六条规定："登记机关应当依法及时公示法人登记的有关信息。"依据《公司法》的有关规定，为不实登记或以虚报或欺骗手段获得公司登记的公司和有关行为人应承担行政责任甚至刑事责任。但在不实登记被登记机关责令改正或撤销登记之前，是否可以以其登记事项不实而对抗善意的第三人？这里必须注意一个问题，根据《民法典》第六十五条的规定："法人的实际情况与登记的事项不一致的，不得对抗善意相对人。"法人登记信息具有公示对抗效力。基于此，公司登记公示效力将会直接影响民事责任的承担。同时，《民法典》第五百零四条对表见代表作出了规定，"除相对人知道或者应当知道其超越权限外"，公司的法定代表人实施的越权代表或无权代表行为有效。在公司登记通过公示具备对抗效力的情况下，如果登记的法定代表人与真实的法定代表人不符，也不是该相对人的交易对手，则该相对人将很难证明其是善意相对人，故公司登记公示在相对人善意无过失的认定方面会产生决定性的影响。

（五）仅签署发起人协议、投资协议而未签署公司章程的人，是否为公司发起人？

一般情况下，发起人是签署设立公司协议或者发起人协议及公司章程等文件的人。在认定发起人的范围时，要注意隐名股东带来的问题。如发起人设立公司时以自己的名义签署发起人协议、投资协议等文件，公司成立后委托他人显名，提交公司登记机关公示的公司章程由显名股东签署，后期出现发起人协议、投资协议与公司章程签署人不一致的情况。对于仅签署发起人协议、投资协议而未签署公司章程的人，如果能结合向公司缴纳出资、隐名股东和显名股东之间的协议等情形，可以认定其为公司的发起人或者实际股东，发起人责任应由签署发起人协议、投资协议的人承担，而不是由签署公司章程的显名股东承担，即此时隐名股东为公司发起人。对于实际发起人与隐名股东的问题，实务中还要注意区分发起人签署发起人协议后中途退出设立公司的情形。从表面上看，中途退出的发起人与其他发起人签署过发起人协议、投资协议等文件，但中途退出的发起人未签署公司章程，这一点与委托他人持股的发起人可能相似，但中途退出的发起人如果未继续认缴出资，或者与其他发起人有解除设立公司协议、退股协议等的，则其既非发起人，也非隐名股东。

（六）在公司设立中，发起人是否可以转让投资权益？

公司设立中形成的投资权益，主要是围绕拟成立公司的股权形成的权益及在设立公司过程中形成的其他财产权益。例如，以拟成立公司股东身份缴纳的出资形成的财产权利；尚未缴纳出资的，因签订认缴股份协议产生的拟成立公司的股东地位或者资格，可期待的公司成立后的股权增值；设立中公司获得的其他财产权益，发起人可以享有一定的份额，等等。这些权益有现实的和可期待的财产利益，在不违反法律、法规规定及不损害其他发起人利益的情况下，发起人投资权益是可以转让的。由于此时公司尚未设立，对于转让权益时应当如何适用法律、涉及哪些民事主体的利益等，容易认识不清，这里仅梳理实务中比较多发的几个疑难问题，并对此进行简单探讨。

1. 关于公司设立阶段转让投资权益应当适用的法律

在公司设立过程中，发起人之间的关系类似于合伙法律关系。参与公司设立的发起人或者原始股东之间无论是否签订书面协议，实际上都是存在合同关系的，各发起人或者原始股东受合同约束，共同承担合同权利和义务。但是，发起人共同的目标是完成设立公司，他们之间是团体法律关系，并非《民法典》第三编"合同"部分调整的契约法律关系，故适用时应当慎重，对纠纷的处理更多应当考虑适用或者参照适用涉及调整合伙关系的法律、法规等。对设立有限责任公司的，由于有限责任公司具有人合性，投资人身份关系比较紧密，故在转让投资权益时也应履行《公司法》第七十一条规定的股权转让的程序性规定，不能粗暴地仅追求转让价值最大化而不顾及其他原始股东的合法利益。在确保转让的前提下，保障价格的合理，保障其他原始股东的优先购买权。对原始股东之间有特殊约定的，应当根据诚实守信原则，遵守约定，保障各方权益。对设立股份有限公司的，《公司法》对发起人有转让股权时间的限制，即一年内发起人不得转让股份。该规定的立法目的是捆绑发起人和公司利益，延续发起人对设立公司的责任，以保护其他投资人的资金安全，防止发起人以设立公司为手段非法募集资金，欺诈其他投资人。公司设立阶段这种非法募集资金及欺诈的可能性是存在的，故《公司法》的上述规定在公司设立阶段也可以参考贯彻。在排除了这种可能性后，发起人转让设立中的席位或者投资权益，属于发起人的正当权利，不应受上述时间的限制。同时，对公司成立后转让股份的限制仅局限于发起人，对在公司设立中被募集的其他投资人转让投资权益没有任何限制，故对股份有限公司设立中转让投资权益的限制应当区分是否为发起人。

2. 法律、法规对转让投资权益有限制性规定的，应从其规定

对于一般类型的企业，法律、法规对发起人或者发起人股东身份没有特殊规定，但对特殊行业，出于对资源或者市场控制监管等的考虑，行政法规往往对市场准入资格进行限制性规定。例如，中外合资企业、金融类企业等，企业资格或者股东资格在获得相关行政主管部门批准后才可以在市场监督管理部门获得法人主体资格登记。对该类型公司，行政法规对股东身份有特殊规定的，一般应理解为不宜转让投资权益。但如果当事人因有特殊需要转让股东权益,已经办理申请批准手续的,应当重新办理审批手续,获得行政机关批准后,转让协议才产生法律效力。

3. 发起人之间关于转让投资权益有特殊约定的,应从其约定

发起人之间关于公司设立中转让投资权益有特殊约定,且约定不违反法律、法规规定的,应按约定的内容执行。发起人之间关于转让投资权益的约定,可能是关于是否可以转让发起人席位、转让投资权益、其他发起人的优先购买权、发起人中途退出发起设立公司后的责任和对外债务的承担等。发起人之间的协议属于合同范畴,基于合同自由原则,对发起人的约定,意思表示真实,不违反法律、法规规定的,应予以保护,对违法的不予支持。需要注意的是,发起人之间的约定仅在发起人内部产生法律效力,不能以内部约定对抗外部的第三人。

4. 发起人转让投资权益时,其他发起人可以行使优先购买权

发起人协议设立公司,其间除有共同的权利、义务关系外,还存在彼此协作及互相信任的人合因素。因此,发起人转让投资权益时,其他发起人在保障其对外转让权利实现的同等条件下,享有优先购买的权利,转让投资人权益的发起人应保障其他发起人的利益,保证其他发起人行使优先购买权。

5. 关于退出设立公司的违约赔偿问题

转让投资权益要考虑维持公司设立的持续,确保其转让投资权益后不影响公司设立目的的实现,如果影响公司设立目的,应当考虑违约赔偿问题。考虑违约赔偿时,应首先看发起人或者原始股东的约定,有约定的按约定执行,没有约定的依法酌定。但这种责任承担应当适当考虑过失问题,因为《公司法》第九十四条第(三)项规定:"在公司设立过程中,由于发起人的过失致使公司利益受到损害的,应当对公司承担赔偿责任。"

(七)在公司设立过程中,发起人或者投资人能否主张返回投资?

在公司设立阶段,公司尚未设立,这个组织是虚拟的,发起人或者投资人可以随时终止设立活动,终止公司设立活动的结果为公司设立失败。在公司设立失败的情形下,发起人或者投资人并未与拟设立的公司建立身份关系,发起人未成为股东,其已经提交的投资资金当然可以请求返还。但是,在公司设立过程中,未出现公司设立失败的明确情形,部分发起人或投资人请求退回投资的,则应遵从合同约定。发起人或者投资人既可以约定随时无条件退回投资,退出参与创设公司及设立股权,也可以约定不得退出公司设立及退回投资等,只要其约定内容是真实意思表示,不违反法律规定,即应是有效的。在没有约定的情况下,由于发起人参与发起设立公司的目的是通过投资取得股东身份,以股东的名义获得公司经营或者股权增值的财产利益,公司设立之前发起人或者投资人还未取得股东身份,其获利的共同体公司及股权是没有实际存在的,故发起人或者投资人可以单方选择终止为自己设立身份权利,他人不得违背发起人或者投资人的意愿,利用发起人、投资人的名义强迫捆绑发起人、投资人继续设立公司，为发起人或者投资人创设身份权利。因此，从发起人或者投资人在设立公司阶段的关系看，应当允许任一发起人单方解除协议，随时选择退出参加公司设立行为。

但是，退出合作是否能够如数退回投资则要具体分析。由于在设立公司阶段发起人或者投资人之间的权利或者义务是相互牵制的，在某种情况下，其利益是捆绑在一起的，因此，当一方发起人选择退出时，未履行原合同约定的内容，有可能导致公司设立失败或者加重公司设立成本等，影响其他发起人或者投资人的财产利益，给其他发起人或投资人造成损失。当满足一方发起人关于退出的利益时，从公平角度看，对其他发起人或者投资人造成的损失，退出方应当给予适当的补偿。另外，在设立公司活动中，如果存在已经实际消耗掉的费用，例如设立公司支出的劳务费、租用临时办公场所支付的租金等，属于为发起设立公司的共同费用，应由所有参与人共同分担，发起人或者投资人在退出公司时应当对此类财务问题进行清算，截至其退出时已经发生的费用，各发起人或者投资人应当合理分担，在退回发起人或者投资人投资时应当合理扣减。

（八）在公司成立后，发起人之间订立的设立公司协议对股东是否还有约束力？

公司设立协议，有时称为发起人协议，是指发起人之间为公司设立事项达成的协议。在公司设立之初，发起人为了规范各自的行为，达到设立公司的目标，确定协议明确各自的权利义务。公司章程是规范公司机构和运行的规范性文件，其与发起人协议有几处不同。首先，公司章程为必备文件，发起人协议不是。其次，公司章程是按照《公司法》制定的文件，发起人协议是按照《民法典》中关于合同的规定制定的文件。最后，发起人协议约束发起人，具有合同的相对性，公司章程约束的是股东、公司、公司的内部机构等。与公司设立相关的诉讼，均会涉及对公司设立协议和公司章程的审查。有学者认为，公司成立后，设立协议的效力就终止了。我们认为，一概地认为公司成立后设立协议就不再有约束力的观点是不符合实际的。原因在于，公司成立后，公司章程并未规定的某些事项，但是设立协议中对其有明确的规定，因此，设立协议依然存在可以继续适用的可能。公司章程通常是在设立协议的基础上根据法律的规定制定的，在没有争议和符合《公司法》的前提下，设立协议的基本内容通常都为公司章程所吸收，甚至设立协议的条文为公司章程原封不动地搬用。如果设立协议中有公司章程未涉及但又属公司存续或解散之后可能会遇到的事项，相应的条款可继续有效，但基于合同的相对性，其效力只应限于签约的发起人或原始股东。总之，简单地认为公司成立后设立协议就不再有约束力，以及相关的诉讼只能依据公司章程而不能依据设立协议的观点是不正确的。即使设立协议已经履行完毕或者不能履行，其依然可以构成裁判的依据。例如，公司成立后，对于发起人在公司发起过程中的责任纠纷，设立协议依然可以作为纠纷解决的依据；在原始股东资格纠纷中，如果无股东名册、章程记载等证据，设立协议依然可以作为认定原始股东资格的依据之一。

（九）公司设立协议与公司章程不一致

1. 公司设立协议与公司章程之间的联系

一般情况下，股东为明确发起人之间在设立公司过程中的权利义务，都会签订公司设立协议，又称为股东协议、发起人协议、股东投资协议或项目合作协议等，其性质属于合伙协议。这类协议与公司章程之间存在着密切的联系：两者的目标高度一致，都是设立公司；内容上也有许多相同之处，例如都有公司名称、注册资本、经营范围、股东出资与比例、公司运营等内容。正常情况下，公司章程作为公司自治基本规则，往往是以公司设立协议为基础制定的。公司设立协议的主要内容，通常都会被公司章程所吸收。

2. 公司设立协议与公司章程之间的区别

（1）公司章程是公司必备文件，而公司设立协议则是任意文件。在现实生活中，许多人认为签好公司设立协议最为重要，剩下的只是手续问题，这是一个极大的误区。其实，在公司成立与运营过程中，公司章程才是法律规定的必备文件，至于公司设立协议，除了外商投资企业及股份有限公司外，法律对公司设立协议并没有强制要求，其仅为任意文件，可有可无。

（2）公司章程与公司设立协议的效力范围不同。公司章程对公司、股东、董事、监事及高级管理人员均具有约束力；而公司设立协议仅是股东之间签订的合同，依据合同相对性原则，其作用范围仅限于签约的股东之间。

（3）公司设立协议与公司章程的效力期限不同。公司设立协议主要约束公司成立过程中发起人之间的权利义务，其大部分条款在公司成立后会失效；但公司章程的效力自公司设立开始到公司成立后的整个存续过程，直至公司解散并清算后终止。

3. 公司章程与设立协议冲突时的处理

一般情况下，公司章程会吸纳公司设立协议的大部分内容，因此，二者之间一般不会发生冲突。但一旦发生冲突，该如何处理呢？

一般来讲，公司设立协议与公司章程发生冲突时，应以公司章程为准。由于公司章程具有公开性，而公司设立协议是内部协议，为保障交易相对人的利益，维护交易的安全性，当二者的内容产生冲突时，一般应以公司章程为准。不过在实务中应主要看当事人发生争议的事项产生于哪个阶段以及纠纷当事人的范围。如果出现公司设立阶段的出资纠纷或者是纠纷主体均为公司设立人，例如需要追究发起人在设立公司过程中的资本充实责任、损害赔偿责任等，应根据公司设立协议追究发起人的法律责任。如果纠纷发生在公司成立后的股东之间、股东与公司之间、公司与管理机构之间，或是纠纷内容主要涉及公司内部利益分配，则须根据公司章程来确定责任承担。

如果涉及设立协议有规定而公司章程无规定的情形，设立协议应是裁判依据。例如，相关的内容在公司设立协议中有约定，公司章程并未涉及，但又属于公司存续和解散之后可能会遇到的事项，相应的协议条款可继续有效，但其效力范围只应限于签订协议的发起人或者原始股东。

公司设立协议一般只约定设立过程中的相关权利义务，但也有一些约定成立公司以外的事务，如产品买卖、劳务报酬等，只要这些内容不违反强制性法律规定，相应的协议条款可继续有效，但其效力范围只应限于签订协议的发起人或者原始股东。对此，最高人民法院民事审判第一庭认为：若公司发起人订立的协议中不仅包含了设立公司的内容，还包含了公司成立后如何运营、双方在公司运营中的权利义务等其他内容，应根据具体内容来认定协议的性质，不宜简单认定为单纯的公司设立协议。公司成立后，一方诉请解除的，应根据《民法典》的相关规定进行审查和判断，不宜简单驳回。合同解除后，公司解散事由出现的，应依法进行清算。

（十）公司设立协议无效是否必然导致公司成立无效或者公司不能成立？

我们首先要明确，尽管公司出资人或者发起人一般都要以书面形式签订公司设立协议，但公司设立协议并不是我国《公司法》规定的公司成立的必要条件，这是由设立协议的效力决定的。从时间效力上看，设立协议是出资人为公司的设立而订立的，因此，其效力仅及于公司设立阶段，协议约束的内容主要是当事人在设立过程中发生的行为。公司成立即意味着设立目的的实现，设立协议终止，设立期间的法律关系也随之发生变化，出资人在设立阶段构成的合同关系变成了在公司内部的股东关系，以及股东与公司之间的关系。从空间效力上看，设立协议是设立人相互之间订立的合同，调整的是设立人之间的关系，约束的是设立人的行为。根据合同相对性原理，设立协议的空间效力只能涉及订立协议的设立人，不能也不应涉及公司成立后的公司法人以及加入公司的其他股东。因此，即使设立协议存在瑕疵或者说无效，只要公司是符合法定条件并依法成立的，设立协议就不能对公司产生约束力。公司成立后，其是否解散，只能依照《公司法》规定的条件来执行，而不应当受设立协议的影响。当然，由于设立协议对设立人有约束力，如果设立协议存在瑕疵或者说无效，受到损害的设立人可以据此来追究其他有过错的设立人的违约责任或缔约过失责任。

（十一）公司不能设立时，公司设立阶段从事经营活动产生的盈利分配

《企业名称登记管理规定（送审稿）》和《企业名称登记管理实施办法》均明确规定，公司预留名称登记期间不允许生产经营。因此，我国《公司法》及相关法律、法规、司法解释中均未规定设立中公司在公司设立阶段从事经营活动产生的盈利如何分配。然而，在实践中，常出现公司发起人以设立中公司名义实际经营一段时间后，既因设立行为产生债务，又因生产经营产生利润，而因为发起人纠纷、办理工商登记等原因使公司不能成立，合伙人之间就经营期间的利润发生争议的情形。那么，设立中公司的经营行为的效力如何认定？公司设立阶段从事经营活动产生的盈利如何分配？

1. 对于设立中公司经营行为效力的认定

根据《企业名称登记管理规定（送审稿）》的有关规定，预先单独申请登记注册的企业名称经核准后，保留期为1年。经批准有筹建期的，企业名称保留到筹建期终止，在

保留期内不得用于从事生产经营活动。使用未经核准登记注册的企业名称从事生产经营活动的，责令停止经营活动，没收非法所得或者处以2 000元以上、2万元以下罚款，情节严重的，可以并处。

《企业名称登记管理实施办法》规定，预先核准的企业名称在有效期内不得用于经营活动，不得转让。企业变更名称，在其登记机关核准变更登记前，不得使用企业名称变更核准通知书上核准变更的企业名称从事经营活动，也不得转让。

综合以上规定，我国有关行政法规虽然明确规定企业名称预先核准期间不得以企业名义进行生产经营活动，但并未规定对于设立中公司的经营行为的效力认定。我们认为，在我国现行法律、法规环境下，行政处罚并不影响生产经营期间经营行为的效力以及经营债务的承担和经营盈利的获得等民事行为的效力及民事责任的承担。

2. 公司不能设立时，公司设立阶段从事经营活动产生盈利的分配

按照公司法理，设立中公司本质上属于合伙体，应根据合伙的相关规定处理发起人之间的纠纷。设立中的公司实际从事了生产经营，发起人在该合伙体存在盈利的情况下有权按照出资份额参与分配。根据权利义务相一致的法理以及《民法典》的公平原则，可以比照我国《公司法》和"公司法司法解释（三）"中关于公司不能设立时债务的承担的规定。

关于股份有限公司发起人对公司不能成立时因设立行为产生的债务的民事责任，我国《公司法》、部门规章及地方法规、规章均有比较明确的规定。如《公司法》第九十四条规定："股份有限公司的发起人应当承担下列责任：（一）公司不能成立时，对设立行为所产生的债务和费用负连带责任；（二）公司不能成立时，对认股人已缴纳的股款，负返还股款并加算银行同期存款利息的连带责任；（三）在公司设立过程中，由于发起人的过失致使公司利益受到损害的，应当对公司承担赔偿责任。"

关于有限责任公司不能成立时因设立行为产生的债务承担问题，根据"公司法司法解释（三）"第四条规定："公司因故未成立，债权人请求全体或者部分发起人对设立公司行为所产生的费用和债务承担连带清偿责任的，人民法院应予支持。部分发起人依照前款规定承担责任后，请求其他发起人分担的，人民法院应当判令其他发起人按照约定的责任承担比例分担责任；没有约定责任承担比例的，按照约定的出资比例分担责任；没有约定出资比例的，按照均等份额分担责任。因部分发起人的过错导致公司未成立，其他发起人主张其承担设立行为所产生的费用和债务的，人民法院应当根据过错情况，确定过错一方的责任范围。"本条规定明确了公司设立不能时，发起人按出资比例承担该设立阶段产生的债务的情形，即公司设立不能时，发起人按出资比例承担该设立阶段产生的债务。

同理，对于公司设立阶段的债权分配，也应比照适用债务承担的规定，即发起人有权按照出资比例分配公司设立阶段从事经营行为所产生的盈利。

(十二)发起人在公司设立过程中以成立后的公司名义对外订约的效力

除了前述发起人在公司设立过程中以自己名义或设立中公司名义订约外,在实务中还存在一种特殊情形,即发起人在公司设立过程中以成立后的公司名义对外签订合同,法律、司法解释均未涉及。

有观点认为,该合同应当认定为无效,由发起人和相对人按过错承担缔约责任,理由有二。第一,《中华人民共和国公司登记管理条例》(简称《公司登记管理条例》)第三条第二款规定:"自本条例施行之日起设立公司,未经公司登记机关登记的,不得以公司名义从事经营活动。"亦即我国法律法规明令禁止此类合同的有效性。第二,以未依法设立的公司与相对人订约,其主体是子虚乌有的,不存在真实的债权债务承载主体,根据代理规则,任何人在本人不存在的情况下所为代理必由其承担责任。也有观点认为,该合同应为效力待定的合同,如果成立后的公司予以追认,则合同有效,反之,则由发起人自己承担责任,同时考虑相对人是否存在善意,以构成表见代理。还有观点认为,发起人明知公司尚未成立,以成立后公司名义对外订约,该合同构成欺诈,是可撤销合同。针对上述观点分析如下。

1. 关于无效说

针对第一个理由,因为《公司登记管理条例》第三条第二款的规定是为实现行政管理需要,而不是否定合同内容本身,肯定这种合同的效力也不会损害社会公共利益,反而有利于交易安全,故该规定不是效力性强制性规定,不会导致合同无效,并且订约是否属于从事经营活动,尚可商榷。就第二个理由而言,当相对人确实希望由成立后的公司履约时,尽管订约时公司尚未能成立,但已经处于设立中的阶段,设立中公司与成立后公司属于同一体关系,这是履约的实质基础,也是相对人订约的动因所在,相对人没有理由与一个尚未成立的、将来也不可能成立的公司订约并希望其履约,这种合同也无任何意义可言。由此可见,此时合同为附生效条件(公司成立)的合同,而合同的成立只要求有当事人,不要求当事人具有履约的能力,而当生效条件成就时,意味着公司成立,即具有了履约能力,具有承载债权债务的实际主体。

2. 关于效力待定说

由于论争合同显然不属于因无权处分和限制民事行为能力人订立的合同,故效力待定说的基础是无权代理规则。如果单纯从代理的角度来说,根据"公司法司法解释(三)"第三条的规定,原则上推定发起人在公司设立阶段具有设立中公司的订约代理权,因设立中公司的利益与成立后公司的利益是一致的(同一体),也即应当肯定发起人同样具有成立后公司授予的在公司设立阶段的订约代理权,因此,发起人订立的论争合同原则上是有权代理合同,无须经过追认程序或构成表见代理即可生效,可见效力待定说显然是错误的。但是我们也应当看到,此时由于公司尚未成立,根本不具备民事行为能力,不符合合同生效的要件,合同不能生效,与前面的结论矛盾。由此可见,在认定论争合同由发起人代理成立后的公司签订的同时,必须论证该合同在成立的同时延后至公司成立时生效。

3. 关于可撤销合同说

该说法的缺陷在于，并未考虑到发起人在订约时不知公司尚未成立，或合理地相信公司已经成立，或者相对人明知公司尚未成立的情形下，合同的效力如何。

综上，在分析论争合同的效力问题时，应当先探寻当事人的订约真意。如果当事人的订约真意为由成立后的公司履约（如合同义务必须由成立后的公司履行），则论争合同为附生效条件（公司的设立）的合同，公司未能设立时合同不生效，发起人承担缔约责任而非违约责任；如果当事人的订约真意不是由成立后的公司履约（如合同义务的履行先于公司成立），则当事人对合同主体为成立后的公司存在误解，可以通过解释先于撤销规则，将合同主体由成立后的公司补正为发起人或设立中公司，由发起人或设立中公司承担履约责任。当然，如果发起人为自身利益而订约，且相对人非善意，则构成无权代理，由发起人自行担责。

（十三）当事人提起公司设立无效之诉是否受诉讼时效限制？

公司设立无效只能在公司设立登记后发生。对于提起公司设立无效之诉，是否受诉讼时效或者其他期间的限制，各国法律一般都规定了一定的期间。如日本《商法典》第一百三十六条规定："公司设立无效，从其成立之日起二年内，以诉讼方式提出……"德国和法国规定一般情况为 3 年，法国《商事公司法》第三百六十五条还规定，公司因意思要件欠缺或一个股东无行为能力提起无效之诉的时效为 6 个月。但是，上述期间究竟应当属于诉讼时效还是除斥期间，学界尚有争论。我们认为，对于这一期间，应当认为属于除斥期间。因为公司设立不仅在股东之间、公司与股东之间产生了一系列法律关系，而且股东与债权人之间、公司与债权人之间以及公司与政府主管部门之间同样会产生一系列错综复杂的关系。如果将公司设立无效之诉的期间理解为诉讼时效，则不利于公司的稳定，因为诉讼时效本身有中止、中断和延长的问题，这从实际上也容易导致已经发生的法律关系长期处于不稳定的状态。故此，限制提出诉讼的期间属于除斥期间，而不是诉讼时效，不发生中止、中断、延长的问题。

（十四）公司债权人是否有权提起公司设立无效之诉？

我国现行的《公司法》对于公司设立无效规定得较为含糊不清，对于有权提起公司设立无效之诉的主体更是无从涉及。从理论角度看，公司设立无效之诉的宗旨在于对当事人提供一种私权救济的手段，因此，公司的股东、董事和监事均应有权提起这一诉讼。至于债权人是否也应有权提起公司设立无效之诉，学界尚有争议，各国公司立法对此规定不一。我们认为，不宜赋予债权人这一权利，原因有以下几个方面。

（1）根据合同相对性原理，公司债权人的利益如果受到损失，可以直接向公司提出赔偿或者诉讼，根本不需要提起设立无效之诉，通过清算程序来实现自己的债权。这一程序烦琐、复杂，不利于保护债权人的合法权益。

（2）如果股东滥用职权或者控股地位，侵害债权人利益，债权人可以根据《公司法》

第二十条有关法人人格否认制度的规定,直接起诉,要求股东与公司连带承担赔偿责任。

(3)如果赋权债权人提起公司设立无效之诉,在债权人的利益没有得到实现时,债权人有可能动辄以提起设立无效诉讼为要挟,这也不利于公司的稳定和发展。因此,债权人不应享有提起公司设立无效之诉的资格。

(十五)公司设立中对外债务纠纷的处理

公司设立中对外债务的承担,是公司设立相关纠纷中最主要的问题,分为公司设立成功与公司设立失败两种情形。

1. 发起人以自己名义为设立中公司对外签订合同的责任承担

"公司法司法解释(三)"第二条规定:"发起人为设立公司以自己名义对外签订合同,合同相对人请求该发起人承担合同责任的,人民法院应予支持。公司成立后对前款规定的合同予以确认,或者已经实际享有合同权利或者履行义务的,合同相对人请求公司承担合同责任的,人民法院应予支持。"

2. 发起人以设立中公司对外签订合同的责任承担

"公司法司法解释(三)"第三条规定:"发起人以设立中公司名义对外签订合同,公司成立后合同相对人请求公司承担合同责任的,人民法院应予支持。公司成立后有证据证明发起人利用设立中公司的名义为自己的利益与相对人签订合同,公司以此为由主张不承担合同责任的,人民法院应予支持,但相对人为善意的除外。"

3. 公司设立失败时的合同责任承担

"公司法司法解释(三)"第四条规定:"公司因故未成立,债权人请求全体或者部分发起人对设立公司行为所产生的费用和债务承担连带清偿责任的,人民法院应予支持。部分发起人依照前款规定承担责任后,请求其他发起人分担的,人民法院应当判令其他发起人按照约定的责任承担比例分担责任;没有约定责任承担比例的,按照约定的出资比例分担责任;没有约定出资比例的,按照均等份额分担责任。因部分发起人的过错导致公司未能成立,其他发起人主张其承担设立行为所产生的费用和债务的,人民法院应当根据过错情况,确定过错一方的责任范围。"

(十六)设立中公司职务侵权行为的责任承担

"公司法司法解释(三)"第五条规定:"发起人因履行公司设立职责造成他人损害,公司成立后受害人请求公司承担侵权责任的,人民法院应予支持;公司未成立,受害人请求全体发起人承担连带赔偿责任的,人民法院应予支持。公司或者无过错的发起人承担责任后,可以向有过错的发起人追偿。"

认定设立中公司职务侵权行为,应满足以下构成要件:① 侵权行为必须由设立中公司的发起人或者其他有代表权人实施;② 侵权行为必须是发起人职责范围内的行为;③ 存在损害事实;④ 职务行为与损害事实之间有因果关系;⑤ 发起人是设立中公司的意思机关,发起人行为之过错视为设立中公司之过错,根据过错归责原则,侵权行为的后果应属于设立中公司。

二、发起人责任

(一) 公司发起人界定

1. 发起人应具备的条件

一般情况下,发起人是指签订设立公司协议,履行设立公司的职责并向公司认缴出资的人。在《公司法》关于股份有限公司的设立章节中有关于发起人的规定,而关于有限责任公司的设立章节中则没有发起人的相关规定。"公司法司法解释(三)"第一条规定:"为设立公司而签署公司章程、向公司认购出资或者股份并履行公司设立职责的人,应当认定为公司的发起人,包括有限责任公司设立时的股东。"依据上述规定,发起人应同时具备以下条件。

(1) 发起人是为设立公司而签署公司章程的人。公司章程是公司自治规则,是公司设立的必备法律文件。经依法制定的公司章程,对公司、股东、董事、监事、高级管理人员具有约束力。公司章程的制定包括起草、讨论、协商、签署等多个环节,只有签署公司章程的人,才能对公司章程的制定和通过具有实质性影响,因此,只有公司章程的签署人才是发起人。需要注意的是,在股份有限公司中,《公司法》第七十六条规定,"发起人制定公司章程",而依据《公司法》第二十三条,"股东共同制定公司章程",由此可见,尽管在有限责任公司中,《公司法》没有使用"发起人"的概念,而是使用"股东"一词,但二者均具有制定公司章程的法定义务,因此,"公司法司法解释(三)"第一条所界定的发起人应包括有限责任公司设立时的股东。

(2) 发起人是向公司认购出资或股份的人。2013年,我国《公司法》将公司注册资本制度由实缴制改为认缴制,公司注册资本不需要实缴,只需进行认购。因此,只要有认购出资的行为,无论是否已经实际缴纳出资,均可认定为公司发起人。

(3) 发起人是履行公司设立职责的人。设立公司的活动包括签订发起人协议、安排募集股份、认购出资、制定公司章程、选举董事及监事、向主管机关报送登记资料等。履行设立公司的职责,无须发起人亲自参与,发起人可以授权其他发起人代表自己从事公司设立的筹备活动,但不论发起人是否参与具体的筹办事务,都需对公司设立行为承担相应的责任。

最后,需要进一步说明的是,上述三个条件是构成发起人的法定条件,依据《公司法》追究发起人的法律责任时,该发起人应同时具备以上三个条件。

2. 发起人资格的特殊限制

发起人的资格,是指《公司法》对发起人的行为能力、身份、国籍、住所等的规定。各国对发起人资格的规定宽严不一。依据我国《公司法》规定,自然人与法人,甚至合伙企业,均可以作为发起人。

(1) 作为自然人的发起人,必须是具有完全民事行为能力的人,无民事行为能力或者限制民事行为能力的人不能作为发起人。法律禁止设立公司的自然人不得成为发起人,比如公务员、检察官、法官等。

（2）对发起人国籍、住所提出要求或者限制，比如《公司法》第七十八条规定："设立股份有限公司，应当有二人以上二百人以下为发起人，其中须有半数以上的发起人在中国境内有住所。"

（3）法人作为发起人和股东应当是法律允许的法人。我国法律禁止机关法人、事业单位法人作为设立公司的发起人，但经国家授权的国有资产管理机构作为发起人参与特定公司设立的除外。

3. 发起人之间的关系

各发起人为达到一起设立公司的目的，从事签订发起人协议、制定公司章程的活动，其行为属于共同民事行为，签订的发起人协议从性质上属于民法的合伙合同，因此，发起人之间的关系是合伙关系，每个发起人均是合伙中的成员。当公司不能成立时，对公司设立行为造成的后果，发起人要承担连带责任。

4. 发起人与股东之间的关系

（1）二者的含义有差异。发起人是指参加订立发起协议、提出设立公司的申请、认购公司出资或股份并对公司设立承担责任的人。发起人为了实现设立公司的目的，通过签订设立公司的协议结合在一起，受发起协议的约束，在公司成立后，具有股东身份。股东是对公司投资或基于其他的合法原因而持有公司资本的一定份额并享有股东权利的主体。投资人通过认购公司的出资或股份获得股东资格，包括发起人的认购、发起人以外的人的认购和公司成立后投资人对公司新增资本的认购及受让股份等方式。

（2）二者的身份不完全一致。发起人是股东，股东不一定是发起人。发起人作为公司的出资人，在公司成立后自然成为发起人股东，《公司法》没有限制股东必须具备发起人身份。股东不以发起人为限，在设立阶段和公司成立后认购、受让公司出资或股份的人都可以成为股东。

（3）二者承担的责任不同。无论是发起人股东，还是继受股东，均以其认缴或认购的出资额为限对公司承担责任。在公司设立阶段，发起人对外代表公司，对内执行设立任务。他们要对自己的发起设立行为承担相应的民事责任，并且各发起人之间承担连带责任。在公司设立后，发起人作为股东，负有资本充实责任。资本充实责任为《公司法》上确保公司财产基础的一项严格的法定责任，它不以发起人的过失为要件，属于无过失责任且不能以全体股东的同意来免责，也不受时效的约束。除此之外，发起人股东和其余股东的权利义务没有太大差异。

（二）发起人的具体责任

在股份有限公司的设立过程中，发起人依法筹办公司设立的各种事务，发起人在公司设立过程中的行为，直接影响到公司能不能成立，以及公司成立以后的状况。所以，发起人对设立股份有限公司应当承担法定的责任。

1. 在股份有限公司不能成立时，发起人应承担的责任

发起人对设立行为所产生的债务和费用负连带责任，以及对认股人已缴纳的股款负返还股款并加算银行同期存款利息的连带责任。也就是说，公司不能成立时，全体发起人都负有偿还因设立行为所产生的债务和费用的义务，也负有偿还认股人的股款及其银行同期存款利息的义务。对此而拥有权利的债权人、收取费用的人以及认购人可以要求发起人中的任何一个人或者几个人予以清偿、缴付、返还，被要求的发起人不得拒绝。设立行为所产生的债务和费用原则上应由成立后的公司承担，但当公司不能成立时，先前发生的与设立公司相关的费用及债务就失去了公司这一拟定的承担主体，只能改由实施设立行为的主体即发起人来承担。由于发起人之间的关系近似于合伙关系，因此各国公司立法一般都规定对此准用合伙的有关规定，即由发起人对设立行为所产生的费用和债务负连带赔偿责任。至于发起人相互之间的责任承担，应按其约定或投资比例进行划分。

2. 发起人对自己过失行为应当承担的责任

发起人在股份有限公司的设立过程中，应当善意地履行好作为筹办人的义务，使股份有限公司能够顺利地成立。股份有限公司成立后，将依法继受设立过程中所产生的债权债务。但是，如果在设立过程中，发起人因为自己的过失而导致股份有限公司的利益受到损害，那么成立后的股份有限公司有权要求发起人赔偿这些损失。在实践中，公司有权向发起人请求损害赔偿的情形主要有：发起人对公司所负担的设立费用因滥用而致使公司受损失；发起人因设立公司而得到特别利益或报酬，使公司利益减少；发起人用以抵作股款的财产估价过高而令公司受损，等等。值得注意的是，发起人对公司承担损害赔偿责任是一种过失责任，即发起人只对自己主观上存在过失的行为承担责任。

三、公司设立纠纷与发起人责任纠纷的管辖

最高人民法院《民事案件案由规定》规定了公司设立纠纷与发起人责任纠纷两个相互独立的案由。"对于公司设立过程中发起人责任的承担，由发起人责任纠纷予以规范"，具体来讲，公司设立纠纷涵盖了公司设立不能、公司设立瑕疵被撤销登记或被吊销营业执照时的发起人责任。

就法律适用而言，我国《公司法》以及民事法律并没有诸如公司设立纠纷以及发起人责任纠纷之类的法律概念。而两个案由对于管辖的规定不尽相同，因此区分两个案由对于确定管辖具有重要意义。

（一）概念辨析

公司设立纠纷，是指因发起人为组建公司并使其取得法人资格而依法完成一系列法律行为引发的纠纷。

《公司法》等相关法律、法规对公司的设立规定了严格的法定条件和程序，为了使公司具备这些法定条件，发起人必须作出一系列相关法律行为，免不了对外签订合同用以

筹集资金、租赁场地、采购办公用品等。在公司成立过程中，经常发生相关合同在公司内部发起人、设立中的公司、外部债权人等利害关系人之间权利义务归属的法律纠纷。

发起人责任是指发起人在公司设立过程中，因公司不能成立对认股人所应承担的责任或者在公司成立时因发起人自身的过失行为致使公司利益受损时应当承担的责任。在诉讼法意义上，关于发起人是否需要承担责任，是为发起人责任纠纷。

根据"公司法司法解释（三）"第一条规定，"为设立公司而签署公司章程、向公司认购出资或者股份并履行公司设立职责的人，应当认定为公司的发起人，包括有限责任公司设立时的股东。"该条将有限责任公司设立时的股东全部纳入了发起人的范畴。

北京市第一中级人民法院在（2016）京01民终6897号民事判决书中对上述两者进行了司法实践中的区分：发起人责任纠纷系公司发起人之间就设立公司行为所产生的债务和费用如何分担，或发起人是否因其设立公司行为对公司或对他人承担责任有关的纠纷产生的诉讼；而公司设立纠纷则指公司设立后，就公司设立过程中以自己名义对外交易产生债权债务有关的纠纷。

（二）管辖区别

在确定管辖问题上，公司设立纠纷与发起人纠纷有较大差别，因此区分两者对于确定有利的管辖具有重要意义。

1. 公司设立纠纷

《民事诉讼法》规定，因公司设立、确认股东资格、分配利润、解散等纠纷提起的诉讼，由公司住所地人民法院管辖。故因公司设立纠纷而提起的诉讼应该以公司住所地法院为管辖法院。实践中，通常会发生公司住所地与实际经营地不一致的情况，根据《最高人民法院关于适用〈中华人民共和国民事诉讼法〉的解释》（简称"民事诉讼法司法解释"）的规定，"法人或者其他组织的住所地是指法人或者其他组织的主要办事机构所在地。法人或者其他组织的主要办事机构所在地不能确定的，法人或者其他组织的注册地或者登记地为住所地。"因此，公司设立纠纷以公司住所地法院为管辖法院，在有证据可以证明公司主要办事机构所在地的情况下，办事机构所在地法院为管辖法院。《北京市高级人民法院关于立案工作中适用〈民事诉讼法〉若干问题的解答》中规定，发起人责任纠纷中公司未设立的，均不适用《民事诉讼法》第二十六条公司诉讼管辖。

2. 发起人责任纠纷

根据《最高人民法院民事案件案由规定理解与适用》的规定，因发起人责任纠纷提起的诉讼，原则上以《民事诉讼法》中管辖的相关规定为基础，但要综合考虑公司住所地等因素来确定管辖法院。即发起人责任纠纷不直接适用《民事诉讼法》第二十六条关于公司相关纠纷的管辖规定。

发起人责任纠纷中，往往是因为履行发起人协议而发生纠纷，因此依照《民事诉讼法》第二十三条的规定："因合同纠纷提起的诉讼，由被告住所地或者合同履行地人民法院管辖。"但在确定该类案由的管辖上，不应该以固定管辖方式而论，而应该根据具体纠纷表现及主体的实际情况，综合分析案件的管辖。

（三）司法实务

1. 若当事人不能构成公司法意义上的发起人，则不是发起人责任纠纷

履行公司设立职责、签署章程、认购出资或股份，认定发起人的这三个条件缺一不可，只有同时具备，才可以被认定为发起人。

东莞市中级人民法院（2015）东中法民二终字第1926号民事判决书载明：本案中虽然双方签订了股东合作协议书，王某也交付了部分出资，但股东合作协议书并不能等同于公司章程，双方也并未签署公司章程，尚不能构成公司法意义上的发起人，故本案不属于发起人责任纠纷，而是公司设立纠纷。

定西市中级人民法院（2017）甘11民终542号民事判决书载明：作为发起人的张某未就公司设立签署章程，未向公司认购出资，也未履行公司设立的职责，故其不符合"公司法司法解释（三）"第一条中规定的公司发起人的条件，张某与刘某是基于设立公司而达成初步合意，后因公司设立失败而发生纠纷，故本案案由应确定为公司设立纠纷，一审将案由定为发起人责任纠纷不当，本院予以纠正。

西安市中级人民法院（2017）陕01民终12150号民事判决书载明：由于李某与郭某并未签订公司股权转让协议，故本案属于因目标公司未设立，投资人请求返还投资款的纠纷，并非股权转让纠纷，鉴于本案中李某未签署目标公司章程，故本案案由应属于公司设立纠纷。

2. 若当事人签署相关协议的目的并不是设立公司，则不能认定为公司设立纠纷

厦门市中级人民法院（2017）闽02民终958号民事判决书中载明：所谓公司设立纠纷，是指发起人依照法律规定的条件和程序，为组建公司并使其取得法人资格而依法完成的一系列法律行为的总称。本案中，双方当事人签订《股东协议书》的目的并非组建公司并使其取得法人资格，而是共同经营已由朱某于2013年9月就已经营的餐馆，因此本案的法律关系并非公司设立纠纷。

3. 因发起人责任纠纷提起的诉讼，原则上以《民事诉讼法》中管辖的相关规定为基础

北京市第一中级人民法院（2016）京01民辖终547号民事裁定书中载明：因发起人责任纠纷提起的诉讼，原则上以《民事诉讼法》中管辖的相关规定为基础，但要综合考虑公司住所地等因素来确定管辖法院。依照《民事诉讼法》第二十三条的规定："因合同纠纷提起的诉讼，由被告住所地或者合同履行地人民法院管辖。"本案中，虽然当事人拟设立的公司住所地位于北京市昌平区，但最终双方拟设立的公司并未设立成功，因此，本案并无明确的公司住所地，所以依照拟设立公司的住所地确定昌平区法院管辖本案的法律依据不足，本院不予支持，故北京市昌平区法院对本案没有管辖权。

成都市中级人民法院（2017）川01民辖终546号民事裁定书载明：本案中，刘某诉请郭某、杜某、李某、贾某共同承担公司设立失败导致的筹备费用损失等费用。本案系与公司有关的纠纷下的发起人责任纠纷，并非因公司设立、确认股东资格、分配利润、解散以及因股东名册记载、请求变更公司登记等法律明确规定由公司住所地法院管辖的案件。根据《民事诉讼法》第二十一条的规定："对公民提起的民事诉讼，由被告住所地人民法院管辖；被告住所地与经常居住地不一致的，由经常居住地人民法院管辖。对法人或者其他组织提起的民事诉讼，由被告住所地人民法院管辖。同一诉讼的几个被告住所地、经常居住地在两个以上人民法院辖区的，各该人民法院都有管辖权。"

公司设立纠纷须按照《民事诉讼法》第二十六条规定来确定管辖，即因公司设立纠纷而提起的诉讼应该以公司住所地法院为管辖法院。发起人责任纠纷不应直接适用上述规定，而应该根据《民事诉讼法》关于管辖的具体规定，以及具体纠纷表现及主体的实际情况，综合分析案件的管辖。而在确定案件是否为发起人责任纠纷时，一个很重要的要点是主体是否为发起人。若当事人不能构成公司法意义上的发起人，则不是发起人责任纠纷。

专题二

股东出资与股东资格纠纷实务

一、股东出资概述

(一)《公司法》关于股东出资的规定

股东出资是指股东(包括发起人和认股人)在公司设立或者增加资本时,为取得股份或股权,根据协议的约定以及法律和章程的规定向公司交付财产或履行其他给付义务。

《公司法》第二十七条规定:"股东可以用货币出资,也可以用实物、知识产权、土地使用权等可以用货币估价并可以依法转让的非货币财产作价出资;但是,法律、行政法规规定不得作为出资的财产除外。对作为出资的非货币财产应当评估作价,核实财产,不得高估或者低估作价。法律、行政法规对评估作价有规定的,从其规定。"可以明确,我国现行法律所确认的股东出资方式有货币出资和非货币出资两种方式。这里所说的货币,通常是指我国的法定货币,即人民币。股东一方是外国投资者的,也可以用外币出资。作为非货币出资的非货币财产必须同时满足两个条件:一是可以用货币评估,二是可以依法转让。不满足这两个条件中的任何一个,均不可以作为股东出资。《公司登记管理条例》第十四条规定:"股东的出资方式应当符合《公司法》第二十七条的规定,但股东不得以劳务、信用、自然人姓名、商誉、特许经营权或者设定担保的财产等作价出资。"上述财产或权利之所以不能出资,是因为其与人身不可分割,不满足具有可转让性的特征。同时,如信用、自然人姓名等也不满足《公司法》关于非货币财产评估作价的规定。之所以设定担保的财产不能作为出资的方式,是因为设定担保的财产随时可能被债权人追偿,即使登记到公司的名下,因为先设立的担保物权具有优先效力,一旦债权人行使担保物权,必然会造成公司财产的流失,不符合公司资本维持的原则,因而《公司登记管理条例》禁止其作为出资的方式。

需要注意的是,股东以非货币财产出资的,必须办理价值评估、交付公司并办理权属变更手续。在注册资本认缴制下，设立公司无须提交验资报告，因此如无法律、行政法规的特殊规定，评估作价也可以进行简化处理。只要全体股东一致认可非货币财产的价额即可，无须通过专门的会计师事务所、评估师事务所进行专项评估作价。

"公司法司法解释（三）"第十条规定："出资人以房屋、土地使用权或者需要办理权属登记的知识产权等财产出资，已经交付公司使用但未办理权属变更手续，公司、其他股东或者公司债权人主张认定出资人未履行出资义务的，人民法院应当责令当事人在指定的合理期间内办理权属变更手续；在前述期间内办理了权属变更手续的，人民法院应当认定其已经履行了出资义务；出资人主张自其实际交付财产给公司使用时享有相应股东权利的，人民法院应予支持。出资人以前款规定的财产出资，已经办理权属变更手续但未交付给公司使用，公司或者其他股东主张其向公司交付、并在实际交付之前不享有相应股东权利的，人民法院应予支持。"可见，司法解释对于出资人能否主张股东权利采取的是实际出资标准，形式上虽然未办理权属变更手续，但只要具有出资事实，且事后可以通过办理权属变更登记消除瑕疵的，不影响实际出资人的股东权利。

（二）股东出资中的特殊问题

1. 股权出资

股权出资，是股东依据法律和公司章程的规定，用其持有的在其他公司的股权作价出资，设立新公司的行为。新公司设立后，股东将其在其他公司的股东权益转让给新公司，使其成为新设公司财产的一部分。近年来，股权出资已经成为越来越普遍的出资形式，以股权置换完成对新公司的出资是许多投资者优先选择的出资方式。股东认缴出资而享有的股权，是一种综合性的权利，其中也包含财产性权利。对于上市公司来说，股权有市值；对于非上市股份公司以及有限责任公司来说，股权的货币价值可以通过专业的评估机构予以评估，同时，股权也可以转让，所以股权完全符合非货币财产出资的条件，可以作为股东出资的方式。

根据《公司注册资本登记管理规定》第六条的规定："股东或者发起人可以以其持有的在中国境内设立的公司（以下称股权所在公司）股权出资。以股权出资的，该股权应当权属清楚、权能完整、依法可以转让。具有下列情形的股权不得用作出资：（一）已被设立质权；（二）股权所在公司章程约定不得转让；（三）法律、行政法规或者国务院决定规定，股权所在公司股东转让股权应当报经批准而未经批准；（四）法律、行政法规或者国务院决定规定不得转让的其他情形。"

"公司法司法解释（三）"第十一条规定："出资人以其他公司股权出资，符合下列条件的，人民法院应当认定出资人已履行出资义务：（一）出资的股权由出资人合法持有并依法可以转让；（二）出资的股权无权利瑕疵或者权利负担；（三）出资人已履行关于股权转让的法定手续；（四）出资的股权已依法进行了价值评估。股权出资不符合前款第（一）、（二）、（三）项的规定，公司、其他股东或者公司债权人请求认定出资人未履行出资义务的，人民法院应当责令该出资人在指定的合理期间内采取补正措施，以符合上述条件；逾期未补正的，人民法院应当认定其未依法全面履行出资义务。股权出资不符合本条第一款第（四）项的规定，公司、其他股东或者公司债权人请求认定出资人未履行出资义务的，人民法院应当按照本规定第九条的规定处理。"

2. 债权出资

债权出资又称债权转换为股权，是指投资人以其对公司或第三人的债权向公司出资，抵缴股款。债权出资包括两种类型：一种是投资人以其对被投资公司的债权出资，该种类型的债权出资产生债权的消灭和股权的产生两个法律关系；另一种是投资人以其对第三人的债权出资，而该种债权出资的类型产生的是债权转让和股权的产生两个法律关系。目前比较典型的债转股制度主要是针对处理银行不良资产而实施的，即将银行的不良债权转变为金融资产管理公司对借款企业的投资和股权，属于政策性的债转股。此外，在普通民事活动中还存在某些以股抵债或以债权作为投资的债转股形式，在实务中被称为商业性的债转股。根据《公司法》第二十七条对非货币财产作为出资方式的规定，债权是可以作为出资标的物的。

（1）债权完全可以用货币进行估价。

（2）根据我国《民法典》有关规定，债权原则上是可以依法转让的。《民法典》第五百四十五条、五百四十六条分别规定："债权人可以将债权的全部或者部分转让给第三人，但是有下列情形之一的除外：（一）根据债权性质不得转让；（二）按照当事人约定不得转让；（三）依照法律规定不得转让。当事人约定非金钱债权不得转让的，不得对抗善意第三人。当事人约定金钱债权不得转让的，不得对抗第三人。""债权人转让债权，未通知债务人的，该转让对债务人不发生效力。债权转让的通知不得撤销，但是经受让人同意的除外。"

（3）目前法律、行政法规并未明确禁止债权不得作为出资。另外，《公司注册资本登记管理规定》第七条规定："债权人可以将其依法享有的对在中国境内设立的公司的债权，转为公司股权。转为公司股权的债权应当符合下列情形之一：（一）债权人已经履行债权所对应的合同义务，且不违反法律、行政法规、国务院决定或者公司章程的禁止性规定；（二）经人民法院生效裁判或者仲裁机构裁决确认；（三）公司破产重整或者和解期间，列入经人民法院批准的重整计划或者裁定认可的和解协议。用以转为公司股权的债权有两个以上债权人的，债权人对债权应当已经作出分割。债权转为公司股权的，公司应当增加注册资本。"

需要注意的是，目前实务中无论是法律还是司法判例，有关债权出资的债权都是针对债权人以债务人的债权对债务人的出资情形，而对于债权人以第三人的债权出资未作明确规定。因此，在《公司法》未明确列举债权出资的情形下，目前在实务中债权人以对债务人的债务向债务人转股权在法律上是没有障碍的，各地公司登记机关应给予登记。北京市工商行政管理局（现为北京市市场监督管理局）印发的《公司债权转股权登记管理试行办法》（京工商发〔2010〕93号），允许债权作为一种新的非货币出资方式，增加被投资公司注册资本和实收资本。

国家有关部委发布了一整套规章，对政策性债转股的实施予以了明确规范，在此，我们主要讨论商业性债转股实施程序问题。由于目前可以实施的商业性债转股仅限于债权对目标公司债权的转股，债权出资应仅发生于目标公司增资扩股阶段，而不适用于目标公司发起设立阶段，因此，商业性债转股的实施程序应遵守《公司法》有关公司增资扩股相关程序规定。

根据现行有效的法律规定，投资人可以对目标公司享有的债权作为出资，将债权转化为公司股权。但是否可以将对第三人享有的债权作为出资，法律并未明确规定。司法实践中，也存在不同观点，但主流观点认为以对第三人享有的债权出资应认定为无效。《公司注册资本登记管理规定》对于债权出资持肯定的态度。债权人可以将其依法享有的对在中国境内设立的公司的债权，转为公司股权，即投资人将享有的目标公司的债权转化为股权出资。但如果投资人用享有的第三人的债权出资，法律没有明确规定，这种情形依然可以用于出资吗？尽管从《公司注册资本登记管理规定》的规定分析，并未禁止用对第三人享有的债权出资，但目前的司法主流观点认为，这里的"可以作为公司出资"仅限于针对目标公司的债权，如果投资人以其对第三人享有的债权出资，极有可能被认定为出资无效。因此，在条件允许的情况下，最好不要用对第三人享有的债权出资，以免引起争议。为什么司法实践中会持否定态度呢？投资人对目标公司的出资涉及两个关键问题：一是目标公司的资本充足率；二是目标公司的偿债能力。对目标公司而言，股东的出资能否实际到位，关系到公司的资本充足性。从目标公司的债权人和交易对象的角度来说，投资人的出资关系到公司对债务的承担能力，在清偿公司到期债务方面是否存在障碍。如允许投资人以第三方债权作为出资，第三方债务人的偿债能力、偿债意愿和其他不可知的因素会使公司资本充实率存在不确定性，公司债权人利益的保障也会存在不确定性，因此，在司法实践中，对以第三方债权作为出资的效力持否定态度。

3. 知识产权出资

以知识产权出资的，股东或者发起人应当对其拥有所有权。也就是说，用于投资入股的知识产权必须同时具备两个基本条件：一是出资人拥有完全、合法、有效的相关知识产权权利，产权关系明晰；二是用于投资入股的知识产权具有一定的价值，可以依法转让。

（1）以知识产权出资设立公司应符合的条件，主要包括以下两个方面。

1）知识产权出资的实体性要件。

第一，专有性要求。知识产权是一种独占性权利，具有排他的特点，未经权利人同意，任何人都不得享有或使用该项权利。丧失专有性时，该项技术不再具备知识产权出资标的物的适格性要求。专有性是将知识产权与公有领域内的人类智力成果相区分的一个重要标志。

第二，有效性要求。作为出资的知识产权标的物应该具备当然的完整的法律效力，而不能是任何形式的失效或过期权利。一旦超过了法定的有效期限，该项权利就会消灭，实质是由专有财产转向公有财产。这样的产权显然是不能被用于出资的。

第三，先进性要求。作为出资的知识产权标的物应该是先进的、能为公司带来高额利润的技术或高新技术，而不能是落后的技术。另外，阶段性的、不成熟的、零散的技术成果同样不具备出资的构成要件。

第四，必要性要求。不仅是基于知识产权出资与公司设立之间的关联性，更为重要的是，在我国大力促进技术成果转化的今天，为了享受优惠政策，打着技术出资的名义滥设公司的情形并不少见。在我国，知识产权出资是为了促进技术成果转化而新兴的一种投资方式，其初衷和立法宗旨是鼓励以技术尤其是核心技术为中心来创设公司。

2）知识产权出资的程序性要件是出资公示。公司股东应就知识产权入股作价金额达成协议，并将该项知识产权及与其相应的出资额、该项成果入股使用的范围、成果出资者对该项技术保留的权利范围以及违约责任写入章程。既可向社会公众公示公司的经营风险，也便于管理机关对公司出资进行违法行为的认定。

知识产权评估对于其价值的判断还需要综合考虑各种市场因素的影响，而且知识产权具有期限性，评估能够避免过高或过低确定知识产权价额的倾向，保障公司的资产在账面上能够得到全面且准确的反映，防止虚假出资和出资不实给公司造成的损害。

（2）知识产权出资应注意的法律问题，主要包括以下三个方面。

1）专利评估考虑的法律问题主要有：专利类型是发明专利还是外观专利或者实用新型专利，权利要求书上说明的专利保护范围，专利有效期，专利年费的缴纳情况，专利许可使用的状况，该专利是否正被牵扯到侵权诉讼、无效诉讼等专利纠纷之中，出资的标的是完整的专利专有权还是专利使用权等部分权能。

2）商标评估考虑的法律问题主要有：商标许可使用情况、是否属于驰名商标、注册商标是否届满了无争议期、注册商标是否快到续展日期、出资的标的是完整的商标专有权还是商标使用权等部分权能。

3）著作权评估考虑的法律问题主要有：著作权人是否属于享有权利的人；著作权保护期剩余期限；在实行选择登记制的国家，有关的作品是否在有关部门进行了登记；出资的标的是完整的版权还是其部分权能。

（3）知识产权的资产评估。

无论是知识产权质押融资还是投资入股，首先需要解决的都是知识产权的现实价值是多少。由于知识产权为无形资产，不像设备、资金那样看得见摸得着，所以现实中关于知识产权价值存在诸多争议。体现知识产权价值最合理的方式是通过市场竞价拍卖，但是知识产权所有人的目的是投资入股并非转让，所以无法通过拍卖来实现。现实中，较可取的办法就是知识产权的资产评估。资产评估的方法很多，常用的有三种：一为重置成本法；二为收益现值法；三为市场比较法。另外，《财政部、国家知识产权局关于加强知识产权资产评估管理工作若干问题的通知》（财企〔2006〕109号）明确了知识产权占有单位符合下列情形之一的，应当进行资产评估。

1）根据《公司法》第二十七条规定，以知识产权资产作价出资成立有限责任公司或股份有限公司的。

2）以知识产权质押，市场没有参照价格，质权人要求评估的。

3）行政单位拍卖、转让、置换知识产权的。

4）国有事业单位改制、合并、分立、清算、投资、转让、置换、拍卖涉及知识产权的。

5）国有企业改制、上市、合并、分立、清算、投资、转让、置换、拍卖、偿还债务涉及知识产权的。

6）国有企业收购或通过置换取得非国有单位的知识产权，或接受非国有单位以知识产权出资的。

7）国有企业以知识产权许可外国公司、企业、其他经济组织或个人使用，市场没有参照价格的。

8）确定涉及知识产权诉讼价值，人民法院、仲裁机关或当事人要求评估的。

9）法律、行政法规规定的其他需要进行资产评估的事项。

10）非国有单位发生合并、分立、清算、投资、转让、置换、偿还债务等经济行为涉及知识产权的，可以参照国有企业进行资产评估。

（4）关于知识产权出资的权利转移手续。

依照《公司法》第二十八条的规定，以知识产权出资的，应当依法办理其财产权的转移手续，即到法定机构办理知识产权的过户登记，没有办理过户登记，知识产权在法律上没有发生转移，出资人没有完成出资。因此，以专利技术的所有权出资的，依照专利法有关专利权转让和使用许可的规定，应到知识产权局办理专利权人变更登记手续并予以公告，即将专利权从专利技术出资人一方过户到新设立的公司头上。

以专利技术使用权出资的，出资合同应向知识产权局备案。关于专利技术的作价出资，专利权人可以转让专利权（本质上是专利权的财产权）作价出资，也可以通过签订专利实施许可使用协议，权利人以准许拟设立的公司制造、使用、销售其专利产品或使用其专利方法作价出资。这种专利实施许可使用权在本质上同样是一种财产性权利，它是在权利主体不变情况下的部分权利转移，创建在专利这一特殊资产具有共益性特点的基础上，即可在一个主体控制下由多个主体共用其权利。如果造成侵犯他人专利权，责任要由许可人承担，被许可人不负赔偿责任。当然，专利实施许可的风险主要由专利权人分担，被许可人的风险要小得多，只有实施中的技术风险和市场销售风险等。对专利实施许可的方式可以作适当的限制，可以考虑将实施许可使用权作为出资的方式限定为独占许可或独家许可（排他许可），因为独占许可或独家许可形成市场垄断，获取垄断利润，符合公司股东的根本利益。在实践中，由于各种原因，权利人将专利转让给别人的情形并不多见，大部分是通过转让实施许可使用权的形式来完成交易。特别是受公司规模的限制，如果将一项评估价值很高的专利仅仅作价公司注册资本的20%或35%，或者将多项具有关联性的专利群给予很低的作价，显然不符合等价有偿的原则，对权利人而言也是不公平的。因此，为平衡专利权人和公司其他股东的利益，以使专利通过公司这一组织形式来发挥它的经济价值和社会价值，实现资本要素的优化配置，采用专利实施许可使用权作为出资入股的方式,更能保证专利权人的正当利益不受损害,并起到鼓励发明创造的社会效果,同时也能使公司降低取得专利的经济成本。

关于非专利技术的作价出资,则只能采用实施许可的方式。非专利技术与专利技术有着很大的区别,它是一种处于权利人保密状态下未公开的技术信息,并且同样的非专利技术可以同时被几个权利人所持有。由于它不能排除其他人也同时合法持有该项非专利技术,所以非专利技术不存在严格意义上的所有权,它仅是一种在保密状态下的为少数人持有的使用权。从这个意义上来说,非专利技术(技术秘密)的转让,实质上是非专利技术使用权的转让。对于这种转让方式,当事人可以约定让与人转让了该非专利技术后自己是否有权继续实施该专有技术、受让人得到该非专利技术后是否有权将该非专利技术再转让给第三人等具体内容。非专利技术是知识产权的一种形式,具备非货币资产的特殊属性,能够成为股东的出资,但具有价值不稳定性。一旦其先进性随着科技的发展而减弱,保密性受到破坏,非专利技术价值也会随之而降低。此外,经营主体情况的变化和营业状况的兴衰也直接影响着其价值的高低。非专利技术的价值面临着一旦失去保密性而消失的风险。这表明非专利技术在公司资本中所占的比例越大,公司资本价值的不稳定性就越严重。非专利技术同样可以在当事人之间进行有效的转移,其实质条件上与专利技术是类似的,区别在于非专利技术没有向知识产权局申请专利、未取得专利权或不受专利法保护。工业产权出资的法律要求和规则均适用非专利技术的出资。由于这种技术在权益占有和权益维护方面的困难,在技术贸易中所占的比重不高,虽然《公司法》规定其成为法定出资形式之一,但其在公司出资实务中并不多见。

以注册商标所有权出资的,依照《中华人民共和国商标法》(简称《商标法》)及《中华人民共和国商标法实施细则》(简称《商标法实施细则》)关于商标权转让及使用许可的有关规定,出资人和新设立的公司应当共同向商标局提出申请,附送原商标注册证。

申请经商标局核准后,将原商标注册证加注发给新设立的公司,并予以公告。以注册商标使用权出资的,出资合同应报商标局备案,如果出资人没有履行出资义务,即未办理知识产权所有权转移的有关手续,该知识产权从法律上便没有发生转移,这种情况下出资合同仍然有效,知识产权出资人构成对出资合同的违约,公司可追究出资人不出资的违约责任。最后,按照《公司法》的要求,知识产权办理转移登记手续后,还必须经工商行政管理机关登记注册的会计师事务所或者审计事务所验资,并出具验资证明。

专利权人不能仅以专利证书中的一部分权项作价入股。《商标法实施细则》规定:"转让注册商标的,商标注册人对其在同一种或者类似商品上注册的相同或近似的商标,必须一并办理。"

著作权保护的客体作品大多是一种思想的体现,公司究竟接受何种作品的著作权出资主要在于股东之间的协商和董事会的判断。目前著作权出资存在的问题有以下两个方面。

1)出资著作权价值实现途径。著作权的作价应采取协议作价与评估作价相结合的方式。其一,对于数额不大的著作权的价值可由股东各方协商确定。既不会损害国家利益,对债权人利益的影响也不大。其二，对于数额较大的著作权的价值必须由专门的资产评估机构予以评估。具体的数额确定标准可以由国家有关的部门来指定。著作权价值未达到一定标准，但股东愿意由评估机构评估的，也可以采取评估作价的方式。

2）著作权的转移方式。依据《中华人民共和国著作权法》（简称《著作权法》）的规定，著作权的移转只需当事人意思表示一致并签署书面合同即可，不以登记或履行其他手续为必要。尽管《中华人民共和国著作权法实施条例》（简称《著作权法实施条例》）和《计算机软件保护条例》规定了著作权转让的备案登记制度，但属于自愿程序，法律不作强制要求。对归属于著作权保护的已公开作品，诸如计算机软件、工程和产品设计图纸及模型、工艺美术作品、集成电路布图设计等，同样可以知识产权财产权的转让或实施许可作价出资。

知识产权应整体移转且无权利瑕疵，出资方应当保证其出资的知识产权是合法、有效的，并承诺自己所交付的知识产权无任何权利负担，第三人不能对用于出资的知识产权提出权利请求。凡是以知识产权、专有技术作价出资的，出资者应当出具拥有所有权和处置权的有效证明。出资者提供知识产权出资时，应提交有关该权利的全面、完整、准确、可靠的相关文件和技术资料。

"公司法司法解释（三）"第十五条亦规定，出资人以符合法定条件的非货币财产出资后，因市场变化或者其他客观因素导致出资财产贬值，该出资人不承担补足出资责任，除非当事人另有约定。据此，出资人以知识产权出资的，知识产权的价值由出资时所作评估确定，出资人不对其后因市场变化或其他客观因素导致的贬值承担责任，除非当事人另有约定。

4. 股东出资的来源

出资人出资资金来源非法，是否影响出资人的初始股东资格？是否影响出资人享有的股东权利？该问题争论很大，也经历了一个从否定到肯定的过程。从实务案例来看，最高人民法院的最新司法观点是：出资人出资资金来源非法，不影响出资人的初始股东资格。"公司法司法解释（三）"第七条规定，"出资人以不享有处分权的财产出资，当事人之间对于出资行为效力产生争议的，人民法院可以参照物权法第一百零六条（现为《民法典》第三百一十一条）的规定予以认定。以贪污、受贿、侵占、挪用等违法犯罪所得的货币出资后取得股权的，对违法犯罪行为予以追究、处罚时，应当采取拍卖或者变卖的方式处置其股权。"

（三）股东出资瑕疵的法律责任

公司股东出资瑕疵问题一直是公司领域比较多发的问题。由于出资瑕疵直接导致法人财产的减少，大大增加了其他市场主体与之交易的风险，使债权得不到充分的财产担保，其结果不仅是损害具体债权人的利益，对整个社会信用也有着不可忽视的负面影响。公司在设立时，出资人通过签订公司设立协议、章程认缴公司出资，在公司成立后，出资人取得股东资格，享有股权，同时股东应按公司章程的规定实际缴纳出资，如股东没有按章程的规定缴纳出资就是出资瑕疵，其形成的股权，这里我们称之为"瑕疵股权"。在公司增资扩股时，没有按增资协议缴纳出资与上述情况相同。

在实践中形成出资瑕疵的主要形式有：公司章程规定股东以货币之外的实物出资，尤其是土地房屋或其他办理产权过户的实物，股东没办理过户手续或没有交付实物；约定是以货币出资，但股东要求以实物出资；约定是以特定物出资，如土地使用权、房产等，但股东要求替代出资；作为出资的实物或其他非货币财产的价格明显不足。

《公司法》第二十七条规定，股东可以用货币估价并可以依法转让的非货币财产作价出资。这一条的内涵很广，扩大了非货币财产出资的范围，但也可能会出现更多、更新的出资瑕疵的表现形式。

按照《公司法》及相关司法解释的规定，股东出资存在瑕疵可能承担的法律后果包括以下四种。

1. 出资瑕疵股东补足出资责任

公司作为独立的民商事主体，对出资不足或者抽逃出资的股东可以要求其规范出资。具体而言，公司可以要求未出资或者出资不足的股东补足出资，可以要求抽逃出资的股东返还出资。补足出资以及返还出资均可同时主张利息损失。"公司法司法解释（三）"第十九条第一款规定："公司股东未履行或者未全面履行出资义务或者抽逃出资，公司或者其他股东请求其向公司全面履行出资义务或者返还出资，被告股东以诉讼时效为由进行抗辩的，人民法院不予支持。"追究股东出资责任不受诉讼时效的限制，实际上是将股东未规范履行出资义务视为对公司的侵权。且只要未规范出资处于持续状态，即视为股东对公司的侵权行为处于继续状态。另外，股东出资是公司资本的原始、直接的来源，基于公司资本维持原则，规定股东出资责任不受诉讼时效限制，可以更好地保护公司债权人的利益。

2. 出资瑕疵股东向公司债权人承担补充清偿责任

依照"公司法司法解释（三）"第十三条第二款、第十四条第二款及第十九条的规定，公司债权人可以请求未履行或者未全面履行出资义务的股东以及抽逃出资的股东在未出资或者抽逃出资的本息范围内对公司债务不能清偿的部分承担补充赔偿责任，此种补充赔偿责任也不受诉讼时效限制。需要指出的是，不受诉讼时效限制的是股东的出资行为本身，而不是债权人对于公司的债权。如果公司债权人对于公司的债权已经经过诉讼时效，且无中断、中止或者延长的情形，其诉请股东承担补充赔偿责任，则不应得到法院的支持。除了在普通的诉讼过程中外，在执行程序中，也有法院直接追加受让股东作为被执行人进而追究出资瑕疵责任。因消除出资瑕疵的责任系法定责任，并不因股东在转让股权协议时另有约定而免除，受让股权的新股东在受让股权时明知或者应知该股权存在瑕疵，可以直接推定其同意共同承担因出资瑕疵而产生的法律责任；进而维护公司及其债权人的合法权益。"公司法司法解释（三）"第十八条第一款规定："有限责任公司的股东未履行或者未全面履行出资义务即转让股权，受让人对此知道或者应当知道，公司请求该股东履行出资义务、受让人对此承担连带责任的，人民法院应予支持；公司债权人依照本规定第十三条第二款向该股东提起诉讼,同时请求前述受让人对此承担连带责任的,人民法院应予支持。"公司债权人请求抽逃出资的股东在抽逃出资本息范围内对公司债务不能清偿部分承担补充赔偿责任,协助抽逃出资的其他股东、董事、高级管理人员或实际控制人对此承担连带责任的,人民法院应予支持;抽逃出资的股东已经承担上述责任,其他债权人提出相同请求的,人民法院不予支持。还需要注意的是,一般来说,只要股东在未出资本息范围内对任意债权人承担清偿责任之后,股东出资瑕疵的责任即告解除,其他债权人再提出相同请求的,法院不予支持。实践中,如股东恶意规避对特定对象的补充清偿责任,法院也可能认定其补充清偿责任并不解除。

3. 出资瑕疵股东违约责任

依照《公司法》第二十八条第二款的规定,出资瑕疵的股东,除应当向公司足额缴纳外,还应当向已按期足额缴纳出资的股东承担违约责任。实践中,规范出资的股东可以依据发起人协议、公司章程中的出资条款等规定,追究出资瑕疵股东的违约责任。

虽然《公司法》第二十八条第二款明确规定了出资瑕疵股东的违约责任,但是在发起人协议以及公司章程未作出明确约定的情况下,该违约责任究竟应如何承担?依照我国《民法典》的规定,当事人一方不履行合同义务或者履行合同义务不符合约定的,应当承担继续履行、采取补救措施或者赔偿损失等违约责任。从有关违约责任承担方式的规定来看,继续履行及采取补救措施显然不是出资瑕疵股东对其他规范出资的股东承担违约责任的方式,因为继续履行及采取补救措施是向公司(而非其他规范出资的股东)承担的法律责任。至于违约责任中赔偿损失的承担方式,因欠缺具体计算方式,因而也难以进行司法诉讼处理。从法律规范分析的角度看,《公司法》第二十八条第二款的规定作为特别法关于违约责任的规定,绝不应理解成一种宣示性的规定,或者是对于《民法典》所规定的违约责任的重申。从体系解释的角度看,我们可以结合《公司法》关于股份有限公司发起人的责任规定进行分析。依照《公司法》第七十九条第二款规定:"发起人应当签订发起人协议,明确各自在公司设立过程中的权利和义务。"同时,《公司法》第八十三条第二款关于发起人出资瑕疵的违约责任规定为:"发起人不依照前款规定缴纳出资的,应当按照发起人协议承担违约责任。"由此即明确了该种违约责任的承担基础在于发起人协议的具体约定。但对于有限责任公司而言,法律并未明确规定出资瑕疵股东的违约责任是基于发起人协议,而是直接规定应承担违约责任。因此,股东在发起设立公司或者在公司进行增资扩股时,应就此种违约责任的承担进行明确的约定。比如约定:股东未按照本协议约定的期间向公司缴付出资,或者以实物出资的股东存在低值高估情形,或者股东存在抽逃出资行为的,除应向公司规范出资、补足差额外,还应向其他全面履行出资义务的股东承担违约责任。

违约责任的具体承担方式为:以到期尚未缴纳的出资额、低值高估与认缴出资的差额或者抽逃出资的金额为基础,按照该基础30%的标准,向其他股东支付违约金;该违约金在其他股东之间按照向公司实缴的出资比例进行分配。

4. 股东出资加速到期

（1）《公司法》注册资本认缴制的相关规定，分为有限责任公司注册资本认缴制和股份有限公司注册资本认缴制。

1）有限责任公司注册资本认缴制的规定。

《公司法》第二十六条规定："有限责任公司的注册资本为在公司登记机关登记的全体股东认缴的出资额。法律、行政法规及国务院决定对有限责任公司注册资本实缴、注册资本最低限额另有规定的，从其规定。"第二十八条规定："股东应当按期足额缴纳公司章程中规定的各自所认缴的出资额。股东以货币出资的，应当将货币出资足额存入有限责任公司在银行开设的账户；以非货币出资的，应当依法办理其财产权的转移手续。股东不按照前款规定缴纳出资的，除应当向公司足额缴纳外，还应当向已按期足额缴纳出资的股东承担违约责任。"

2）股份有限公司注册资本认缴制的规定。

《公司法》第八十条规定："股份有限公司采取发起设立方式设立的，注册资本为在公司登记机关登记的全体发起人认购的股本总额。在发起人认购的股份缴足前，不得向他人募集股份。股份有限公司采取募集方式设立的，注册资本为在公司登记机关登记的实收股本总额。法律、行政法规及国务院决定对股份有限公司注册资本实缴、注册资本最低限额另有规定的，从其规定。"第八十三条规定："以发起设立方式设立股份有限公司的，发起人应当书面认足公司章程规定其认购的股份，并按照公司章程规定缴纳出资。以非货币财产出资的，应当依法办理其财产权的转移手续。发起人不依照前款规定缴纳出资的，应当按照发起人协议承担违约责任。发起人认足公司章程规定的出资后，应当选举董事会和监事会，由董事会向公司登记机关报送公司章程以及法律、行政法规规定的其他文件，申请设立登记。"

（2）股东出资加速到期的相关法律规定，主要有以下四个方面。

1）《中华人民共和国企业破产法》（简称《企业破产法》）关于股东出资加速到期的规定。

《企业破产法》第三十五条规定："人民法院受理破产申请后，债务人的出资人尚未完全履行出资义务的，管理人应当要求该出资人缴纳所认缴的出资，而不受出资期限的限制。"

2）"公司法司法解释（二）"关于股东出资加速到期的规定。

公司解散时，股东尚未缴纳的出资均应作为清算财产。股东尚未缴纳的出资，包括到期应缴未缴的出资，以及按照《公司法》第二十六条和第八十条的规定分期缴纳尚未届满出资期限的出资。公司财产不足以清偿债务时，债权人主张未缴出资股东，以及公司设立时的其他股东或者发起人在未缴出资范围内对公司债务承担连带清偿责任的，人民法院应依法予以支持。

3）《最高人民法院关于民事执行中变更、追加当事人若干问题的规定》中关于未缴纳或者未缴足出资的股东应当承担责任的规定。

第十七条规定:"作为被执行人的企业法人,财产不足以清偿生效法律文书确定的债务,申请执行人申请变更、追加未缴纳或未足额缴纳出资的股东、出资人或依公司规定对该出资的承担连带责任的发起人作为被执行人,在尚未缴纳出资的范围内依法承担责任的,人民法院应予支持。"

4)《全国法院民商事审判工作会议纪要》(简称《九民纪要》)中关于股东出资加速到期的规定。

在注册资本认缴制下,股东依法享有期限利益。债权人以公司不能清偿到期债务为由,请求未届出资期限的股东在未出资范围内对公司不能清偿的债务承担补充赔偿责任的,人民法院不予支持。但是,下列情形除外:第一,公司作为被执行人的案件,人民法院穷尽执行措施无财产可供执行,已具备破产原因,但不申请破产的;第二,在公司债务产生以后,公司股东(大)会决议或者以其他方式延长股东出资期限的。

(3)股东出资加速到期的相关争议问题。

2013年,《公司法》将注册资本修改为完全认缴制,据此,股东依法享有期限利益。但是在公司不能清偿债务的非破产情形下,未届出资期限的股东是否应当加速出资补足其认缴的出资,进而对公司不能清偿的债务承担补充赔偿责任,在理论研究与司法实务中均存在较大的争议。

1)一种争议认为股东出资应当加速到期。在公司不能清偿其债务时,即使公司并未达到破产标准,未届出资期限的股东也应当在其未缴纳出资范围内对公司债务承担补充赔偿责任。该种观点的理由主要包括四个方面。一是《公司法》第三条规定,公司以其全部法人财产对公司债务承担责任,股东以其认缴的出资额或者认购的股份为限对公司承担责任。公司的全部财产应当包括因股东未缴纳出资而对股东享有的债权(类似于应收账款债权),同时,股东对公司承担责任的范围为其认缴的出资额,即股东应当以其承诺认缴的全部出资额清偿债权人的债权。二是公司与股东之间关于分期缴纳出资的安排属于二者之间的内部关系,根据合同相对性原则,合同严守的边界不能及于公司外部债权人,即公司债权人不应受制于公司与股东之间的合同,否则构成合同自由的滥用。三是《最高法院关于民事执行中变更、追加当事人若干问题的规定》中的规定,实际上允许在非破产的情形中要求股东出资加速到期。四是"公司法司法解释(三)"第十三条规定,未履行或者全面履行出资义务的股东,应当对公司债务不能清偿的部分承担补充赔偿责任。当然,此时的争议包括如何理解股东未履行或者全面履行出资义务的范围,即是否包括因未届出资期限而未实缴其认缴出资的股东。

2)一种争议认为股东出资不应当加速到期。在公司正常经营中,股东依法享有期限利益,即使公司无法偿付债权人的债权,未届出资期限的股东也没有义务提前缴纳出资。该种观点的理由主要包括两个方面。一是股东基于公司登记机关或者企业信用信息系统的公示,在注册资本认缴制下依《公司法》规定而享有的期限利益,构成债权人合理信赖的重要内容。根据《企业信息公示暂行条例》第八条、第九条的规定,股东的出资额及出资时间应当进行公示。债权人可以根据上述公示信息,在综合考察公司责任能力的基础上决定是否与公司进行交易，但是债权人一旦选择进行交易，表明其接受股东分期缴纳出资可能带来的商业风险，按照商业交易中风险自负原则，债权人应当受已经公示的股东出资时间的约束。此时，股东依据公司章程规定享有期限利益，不应要求其出资加速到期。二是应当合理平衡单个债权人与公司全体债权人的利益。在公司不能清偿到期债务时，在大多数情形下，公司已经游走于破产的边缘，此时应当综合考虑一旦公司破产全体债权人的利益保护，否则在出现《企业破产法》第三十二条规定的情形时，单个债权人因股东加速出资获得的清偿，管理人可以对这种个别清偿行为予以撤销。

（4）《九民纪要》关于股东出资加速到期规定的解读。

根据目前的法律、法规及司法解释的相关规定，股东出资义务加速到期主要分为三种类型：一是依据《企业破产法》第三十五条的规定，在破产程序中股东出资加速到期；二是依据"公司法司法解释（二）"第二十二条的规定，在公司解散中股东出资加速到期；三是依据《九民纪要》第六条的规定，在非破产情形下，如何适用股东出资加速到期的规则。在公司进入破产或者解散清算程序时，股东将不再享有期限利益，其未届出资期限的出资应当提前实缴，作为债务人财产或者清算财产，使全体债权人一体受偿，否则股东将因公司法人终止而逃避其法定出资义务，破坏交易安全与股东有限责任制度。同时，公司章程规定的出资期限不能超过公司的存续期间，在公司破产清算或者解散时，意味着公司存续期即将届满（破产重整与和解除外），此时公司章程规定的出资期限届至，股东应当实缴其尚未缴纳的出资。上述情形中，未届出资期限的股东认缴的出资应当加速到期，在理论与实践中并无争议，争议主要表现在公司在正常经营情况下，一旦公司无法清偿到期债务时，是否应当要求未届出资期限的股东出资加速到期。为了统一具体审判业务中的裁判尺度，《九民纪要》对上述情形专门进行了规范。

1）原则上保护股东的期限利益。

《九民纪要》开宗明义，在注册资本认缴制下，股东依法享有期限利益。如果债权人以公司不能清偿到期债务为由，请求未届出资期限的股东在其未出资范围内对公司不能清偿的债务承担补充赔偿责任的，法院不予支持。

2015年12月，《最高人民法院关于当前商事审判工作中的若干具体问题》中的裁判观点认为：在该类诉讼中，如果公司无法清偿单个债权人的到期债权，往往意味着其可能资不抵债，按照《企业破产法》第二条之规定，债务人公司可能已经具备破产原因，此时更应当保护全体债权人的利益，单个债权人的追及诉讼不符合《企业破产法》第三十一条、第三十二条规定的精神。此时，法官可以向当事人释明，如果债务人公司不能通过其他方式（包括再融资以及股东主动放弃期限利益）提前实缴出资，妥善解决其面临的债务危机，债权人应当申请债务人公司破产，在破产程序中依据《企业破产法》第三十五条的规定要求股东出资义务加速到期，进而实现对全体债权人利益的一体公平保护。

《最高人民法院民事审判第二庭法官会议纪要——追寻裁判背后的法理》中的裁判观点包含两种裁判规则：一是在债务人公司不能清偿到期债务时，对于单个债权人或部分债权人请求未届出资期限的股东加速出资的，法院一般不应支持；二是在债务人公司的某项特定债务产生后，特定股东的相关行为使债权人对股东未届出资期限的出资形成高度信赖的，在公司不能清偿债务时，法院可以判令特定股东以其未届出资期限的出资额清偿债权人的债权。

2）股东出资应当加速到期的两种例外情形。

《九民纪要》出于同一裁判尺度的目的，结合目前法律及司法解释规定的精神实质，只是规定了类似于破产或者公司解散情形与股东故意延长出资期限两种例外情况。

债务人公司具备破产原因但不申请破产的情形，参照《企业破产法》第三十五条规定要求股东履行加速出资义务。根据《九民纪要》第六条的规定，在公司作为被执行人的案件，法院穷尽执行措施无财产可供执行，已具备破产原因，但不申请破产的，对于债权人请求未届出资期限的股东在未出资范围内对公司不能清偿的债务承担补充赔偿责任，法院应当予以支持。在上述情形中，股东出资应当加速到期，其实质上是参照公司破产或者公司解散的情形处理，即公司虽然不申请破产，但事实上已经处于破产状态，故此，可以参照《企业破产法》第三十五条的规定，使股东履行加速出资的义务。应当注意的是，在债务人被申请破产时，股东出资加速到期的利益归入债务人财产，由全体债权人一体受偿，而在上述情形中，则属于对提起诉讼的债权人个别清偿。

股东故意延长出资期限的情形，债权人有权撤销公司延长出资期限的决议。债务人公司在无法清偿到期债务时，为了防止即将到期需要实缴的出资用于偿付债权人的债权，公司控股股东通过股东会或者股东大会决议延长股东出资期限的，属于恶意逃避出资义务的行为。此时，对于公司延长出资期限的股东会决议，债权人可以请求撤销，并要求股东按照公司章程原来规定的出资期限履行出资义务。应当注意的是：其一，适用上述裁判规则时，债权人有权撤销股东会关于延长出资期限的决议，前提条件是股东会的相关决议是在债权人的债权产生之后作出的；其二，在上述情形中，从本质上看，其实并非要求公司章程规定的未届出资期限的股东出资加速到期，而是对股东或者公司故意延长出资期限行为的否定，此时只是要求股东按照公司章程原来规定的期限出资，所谓的加速出资是针对故意延长的期限。上述规定的依据源自债权人的撤销权。公司与股东之间因认缴出资产生债权债务关系，公司对于即将届至出资期限的股东享有债权，如果股东会决议延长股东出资期限，其本质上属于公司放弃即将到期的债权，这种行为直接影响公司债权人的利益，故此，债权人享有撤销权。

（5）最高法院关于股东出资加速到期相关裁判规则。

通过检索中国裁判文书网及北大法宝相关案例，关于股东出资是否加速到期的问题，在司法实践中主要表现为两大类型：一是《九民纪要》中涉及的两种情形，即在公司作为被执行人的案件中，债务人公司具备破产原因但不申请破产以及股东会故意延长出资期限的问题；二是与股东未履行出资义务相关的其他问题。选取的案例包括最高法院的案例及《人民司法·案例》中的案例。

1）债权人债权产生后股东会延长出资期限的决议不能对抗债权人的信赖利益。

最高人民法院在北京中石大新元投资有限公司、北京中科联华石油科学研究院一案的裁判说理中提出以下观点。

首先，现行《公司法》确定的公司注册资本认缴制度为股东出资赋予了更多的灵活性和自主性，但并不意味着股东的出资义务可以当然或者变相免除，特别是在可能存在公司股东利用注册资本认缴制逃避出资义务、损害债权人权益等道德风险时，应当对股东在宽泛条件下出资行为的合法性、合理性严格审查、从严把握。

其次，股东在修改前的公司章程规定的出资期限届满时，不仅未缴纳出资，反而大幅增加认缴出资额并长期延长出资期限，在无证据证明债务人公司具有债务清偿能力的情况下，其行为客观上对债权人债权的实现产生不利影响。

再次，债务人公司修改前的公司章程中规定的股东相关出资信息经过工商登记确认，具有公示公信效力，债权人基于公示公信效力产生的信赖利益应予保护。涉案交易发生后，债务人公司修改公司章程对股东出资额及出资期限进行调整，但在后发生的事实，不能作为在先交易主观认知的判断因素。

最后，公司章程关于宽限公司股东自身相关义务及加大债权人潜在风险的修改，不足以对抗债权人对债务人原章程产生的合理信赖。综合考虑债务人公司的履约能力、股东履行出资义务的实际情况、债权人的信赖利益应予保护等情形，认定股东关于其不应对债务人公司的债权人承担责任的主张不能成立。

2）关于执行程序中是否支持认缴出资加速到期的处理，分为以下两种情况。

第一，执行程序中支持认缴出资加速到期的处理。厦门瑞某投资有限责任公司与刘某等申请追加被执行人一案中的裁判要旨认为：执行程序中，对作为有限责任公司的被执行人经强制执行后仍未能执行到财产，申请执行人往往会申请追加未出资到位的股东为被执行人。而认缴资本制下出资未到期的股东是否可认定为未出资到位股东，学理上众说纷纭，法律上亦未明确规定，司法实践中执行部门与审判部门的观点更是大相径庭。执行部门根据《最高人民法院关于民事执行中变更、追加当事人若干问题的规定》追加该股东为被执行人，但在执行异议之诉中被审判部门撤销。基于股东的补充责任，在执行程序中，可以让认缴出资加速到期，追加出资未到期的股东为被执行人。

第二，执行程序不适用股东出资义务加速到期。中国金某国际信托有限责任公司与浙江优某中小企业投资管理有限公司营业信托纠纷执行一案中的裁判要旨认为：执行程序中，人民法院不能支持债权人的股东出资义务加速到期请求权。公司股东会形成推迟出资缴纳期限的决议，影响资本充实的，可认定推迟出资缴纳期限的股东构成出资不实。变更、追加股东为被执行人承担出资不实责任的范围，限于未出资到位的金额，不包括未出资到位金额的利息。

3）约定股权已实际由开发方持有其不负有在出资期限届满前实缴出资额的义务。

最高法院在旭某网络技术（北京）有限公司、登某动媒科技（北京）有限公司计算机软件开发合同纠纷一案的裁判说理中认为：若计算机软件开发合同已将开发费的支付方式约定为特定比例的公司股权，则在双方未达成新的约定将支付方式从股权变更为现金的情况下，开发方要求委托方支付股权的等值货币作为开发费的主张缺少合同依据。

若约定股权已实际由开发方持有，则在无证据证明认缴出资需要加速到期的情况下，应认定开发方已履行完毕支付开发费的义务，开发方不负有在出资期限届满前实缴出资额的义务。

4）出资期限届满之前转让股权的股东是否应当追加为被执行人。

最高法院在宁夏中某工贸有限公司、乌海市巴某煤矿有限责任公司申请执行人执行异议一案的裁判说理中提出下列观点。

首先，债务人公司设立登记时的注册资本已全额缴纳，此后债务人公司两次增加注册资本，公司章程约定股东在两次新增注册资金时的缴纳期限均为2019年。作为执行依据的债权人对债务人公司享有的买卖合同债权，发生于债务人公司两次注册资本增资之间，其中债务人公司第一次增加注册资本对债权人涉案交易产生公示效果和信赖基础。

其次，强制执行程序中追加被执行人，是执行依据在法律、司法解释规定的前提下，在一定程度或者一定范围内，对于作为执行依据的生效法律文书主文没有明确的义务履行主体的扩张。

最后，鉴于债务人公司的原股东已在出资期限届满之前将各自的股份转让，二审判决追加受让股份的股东为被执行人，没有追加原股东为被执行人并无不当。

5）股东出资不到位，但其已作为担保人对公司债务承担担保责任，不应苛求其在未出资范围内对同一债权人承担补充赔偿责任。

最高法院在福建省鞋某进出口集团有限公司、中国东某资产管理股份有限公司福建省分公司合同、无因管理、不当得利纠纷一案的裁判说理中认为：其一，作为股东，基于对公司出资不到位对外承担的责任与基于为公司提供担保对外承担的责任，在法律上确实有所区别，或者说不是同一法律关系，但股东公司对外承担的上述两种责任目的都是增加公司的偿债能力，从而保证公司债权人利益；其二，鉴于股东已经为公司偿还其承担担保责任的债务，金额远超其未缴纳的出资，在公司已经丧失偿债能力、股东无法就担保债权行使追偿权利，已代偿债务的债权人和涉案债权人均为同一主体或者其债权受让人的情况下，即便股东对后续增资负有出资义务且出资未到位，亦不应再苛求其继续在出资不到位范围内对案涉债权承担偿付责任，否则有违公平和诚实信用的法律原则。

6）股东会在出资期限届满之前决议减资又在认缴制下增资，应当对债权人承担责任。

最高人民法院在中某国际控股集团有限公司、山西煤炭运销集团曲某煤炭物流有限公司减资纠纷一案的裁判说理中提出以下观点。

首先，《公司法》规定，有限责任公司的股东应按其认缴的出资履行足额出资义务，股东认缴的出资未经法定程序不得抽回、减少。控股股东在全部出资未到位时，经公司股东会决议减资退股，违反公司资本不变和资本维持的原则，与股东未履行出资义务及抽逃出资对于债权人利益的侵害在本质上并无不同，依照"公司法司法解释（三）"第十三条第二款的规定，应当认定控股股东应在减资范围内对公司欠付债权人的债务承担补充赔偿责任。

其次，在公司注册资本实缴制的情况下，债务人公司减资后又增资，确实没有导致公司清偿能力和责任财产的减损。但在公司注册资本认缴制的情况下，交易相对人对债务人公司清偿能力和注册资本的信赖只能基于对股东的信赖，公司减资后又增资，导致公司股东发生变化，对股东的信赖丧失基础。债务人公司名下无财产可供执行，且涉案多项担保均未得到实际履行，债权人的债权未因债务人公司的增资和多个担保人提供担保而得到清偿，债务人公司的增资行为未对债权人的债权实现产生影响，债权不能实现的损害结果已实际发生。

最后，作为减资股东，其不当减资行为违反公司资本维持原则，导致债务人公司不能全面清偿其减资前所负债务，损害了债权人的利益；减资股东主张其减资行为与债权人的债权受损没有因果关系的理由不能成立，不予支持。

7）"公司法司法解释（三）"第十三条中"未履行或者未全面履行出资义务"的含义。

"未履行或者未全面履行出资义务"不包括出资期限未届满的股东。最高法院在曾某与甘肃华某数字科技有限公司股权转让纠纷一案的裁判说理中认为："公司法司法解释（三）"第十三条第二款规定的"未履行或者未全面履行出资义务"，应当理解为未缴纳或未足额缴纳出资，出资期限未届满的股东尚未完全缴纳其出资份额，不应认定为"未履行或者未全面履行出资义务"。股东转让全部股权时，如果所认缴股权的出资期限尚未届满，不构成"公司法司法解释（三）"第十三条第二款、第十八条规定的未履行或者未全面履行出资义务即转让股权的情形，且债权人并未举证证明其基于特定股东的意思表示或实际行为并对上述股东的特定出资期限产生确认或信赖，又基于上述确认或信赖与债务人公司产生债权债务关系。债权人主张股东在未出资本息范围内对债务人公司债务不能清偿的部分承担补充赔偿责任，其实质是主张股东出资加速到期，其请求没有法律依据。

"未履行或者未全面履行出资义务"包括没有履行未到期的出资。任某诉薛某等民间借贷、保证合同纠纷一案中的评析认为：未履行或未全面履行出资义务包括没有履行未到期的出资。主要理由有两点。第一，出资是股东的约定义务，更是法定义务。出资作为股东最基本、最重要的义务，源于股东间出资协议或公司章程，是一种合同责任，但对公司而言，自公司成立具备法人资格起，股东出资义务便受到《公司法》的约束和调整，具有法定性。认缴资本制相较于实缴资本制，虽然在出资最低限额、期限等方面降低要求，赋予公司资本、股东投资安排更多的灵活性，但并没有减轻股东须全额缴纳出资的义务，股东最终仍应向公司实际缴纳全部的认缴出资额，才能免除责任。对此，《公司法》第三条第二款规定："有限责任公司的股东以其认缴的出资额为限对公司承担责任；股份有限公司的股东以其认购的股份为限对公司承担责任。"第二，债权人的利益保护优先于股东的期限利益保护。在认缴资本制下，股东在公司内部享有出资自由和期限利益，但该期限利益并不能对抗外部债权人，一旦公司无法清偿对外债务，股东就不能继续享有期限利益，《公司法》可强制股东加速到期。《企业破产法》第三十五条之规定即是例证，可资借鉴。

二、股东资格确认

（一）股东资格认定的一般标准

1. 公司股东不同样态

根据不同的标准，可以将现实中的股东样态大致分为以下几类。

（1）隐名股东、显名股东、冒名股东。

隐名股东，是指对公司实际出资，但是与他人约定在公司章程、股东名册、工商登记中记载他人的投资者。

显名股东（又称挂名股东、名义股东），是针对隐名股东而言的，指没有实际出资，但是在公司章程、股东名册、工商登记中记载为股东。

冒名股东，是指以虚构的人的名义出资登记，或者盗用真实的人的名义出资登记的投资者。

（2）瑕疵出资股东或未出资股东（又称空股股东）。

股东出资有瑕疵或者根本未出资的称为瑕疵股东或未出资股东。

（3）干股股东。

干股股东，是指没有实际出资，但是具备股东的形式特征并实际享有股东权利的股东。干股多是基于公司奖励或者赠予形成的。

2. 股东资格要件

根据《公司法》及《公司登记管理条例》，股东应具备如下要件：签署了公司章程，履行了出资义务，持有公司签发的出资证明书，在公司股东名册上有记载，被工商行政机关登记为公司股东，实际行使股东权利。

（1）签署公司章程。

公司章程是公司的宪法性文件，公司的主要事项均记载于公司章程中，包括股东的姓名（名称）、权利义务和出资等。行为人签署章程，是行为人欲成为公司股东真实意思的表示，并且各行为人的意思表示平行一致，团体意思表示一致，公司成立后，章程记载的行为人就成为股东。因此，就公司的人合性和章程的地位而言，公司成立后章程载明对认定股东资格有决定性的效力。但是，如果意思表示不真实，如隐名股东的存在，则章程对股东资格的认定效力低。同时，股权转让后，章程未及时变更登记，则章程的证明效力也低。

（2）履行出资义务。

履行出资义务，只是具有股东资格的一般要件，因为公司兼具资合性和人合性特征。瑕疵出资或者未出资的，不能否定股东资格，原因如下。

一方面，从《公司法》条文分析，股东瑕疵出资并不必然产生否定其股东资格的后果，只会导致相应的法律责任的产生。依照我国《公司法》的规定，未依章程规定出资的股东应当对公司承担差额补缴责任，公司设立时的其他股东承担连带责任。可见，我国《公司法》并未规定股东瑕疵出资成为否定其股东资格的法定理由。

另一方面也是务实的选择。目前公司股东存在出资瑕疵的情形不少，如果一律否定其股东资格，会产生很多问题。基于实务的考量，出资有瑕疵不能否认股东资格。

当然，瑕疵出资或者不出资的，导致公司不成立，此时也就没有股东资格一说，股东资格以公司成立为前提。

（3）持有公司签发的出资证明书。

根据《公司法》规定，有限责任公司成立后，应当向股东签发出资证明书。这里需注意的是，公司向股东签发证明书，签发主体是公司，签发对象是股东，因此出资证明书的签发已在公司层面对股东资格进行了确认。由此，根据出资证明书可依法认定股东资格。

（4）在股东名册上有记载。

《公司法》规定，"记载于股东名册的股东，可以依股东名册主张行使股东权利"。这一规定赋予了股东名册在股东资格认定中的权利推定效力。在股东名册上记载为股东的人，无须向公司另行举证，仅凭股东名册记载本身就可主张股东权利。因此在公司内部关系上，股东名册证明股东资格的效力最高。但是，既然是推定，那么反证可以推翻。如有相反证据证明股东名册记载存在瑕疵，并足以推翻其记载的，应当依照证据证明的事实来认定股东资格。

（5）工商登记。

工商登记对于认定股东资格仅具有对外效力，即对于善意第三人而言，通过工商登记载明的内容认定股东，对内仅具有辅助证明作用，因工商登记仅具有证权功能，不具有设权功能。

另外，商法采取外观主义原则，故公司股东的名单通过工商登记对外公示后便产生公信力，即使该登记有瑕疵，善意第三人基于对该公示内容合理信赖，通过工商登记的内容来认定股东资格具有实质正当性。

（6）实际行使股东权利。

享有股东权利是取得股东资格的结果。股东资格是原因，而享有股东权利是结果。但是享有股东权利不能当然得出股东资格的结论，因实际行使股东权利的不一定是股东本人，公司股东完全可以委托他人代为行使股东权利，因此它对于认定股东资格仅具有辅助证明作用，应当结合其他证据证明其股东资格。

司法实务中，根据《公司法》及其司法解释的精神，公司股东取得完整股东资格和股东权利，必须符合实质要件和形式要件。实质要件是出资，形式要件是对股东出资的记载和证明，即公司章程记载、股东名册记载、工商部门登记。股东资格确认纠纷，不仅仅发生在公司股东与股东或者股东与公司之间，在公司债权人要求公司股东承担有限责任之外的其他民事责任时，也必须对当事人是否具有公司股东资格进行确认。《公司法》及其司法解释强调股权取得的形式要件的意义在于对公司股东之外的第三人利益的保护。对于公司内部关系而言，实际出资是股东对公司最重要的义务。因此，对于股东资格确认诉讼，首先应当区分当事人争议的法律关系性质是属于公司内部法律关系还是公司股东与公司之外第三人之间的公司外部法律关系，然后确定相应的审查标准。在诉讼涉及股东与公司之外第三人之间的外部关系上，应贯彻外观主义原则，保护外部善意第三人因合理信赖公司章程的签署、公司登记机关的登记、公司股东名册的记载的行为效力；在公司股东之间因股权归属产生争议时，应注重股权取得的实质要件，即是否实际出资，是否持有出资证明书，是否行使并享有股东权利。

（二）司法实践

在实务中，由于工商登记的股东与公司真实股东不一致而引发的股东资格确认纠纷较为常见，如名义出资人与实际出资人之间的关系有待厘清，对于因此而引发的股东资格确认纠纷，应当根据案件的不同情况分别处理。

1. 公务员隐名投资入股，可享有代持股权所对应的财产权益，但不能被登记为显名股东

《中华人民共和国公务员法》（以下简称《公务员法》）禁止公务员在任职期间及卸任后一定时间内从事营利性活动。如此规定的目的在于防止公务员利用手中职权为其所经营的公司牟取不正当利益，侵害其他市场主体的公平交易权利及公务员的廉政性。但某些公务员认为只要不从事和其职位有关的商事活动、未实际以权谋私，这种行为的违法性并不大，于是铤而走险，利用隐名手段，通过其亲戚朋友名义设立公司，产生隐名投资现象。

隐名股东普遍存在于现存的诸多经济实体当中，目前我国法律上并未有明确的立法对隐名出资的身份效力进行肯定，但若是一味地禁止或否定其行为必将影响经济实体的正常运行，违背民商法意思自治的精神，也可能会违背商法资本充足的原则和出资后不得抽回资金的规定。

一般情况下，法院对有足够证据证明其有向公司出资、享受股东权利、承担股东义务的出资人，依据民法的契约自由原则，承认其隐名股东的身份。而隐名股东的显名化涉及有限责任公司的人合性，涉及股东之间的协议，因此并不轻易认定。而对于触犯法律的禁止性规定的隐名出资，如《公务员法》的规定，也不轻易认定其无效。依据资本不问出处的原则，法院会采取其他的手段来化解这种冲突。

2009年7月7日，最高人民法院在《关于当下形势下审理民商事合同纠纷案件若干问题的指导》中强调："人民法院应当注意区分效力性强制性规定和管理性强制性规定，违反效力性强制规定的，人民法院应当认定合同无效；违反管理性强制规定的，人民法院应当根据具体情况认定其效力。"公务员违背《公务员法》的规定对公司进行投资，很明显是属于违反了对公务员的管理性规定，人民法院应当根据具体情况认定其效力。

一般认为，规避法律的强制性规定，特别是禁止性规定的隐名出资行为当然无效，此时的隐名出资人不仅不具有公司股东的身份，甚至还有可能要承担法律上的责任。

但也有法院认为，《公务员法》第五十九条第（十五）项关于公务员不得"从事或参与营利性活动，在企业或者其他营利性组织中兼任职务"的规定，属管理性禁止性规范，并不属于效力性强制性规范。公务员若违反了该规定，应追究其相应责任，但并不因此影响合同效力。另外，前述管理性禁止性规范，与当事人的"市场准入"资格有关，该类规范的目的之一在于由特定管理机关依法履行其管理职能，以维护社会秩序。因此，在实务中，具有公务员身份的隐名股东要求在工商局显名的违法要求不能得到法院的支持。但是，其可以享有在代持协议项下相应股权所对应的财产权益，事实上的股东资格也可以得到确认。

虽然公务员因投资入股所签订的股权代持协议并不因违反《公务员法》的纪律规范而无效，但毕竟公务员投资入股属于一种违反管理性禁止性规定的违法行为，法院不会因协议有效就支持其在工商局显名的要求。另外，公务员投资入股还有可能遭受行政处分，曾经发生的某县法官投资入股事件，涉事法官不仅没有得到分红，还被所任职的县法院撤销职务，被县纪委常委给予党纪处分。当然，对于已签订股权代持协议的公务员来讲，首要的就是需要与显名股东维持好关系。为确定股东资格，公务员也应当在未与显名股东及其他股东产生矛盾之前，要求各股东及公司签章确认其股东资格及股权比例，并保留好出资、参与公司管理、参加公司股东会等各类证据。

2. 善意取得与股东资格确认

股权既非动产亦非不动产，是否可适用善意取得制度？最高人民法院的意见是：股权是具有特殊性质的财产形式，为维护交易安全，可适用善意取得制度。

"公司法司法解释（三）"第二十六条规定了名义股东擅自处分信托股份时的处理方式："名义股东将登记于其名下的股权转让、质押或者以其他方式处分，实际出资人以其对于股权享有实际权利为由，请求认定处分股权行为无效的，人民法院可以参照物权法第一百零六条（现为《民法典》第三百一十一条）的规定处理。"名义股东处分股权造成实际出资人损失，实际出资人请求名义股东承担赔偿责任的，人民法院应予支持。第二十八条对原股东擅自处分已转让股权进行了规定："股权转让后尚未向公司登记机关办理变更登记，原股东将仍登记于其名下的股权转让、质押或者以其他方式处分，受让股东以其对于股权享有实际权利为由，请求认定处分股权行为无效的，人民法院可以参照物权法第一百零六条的规定处理。原股东处分股权造成受让股东损失，受让股东请求原股东承担赔偿责任，对于未及时办理变更登记有过错的董事、高级管理人员或者实际控制人承担相应责任的，人民法院应予支持；受让股东对于未及时办理变更登记也有过错的，可以适当减轻上述董事、高级管理人员或者实际控制人的责任。"

三、隐名股东

隐名股东也叫实际投资人，是指依据书面或口头协议委托他人代其持有股权者。与隐名股东对应者，通常被称为显名股东。隐名投资是指投资人实际认购了出资，但是公司的章程、股东名册、股票（仅指记名股票）、出资证明书和工商登记等却显示他人为股东的一种投资方式。在这种投资方式中，实际出资并享有投资收益的人被称为隐名投资人、实际投资人或者隐名股东,而被该投资公司对外公示的投资者则可称为显名股东。隐名股东与显名股东的权利和义务的不同,集中体现在股东资格的认定与行使权利的便利上。

(一)隐名出资的法律规制

隐名出资本质上是一种法律行为,分析相关当事人之间的法律关系应关注当事人的意思表示。在隐名出资案件中,股东加入公司的意思表示必然由名义出资人作出,即使公司章程由隐名出资人直接签署名义出资人姓名,由于名义出资人的同意乃属法律上的授权,加入公司意思表示的主体仍为名义出资人。在分析隐名出资中的具体规则之前,不得不阐述一个前提性问题——委托持股协议的法律效力,毕竟有效的协议是当事人合同权利的存在基础。我国《公司法》要求将股东或者发起人的姓名或名称进行内部登记和外部登记,但是这是对投资人取得股东资格的程序性要求,并不影响当事人之间委托持股协议的法律效力。通常,只要委托持股协议没有违反效力性强制性规范(如身份限制规范),也不存在以合法形式掩盖非法目的、损害社会公共利益等法定无效情形的,该种协议即为有效。在委托持股协议有效的前提下,当事人之间构成代理关系,应以之为据设计相应的法律规则。

1. 公司其他股东不知代持股协议

公司其他股东不知代持股协议的,隐名出资人、名义出资人和其他股东之间形成被代理人身份不公开的代理关系。

根据被代理人身份不公开代理关系规则,被代理人在下列条件下可以行使介入权:一是合同条款没有明示或默示地排除被代理人的介入权;二是在合同的订立和履行中当事人身份不具有实质意义;三是不与合同权利转让规则相冲突。具体到隐名出资人行使介入权,确认隐名出资人的股东资格应当符合股权转让规则。在股东自己约定了股权转让规则或者接受了《公司法》规定的股权转让规则时,第三人可以在规定条件下取得公司股权,此时第三人的介入必然没有被公司章程明示或默示地禁止,第三人的介入也没有实质损害其他股东的期待利益,而第三人是以受让股权方式介入还是以被代理人身份介入对公司其他股东并无不同影响。参照股权转让规则确认隐名出资人的介入权,一方面维护了公司其他股东的合理信赖和交易安全,另一方面也最大限度地尊重了隐名出资人的投资自由和契约自由。

在有限责任公司中,确认隐名出资人的股东资格必须经其他股东过半数同意(不含名义出资人),其他股东半数以上不同意的,不同意的股东应当购买名义出资人持有的股权;不购买的,视为同意转让;其他股东过半数同意的,未同意的股东有权以合理价格购买名义出资人持有的股权;隐名出资人同时是公司股东的,确认股东资格请求应被支持,公司章程另有规定的除外。在股份有限公司中,确认股东资格请求应被支持,公司章程合理限制股权转让的除外。

2. 公司其他股东明知代持股协议

在名义出资人加入公司时，其他股东明知名义出资人与隐名出资人间委托持股协议的，名义出资人与公司股东间形成隐名代理关系。

根据隐名代理制度，隐名出资人可以主张股东资格，但有确切证据证明该合同只约束受托人和第三人的除外，这里的关键是如何确定股东缔结的公司契约仅仅约束名义签约人。对此，应参照公司章程和《公司法》规定的股权转让规则确定。如果公司股东自己规定了或者接受了《公司法》中的股权转让限制条款，说明公司契约当事人排斥第三人的任意介入；如果公司股东约定股权可以自由转让，说明公司契约当事人并不反对第三人的任意介入。对于公司契约当事人而言，第三人以被代理人的身份介入和以股权受让人的身份介入并无区别。

3. 公司部分股东明知代持股协议

公司部分股东明知代持股协议、部分股东不知代持股协议时，同时存在被代理人身份不公开的代理关系和隐名代理关系。此时，应将两种代理规则结合运用。由于被代理人身份不公开的代理关系和隐名代理关系在适用于隐名出资人法律地位时都要求参照股权转让规则，此时亦应参照股权转让规则。

4. 隐名出资人与公司等第三人之间的法律规则

隐名出资人与公司、股权受让人、公司债权人等第三人之间也构成被代理人身份不公开的代理关系或（和）隐名代理关系。

隐名出资人、名义出资人和公司之间形成被代理人身份不公开的代理关系或（和）隐名代理关系的，可以确认隐名出资人的股东资格，但是应当参照股权转让规则，原理与前文相同。

隐名出资人的股东资格被确认的，名义出资人与公司等第三人已经发生的各种法律关系继续有效。从民法的角度看，这是代理效力的外观体现。隐名投资人的股东资格被确认之前，隐名出资人、名义出资人和公司、股权受让人等第三人之间形成被代理人身份不公开的代理关系或（和）隐名代理关系。无论哪一种代理关系，名义出资人作为代理人与第三人发生法律关系都是有权代理、合法有效。即使名义出资人超越代持股协议授予的代理权限，依据表见代理制度，该种法律关系仍然有效。值得探讨的是，明知隐名出资人实际行使股东权利的第三人构成恶意第三人，由于隐名出资人实际行使股东权利并不等同于他就是公司股东，他的股东地位尚处于有待确定的不稳定状态，没有理由将该种不确定的状态分配于无辜的外部第三人，因此不应认定第三人为恶意。这也与商法中的公示主义、外观主义等原则以及《公司法》中对股东名册和工商登记的效力规定相吻合。

隐名出资人的股东资格未被确认的，隐名出资人不得享有股东权利，并不承担股东义务。公司拒绝认可隐名出资人的股东资格说明公司拒绝与隐名出资人发生法律关系，公司在排斥隐名出资人介入权的同时放弃了对隐名出资人的权利主张。即使对于公司债权人而言，其信赖工商登记部门登记簿或股东名册记载的股东信息，其与公司进行交易时,并未信赖隐名出资人的信用和出资。

隐名出资人与第三人发生的法律关系,依据《民法典》等规定判断。隐名出资人作为代持股协议的委托人(债权人),可以依法处分合同权利,其转让对名义出资人的债权的行为,只要不具备法定无效情形,即为有效。即使隐名出资人处分名义出资人持有的股权,隐名出资人与第三人订立的合同也不受其股东资格被确认与否的影响。当事人的处分权和合同效力并无关联,处分权的欠缺仅导致合同履行瑕疵而并不影响合同本身的效力。只要隐名出资人与第三人订立的合同不具备法定的无效情形,该种合同就合法、有效。至于隐名出资人处分股权的行为是否产生股权(物权)效力,则取决于隐名出资人的股东资格可否依前文的规范被确认。

(二)隐名股东签署代持协议应注意的问题

隐名投资人在明确代持人后,即使是无偿代持,也要与其签订书面代持协议,明确股权代持的权利义务。严格、完善的代持协议应注意以下几点。

1. 明确行使股东权利的方式,或要求显名股东书面授权隐名股东信任的第三人行使股东权利

由于股权工商登记外观主义原则,股东权利只能以显名股东的名义行使,为避免显名股东滥用或怠于行使股东权利,隐名股东可在代持协议中约定显名股东行使股东权利的方式,如显名股东行使表决权、分红权等须经隐名股东的书面同意,公司具体经营事项涉及隐名股东利害关系须经隐名股东确认,隐名股东可要求显名股东对其反委托授权,隐名股东可要求显名股东书面授权其信任的第三人行使股东权,显名股东有义务配合隐名股东签署各类文件等,明确具体的约定可以保障隐名股东对公司的控制权。

2. 确定违约条款,加重显名股东违约成本

显名股东是有公示效力的股东,若其故意实施侵害隐名股东利益的行为,如不向隐名股东转交投资收益、滥用股东权、怠于行使股东权、擅自处分股份等,隐名股东很难及时有效地发现、制止。据此,在确定代持协议时,应在协议里设置违约条款,约定显名股东在违反代持协议的约定时需要承担的责任。且即使出现违约情况,隐名股东也可根据违约条款向法院请求显名股东依约定承担赔偿责任。但实际生活中,存在很多无偿代持的情况,若设置过于严格的违约条款,会使代持人心生芥蒂,拒绝代持。此时需要与代持人协商,结合具体的情况,制订合适的条款。

3. 排除显名股东作为代持人的财产权

当显名股东发生债务危机、死亡、离婚等情形时,会涉及股权被申请强制执行、继承和财产分割。若代持协议明确排除显名股东的财产权,则显名股东代持的股权就不是个人财产,不能作为其项下财产进行处分,可有效保障隐名股东的财产权益。但依据合同相对性,代持协议仅约束显名股东,不能直接约束其配偶、债权人、继承人等。据此,可进一步约定,如显名股东出现上述影响代持股权完整性和安全性的情形时,应及时履行告知隐名股东和向债权人、配偶等披露的义务,并根据隐名股东的要求办理过户登记或采取其他措施。

4. 设置配偶承诺条款、签署继承人放弃权利的声明书等

考虑到配偶的特殊性,可在代持协议中设置显名股东配偶特殊承诺条款,要求其配偶承诺"已经知悉 X1 委托 X2 代为持有公司股权且不会对代持股权主张任何权利"。且可根据实际情况在签订代持协议时要求继承人均到场签订股权代持知情书和放弃权利声明书,但在继承人较多,要求均到场不现实,操作性不强时,需依特定情形而定。

5. 将公司及其他股东纳入,签订多方协议

根据我国《公司法》的相关规定,有限公司隐名股东是否能显名,还取决于其他股东是否过半数同意,因此将标的公司及标的公司其他股东纳入协议,签订多方协议不失为一个不错的风险控制措施。

在签订股权代持协议之外,我们还可以通过股权质押的形式来防范名义股东擅自处分代持股权的风险。在与代持人约定股权代持的同时,办理股权质押担保,将代持股份质押给实际出资人,这样就可以确保代持人无法擅自处分代持股权,在代持人财产被执行时,实际出资人也对代持股权享有优先权。

四、冒名股东

冒名股东是指被他人冒用名义而在公司登记机关登记为公司股东的情形。"公司法司法解释(三)"第二十八条规定:"冒用他人名义出资并将该他人作为股东在公司登记机关登记的,冒名登记行为人应当承担相应责任;公司、其他股东或者公司债权人以未履行出资义务为由,请求被冒名登记为股东的承担补足出资责任或者对公司债务不能清偿部分的赔偿责任的,人民法院不予支持。"

(一)冒名股东的认定

被冒名者虽然在工商登记上登记为股东,但也不能被认定为股东。因被冒名的主体没有出资的意思表示,因而其不享有公司股东身份,也不承担作为公司股东所应负有的出资责任,相应的一切法律责任均应由冒用他人名义的冒名登记人自行承担。

(1)如果被冒名者是根本不存在的人,势必将因股东的缺位而导致股东权利义务无人承受,不利于维护公司法律关系的稳定。

(2)如果被冒名者是姓名被盗用之人,因其实际并未出资,也并没有在公司章程上签字,其在股东名册上的签字也是被他人冒签,不符合法律规定,当然不能认定为股东。

(3)冒名股东也不能认定为股东。冒名股东无非为了规避法律的禁止性规定,如果认定冒名股东为公司股东,不但违反法律规定,而且将助长恶意冒名行为。对公司的债务,应当由冒名股东承担无限责任。

(二)公司股东挂名、冒名的法律后果

挂名股东的麻烦在于,其不但不是实际权利人,而且一旦名义股东处分股权造成实际出资人损失,名义股东还应当承担赔偿责任。同时,如果公司债权人以名义股东未履行出资义务为由,请求其对公司债务不能清偿的部分在未出资本息范围内承担补充赔偿责任,挂名股东是无法对其进行抗辩的。也就是说,挂名股东首先要承担资本补足责任,然后才可向实际出资人追偿。

冒名股东冒用他人名义出资并将该他人作为股东在公司登记机关登记的,则冒名登记行为人应当承担侵犯他人姓名权的民事责任及相应的行政责任。

此类问题的处置首要的是保护被冒名受害人的合法权益,且其应当优先于对第三人债权的保护,因为被冒名受害人的人身权受到了侵犯。这就是"公司法司法解释(三)"之所以规定"当公司、其他股东或者公司债权人以未履行出资义务为由,请求被冒名登记为股东的承担补足出资责任或者对公司债务不能清偿部分的赔偿责任的,法院不应当予以支持"的主要根源。

(三)冒名股东问题的几种解决路径

1. 通过工商部门直接解决

被冒名者向工商部门反映情况后,工商部门可以委托有关机关进行笔迹等文书鉴定,确认注册文件虚假事实后,由公司登记机关直接撤销公司登记或责成公司股东内部先自行处理冒名股东的股份问题,然后办理变更登记。

2. 通过法院诉讼途径间接解决

先由法院作出注册文件无效或类似文件无效的判决书,再请求工商部门依据法院判决书撤销公司登记,或作出相应变更。此类途径具体有以下几种。

(1)确权之诉。被冒名者可以请求法院确认用以虚假注册公司的名称登记申请书、申请报告、股东会决议、公司章程、授权书、申请承诺书、承诺书、投资协议书等文件无效,此类诉请属于法院案件受理范围。被冒名者也可以请求法院确认冒用他人名义注册公司的行为无效,但后者看来似乎有些越俎代庖,让法院代行工商部门职权了,因此,对于此类诉请,法院一般很难立案。

(2)侵权之诉。请求法院判令冒名者停止对被冒名者姓名权等权利的侵犯,排除妨碍,赔礼道歉。只要法院最后确认注册文件上签名全部虚假,则工商部门应当依据判决书,撤销公司登记或注销冒名股东身份。但在实践中,工商部门往往会提出注册文件上签名虚假和注册文件无效不能划等号,拒绝被冒名者的撤销申请,最终有可能使被冒名者不能达到取消股东身份的目的。

(3)在诉讼中直接免责。《上海市高级人民法院关于审理涉及公司诉讼案件若干问题的处理意见(二)》在处理股权确认纠纷的相关问题中规定:"债权人向工商登记文件中的公司名义股东主张其承担出资不实的赔偿责任的,人民法院应予支持。名义股东向公司债权人承担责任后,可按照约定向实际出资人追偿因此遭受的损失。在上述纠纷中,公司债权人将实际出资人与名义股东列为共同被告的,人民法院可以根据案情判决双方承担连带责任。名义股东有充分证据证明自己系被他人冒名为股东的,不予承担责任。"可见,被冒名者也可不主动去注销自己的股东身份,等到公司债权人向公司股东主张出资不实的赔偿责任时,再举证证明自己系被他人冒名为股东的,这样也可免责。但是到那时往往会有公司债权人的反对,还有公司其他股东推卸责任不予配合的可能,被冒名者全身而退的难度很大。在实践中,也很有可能法院判决被冒名者先承担连带赔偿责任,然后再由被冒名者向冒名者追偿。

(4)通过行政诉讼直接起诉工商部门,请求法院判决工商部门撤销虚假登记。此路径最为直接有效。虽然依据法理,工商部门完全有义务有能力撤销虚假登记,但是缺乏可供工商部门操作的具体法律依据,因此法院应当判决工商部门撤销虚假登记,这样既可以填补相关法律缺失所造成的漏洞,也可以防止弄假成真。但是目前还没有看到以此路径取得成功的案例,因此诉讼风险较大,因为工商部门的职责的确是负责形式审查,没有职责也无法对每份注册文件的真实性通过文笔鉴定或实际调查等进行实质审查。

3. 通过追究刑事责任的途径解决

在冒名股东案件中,往往伴有伪造、变造身份证,私刻印章伪造公司文件,伪造验资证明等行为,情节严重的,或构成虚报注册资本罪,或构成伪造、变造身份证罪,或构成伪造公司、企业、事业单位人民团体印章罪。对已经构成刑事犯罪,可以先追究刑事责任,然后再凭刑事判决书请求工商部门撤销登记或作出处理。但在实践中,这种刑事责任追究往往非常困难,很难见到,因为仅"情节严重"就很难界定和准确把握。

(四)北京市法院审判实践

1. 被冒名工商登记类案件的特征

未经他人同意,冒用他人名义出资并将他人登记为公司法定代表人或者股东,以此规避、转嫁股东和公司的法律责任者给冒名投资人。被冒名者不但不能从股东身份中获益,反而面临着承担债务、民事纠纷及行政处罚的后果。此类案件本质上属于姓名权侵权案件,区别于股权代持现象中的名义股东与实际股东的情况。

此类案件的关键特征在于被冒名者根本没有投资公司或管理公司事务的真实意思表示,也无经营之实,而股东名册、公司章程及工商登记文件等却将其列明为股东或公司高管。冒名者通过虚假的登记手段对公司进行实际经营并享有公司的实际利益,却不想承担相应的法律责任。

2. 被冒名工商登记类案件的司法审查路径

司法实践中,当事人发现自己被冒名注册公司而提起诉讼一般存在以下几种情形:一是具有公职身份的人员在组织审查过程中发现存在经商办企业的情况而无法通过组织审查;二是当事人在申请办理公司注册登记时被工商登记机关发现存在不良记录而无法正常设立公司;三是债权人以股东损害其利益为由起诉被冒名者,要求其承担补充赔偿责任。

由于公司是多种法律关系和利益的集合体,且商事行为与公司登记、行政行为多有交叉,因此司法实践中当事人就多个诉讼请求一并提起诉讼较为常见,而多个诉讼请求可能也会涉及多个案由。此类案件在《公司法》领域的审理思路可简单概括为内外有别:

在公司内部，通过审查意思表示是否真实、是否实际出资、是否真实订立公司设立变更协议、是否实际参与公司经营等要素，审查案件当事人是否符合公司股东的实质要件；在处理涉及公司外部的法律关系时，在没有确凿的相反证据推翻工商登记信息之前，要尊重工商登记信息的公示效力，保护善意第三人的合理信赖利益，维护交易安全。

3. 被冒名工商登记类案件法律救济措施

被冒名登记相关纠纷从民事侵权角度看，构成了侵权行为，被冒名人可以提起侵权之诉；从登记机关行政行为结果看，被冒名人可以向行政机关进行投诉、举报或者直接向人民法院提起行政诉讼。在前述处理过程中，如果发现刑事犯罪行为，可以向有关机关移送相关线索，形成一张全面的保护网络。

（1）通过工商部门直接解决。根据《市场监管总局关于撤销冒用他人身份信息取得公司登记的指导意见》（国市监信〔2019〕128号）之规定，被冒名者向工商部门反映情况后，需提供身份证件丢失报警回执、身份证件遗失公告、银行挂失身份证件记录、由专业机构出具的笔迹鉴定报告等有助于认定冒名登记基本事实的文件材料。工商管理部门综合上述证据确认注册文件虚假事实后，由公司登记机关直接撤销公司登记或责成公司股东内部先自行处理冒名股东的股份问题，然后办理变更登记。

（2）通过法院民事诉讼途径解决。先由法院作出注册文件无效或类似文件无效的判决书，再请求工商部门依据法院判决书撤销公司登记，或进行相应变更。此类途径有两种：一是确权之诉，被冒名者可以请求法院确认用以虚假注册公司的名称登记申请书、申请报告、股东会决议、公司章程、授权书、申请承诺书、承诺书、股权协议书等文件无效或股东资格无效；二是侵权之诉，被冒名者可以请求法院判令冒名者停止对被冒名者姓名权等权利的侵犯并赔偿相关损失，确认注册文件上签名全部虚假，在判决生效后持法院判决书向工商登记机关申请撤销公司登记或注销被冒名股东、高管的登记信息。

特别需要说明的是，在司法实践中，注册文件上签名虚假和注册文件无效并不能完全划等号。其原因：一是确认登记申请文件签名真伪仅为形式审查标准，而对于当事人是否具有股东身份需结合其是否行使股东权利、是否参与公司经营事务进行具体判断；二是第三人对工商登记的公示内容具有合理的信赖利益，随意撤销登记内容将使得公司债权人的利益无法得到充分保护。因此，即便通过笔迹鉴定认定注册文件上的签名为虚假，对于相关注册文件的认定还需要综合考虑其他相关因素予以综合认定。

（3）通过法院行政诉讼途径解决。即当事人起诉工商管理部门，请求法院判决工商部门撤销虚假登记。工商登记机关的履职方式主要为形式审查，其客观上无法对每份注册文件签章的真实性通过文件鉴定或实际调查进行全面的实质审查。但如果有确实的证据可以证明该份文件并非自己所签署，且存在身份证件遗失等客观事实，可以请求法院判决工商管理部门撤销错误登记。

（4）通过刑事诉讼途径解决。在冒名股东案件中，往往伴有伪造、变造身份证，私刻印章伪造公司文件，伪造验资证明等行为，情节严重的，或构成虚报注册资本罪，或构成伪造、变造身份证罪，或构成伪造公司、企业、事业单位人民团体印章罪。对已经构成刑事犯罪的,可以追究刑事责任,然后再凭刑事判决结果请求工商部门撤销登记或作出处理。

前述种种解决方式,从被冒名人权益保护角度看,行政机关直接处理是最为简便的,但是行政机关与司法机关相比,客观上对事实的查明能力有所不足;而民事诉讼及行政诉讼程序更为严谨复杂、周期长,但可以对此类案件中第三人法律关系和利益问题作出妥善处理和法律判断。总之,在处理类似案件中,工商登记机关和司法机关应在尊重当事人选择权的前提下,做好释明工作和举证指导,在具体的案件处理中,加强行政权和司法权的有效衔接和互动,形成制度合力,有效解决实质争议。

(五)防范身份信息被冒用登记的建议

公司登记审查虽以形式审查为一般准则,但同时应保留必要的实质审查职能。建议出台相关行政法规细化对涉及申请人权益的重大变更事项的实质审查,以确保申请人权益不受侵害。实质审查既可在设立过程中的形式审查同时进行,也可于公司设立后的监管阶段实施。若发现申请设立的公司或已设立公司有与法律规定的实体不相符合者,登记机关可拒绝登记或撤销生效登记。

在以人工智能为代表的互联网科技日新月异的时代背景下,工商登记机关也可以加大对人脸的识别、线上身份认证、登记信息区块链存证等互联网科技的应用,在推广线上办理、一网通办等便民措施的同时对申请人身份信息采取必要的审核措施,以技术手段堵塞漏洞。

此外,工商行政主管机关应加强对中介机构的代理诚信制度建设,加大对中介机构与代理人的提交虚假资料或其他欺诈隐瞒重要事实取得公司登记的处罚力度,在不违反《公司法》《中华人民共和国行政处罚法》(简称《行政处罚法》)等上位法的情况下,进行行政处罚或限制违法违规人员继续执业。

防范公民身份信息被冒用最为经济简单的防范方法,就是不要轻易将身份证原件给他人使用,即便是复印件提供给他人使用时,也要显著位置标记"仅限办理××业务使用"等字样,有效降低被他人反复冒用的风险。如果身份证原件不慎丢失或失窃,除补办证件外,还应及时到公安部门办理遗失财物相关登记手续,必要时登报进行公告,留存相关证据,以便发生纠纷时最大程度上维护自身权益。

杜绝出借身份信息给他人登记公司。司法实践中我们也发现,部分当事人出于为朋友帮忙或者贪图蝇头小利,将个人信息主动出借给他人用于登记公司,但实际不享有股东权利和义务,涉及诉讼后,又以对公司经营情况不知情为由提出抗辩。对此,"公司法司法解释(三)"第二十四条规定:"有限责任公司的实际出资人与名义出资人订立合同,约定由实际出资人出资并享有投资权益,如无法律规定的无效情形,人民法院应当认定该合同有效。"故此,名义股东代持他人股份并不违反法律规定。同时,该司法解释第二十六条第一款规定:"公司债权人以登记于公司登记机关的股东未履行出资义务为由,请求其对公司债务不能清偿的部分在未出资本息范围内承担补充赔偿责任,股东以其仅为名义股东而非实际出资人为由进行抗辩的,人民法院不予支持。"通过相关司法解释可以看出,名义股东在一些情形下也将承担法律责任,作为名义股东代持股份存在巨大法律风险。因此,在对后果没有充分认知的情况下,不应抱有侥幸心理,贸然出借身份信息。

(六)典型案例

1. 民事姓名权侵权之诉

2003年,被告马某在原告刘某不知情的情况下使用原告的身份证注册了甲公司,直到2011年原告刘某在进行低保审查时发现前述情况。原告刘某于2011年诉至法院要求被告马某及甲公司承担相应的赔偿责任并办理相应的工商变更手续。经法庭调查,被告马某及甲公司最终承认原告所述属实。后该案双方调解结案,法院于2011年9月6日出具的调解书确认内容为马某及甲公司同意即日起到相关部门办理姓名变更手续,并承诺不再使用刘某的姓名;马某赔偿刘某经济损失1 000元。之后,甲公司于2011年9月13日向工商部门申请注销登记,2011年9月20日工商登记部门核准该申请,甲公司注销。法官提示被冒名行为本质属于姓名权侵权行为,被冒名人可以依据侵权责任法相关规定主张冒名的侵权人承担相应的侵权责任。如侵权人到庭参加诉讼,则可在查明事实后由双方共同到行政部门完成相应的变更登记;如侵权人未到庭参加诉讼,可待该侵权纠纷案件胜诉并生效后,再以此为依据向工商登记部门主张撤销登记或变更登记。

2. 股东损害公司债权人利益责任纠纷案件

经生效法院判决认定,原告于某享有对甲公司的17万元债权,于某申请执行未果,以股东损害公司债权人利益责任纠纷为案由,起诉甲公司登记股东张某、朱某、刘某,要求其承担相应的补充清偿责任。张某抗辩自己为股东刘某的朋友,刘某出于个人利益借用了张某身份证进行登记,实际股东应为刘某,张某除刘某外并不认识公司其他人员,没有真实签署过股权转让协议,也没有参与公司经营,并对公司文件中留存的签名进行鉴定,证明所有签名均为张某本人所签。法院经审理认为鉴定结论仅能证实上述材料并非张某所签,但其在明知的情形下受让股权后由别人代签且同意他人借名使用,基于商事外观主义,不能对抗外部善意第三人,故依法判决张某当对公司债务不能清偿的部分承担补充赔偿责任部分承担连带责任。

法官提示冒名股东与名义股东并非同一概念,冒名股东被冒名者对设立公司的事实并不知情,也没有和其他股东设立公司的合意;而名义股东就是在注册机关登记为股东,但实际不享有股东权利和义务的法人或自然人。因此,是否享有股东利益并非区分是否被冒名的唯一标准。在明知的情形下,借用身份证给他人登记注册使用,将被认定为名义股东,而根据法律规定,在处理公司外部关系的情形下,名义股东亦应承担相应的股东责任。

3. 注意行政诉讼起诉期限

甲公司原有股东为丁某、王某,2010年,甲公司向某市工商部门申请变更工商登记,变更后的内容为"朱某向公司注资400万""公司股东为丁某、王某、朱某"。2017年，朱某认为自己系被冒名股东，并提供了公司股东会会议记录等材料的签字并非自己本人所签的鉴定报告，故诉至法院要求认为工商部门该变更登记行为无效。法院经审理认为，《行政诉讼法》规定，"公民、法人或者其他组织直接向人民法院提起诉讼的，应当自知道或者应当知道作出行政行为之日起六个月内提出。法律另有规定的除外。因不动产提起诉讼的案件自行政行为作出之日起超过二十年，其他案件自行政行为作出之日起超过五年提起诉讼的，人民法院不予受理"。本案中，工商部门于2010年11月17日作出许可决定书，将涉案公司的股东登记为丁某、王某、朱某三人，而原告朱某于2017年针对该设立登记向法院提起行政诉讼，其起诉显然已经超过五年的最长起诉期限，且无正当理由，故对其起诉予以驳回。

《行政诉讼法》关于一般起诉期限和最长起诉期限的规定：一般起诉期限为六个月，自原告知道或者应当知道行政行为之日起计算。但是，无论原告是何时知道或者应当知道作出行政行为，因不动产提起诉讼的案件自行政行为作出之日起超过二十年，其他案件自行政行为作出之日起超过五年提起诉讼的，法院不予受理，这是最长起诉期限。因此，当事人发现自己被冒名登记后如果希望通过行政诉讼解决，应当及时维权，在知道被冒名登记后六个月内及时提起行政诉讼，同时需要注意，该登记作出的时间如果已经超过五年，法院对该行政诉讼将不予受理。

五、股东抽逃出资

（一）抽逃出资的认定

抽逃出资，是指股东在公司成立即验资注册后将所缴纳的出资暗中撤回，但仍保留股东身份和原有出资数额的欺诈性违法行为。关于公司股东抽逃出资的认定，根据《公司法》第三十六条、九十二条、二百零一条及"公司法司法解释（三）"第十二条的规定，公司的股东、发起人、认股人在公司成立后，不得抽逃出资。公司成立后，公司、股东或者公司债权人以相关股东的行为符合下列情形之一且以损害公司权益为由，请求认定该股东抽逃出资的，人民法院应予支持：将出资款项转入公司账户验资后又转出；通过虚构债权债务关系将其出资转出；制作虚假财务会计报表虚增利润进行分配；利用关联交易将出资转出；其他未经法定程序将出资抽回的行为。

1. 股东与公司间的合法借贷关系或真实的商业往来关系不能认定为股东抽逃出资

《国家工商行政管理总局关于股东借款是否属于抽逃出资行为问题的答复》（工商企字〔2002〕第180号）对于抽逃出资进行了明确的规定："依照《公司法》的有关规定，公司享有股东投资形式的全部法人财产权。股东以出资方式将有关财产投入公司后，该财产的所有权发生转移，成为公司的财产，公司依法对其财产享有占有、使用、收益和处分的权利。公司借款给股东，是公司依法享有其财产所有权的体现，股东与公司之间的这种关系属于借贷关系，合法的借贷关系受法律保护，公司对合法借出的资金依法享有相应的债权,借款的股东依法承担相应的债务。因此,在没有充分证据的情况下,仅凭股东向公司借款就认定为股东抽逃出资缺乏法律依据。"在司法实践中,对于股东以债权债务抽逃公司出资时应当证明该笔债权债务是虚构的,并非实际存在。

2. 股东行使股份收买请求权不能认定为抽逃出资

所谓股东行使股份收买请求权,是指股东大会作出的对股东有重大利害关系的决议时,如公司合并、延长公司章程约定的经营期限等,对该决议持反对意见的股东可以请求公司以公平价格收买自己所持有的股份,此时,股东收回其出资不能认定为抽逃出资。

(二) 股东抽逃出资的诉讼问题

1. 举证责任的分配

审查认定股东抽逃出资行为的关键是举证责任的分配。依据"谁主张,谁举证"这一《民事诉讼法》所规定的举证责任的分配原则,债权人或守约股东主张抽逃出资股东承担责任的,当然应该承担相应的举证责任。

由于股东抽逃出资的行为多以隐蔽方式进行,而且关键证据,如公司的业务往来账册,包括资产负债表等会计账目均保存于公司内部,故债权人举证事实上存在障碍和困难,守约股东也是基本处于同样境地。因此,在审理股东抽逃出资的纠纷中,应依据《最高人民法院关于民事诉讼证据的若干规定》第七十五条的规定,有证据证明一方当事人拥有证据无正当借口拒不提供,如果另一方当事人主张该证据的内容不利于证据拥有人,能够推定该主张成立。对于股东是否抽逃出资,原则上应当由债权人或者守约股东举证,但不宜过于严苛,只要其能举出使人对抽逃出资的行为产生合理怀疑的初步证据或有关线索即可,此际,法官可要求被诉方提供相关证据,以证明其不存在抽逃的行为,如公司与股东间存在合理的对价关系等,否则,可认定有抽逃的行为。

2. 诉讼时效问题

股东抽逃出资行为发生后,权利人应当在什么时间内对其行使追究权?与其他民事权利的法律保护一样,对抽逃出资股东的请求权,亦受制于法律时效的限制,以促使权利人积极行使权利,从而有利于稳定社会经济秩序并为司法审判减少因时过境迁而带来的调查取证的困难。

由于现行法律、法规对抽逃出资的规定极度简约,所以对债权人的追诉时效未有具体规定。为了与其他民事权利的保护相衔接,可以依据现行《民法典》的规定,其权利保护时效期间为 3 年。当然,因股东抽逃出资行为而对权利人的保护与一般民事权利的保护期间有无区别,尚待最高院进行解释。

3. 防止滥用诉权问题

公司正常有序经营是其顺利发展的基础,因此,立法及司法在对抽逃出资股东行为予以制裁的同时,亦应防止那些企图破坏公司正常经营的恶意竞争者可能滥用其诉权。有鉴于此,有必要规定一些相应的措施来防止此类滥诉及不正当诉讼行为的发生。如日本公司法中规定，为防止追诉人出于某种不正当目的对被诉人的诉讼而给被诉人造成的经济上或精神上的损失，可责令追诉人在缴纳诉讼费用的同时，根据被诉人申请再提供一定的担保，以承担因不当诉讼而给公司和股东所造成的损害。

（三）股东抽逃出资的法律责任

诚信经营是这个社会赖以发展的基础。我们在关注公司独立人格和股东有限责任在有效聚合社会资源、促进社会财富增加的同时，亦应强调股东及公司的社会责任。抽逃出资的股东，违反了《公司法》及相关司法解释的规定，理应受到法律的制裁，承担应有的法律责任。

1. 抽逃出资股东的民事责任

（1）对公司其他股东的民事责任。根据《公司法》第三十五条、第四十三条等规定，除股东之间或者公司章程另有约定外，股东应当按照其出资比例享有分红权、优先认购权及表决权等权利。可见，股东平等是《公司法》的重要原则。如果股东抽逃出资，将会损害其他股东及公司的利益。因此，在此情况下，可以参照《公司法》第二十八条第二款和第八十三条第二款的规定，已经足额缴纳出资的股东或者发起人可以根据公司章程规定，要求抽逃出资的股东或者发起人承担违约责任；也可以根据《公司法》的规定，在公司怠于行使其追偿权时，代表公司提起间接诉讼，要求抽逃出资的股东将抽逃资金退还公司。

（2）对公司的民事责任。根据《公司法》第三条的规定，公司具有财产、名誉和责任独立的特征。同时，根据《公司法》第三十五条和第九十一条的规定，公司成立后，股东、发起人、认股人不得抽逃出资，即不得抽回股本。股东财产与公司财产严格分离是公司法人人格独立的前提和显著特征。股东在出资后又抽逃出资的，构成对公司法人独立财产权的一种侵权行为，抽逃出资的股东应当对公司承担侵权责任。因此，公司可以起诉抽逃出资的股东，要求其归还所抽逃的出资及赔偿由此给公司所造成的损失。

（3）对公司债权人的民事责任。根据《公司法》第三条的规定，公司以其全部财产对公司的债务承担无限责任，而股东以其认缴的出资额或者认购的股份为限对公司承担有限责任。可见，公司的资产是实现公司债权人权益的重要保障，股东抽逃出资的行为一定程度上严重侵害了债权人利益的实现。抽逃出资的行为是一种民事欺诈行为，债权人理应获得赔偿。

2. 抽逃出资股东的行政责任

根据《公司法》第二百条的规定，公司的发起人、股东在公司成立后，抽逃其出资的，由公司登记机关责令改正，并针对具体情况给予一定数额的罚款。根据《公司法》第二百一十一条等相关法条的规定，如果公司成立后无正当理由超过一定期限未能开业或者开业后停业连续六个月以上及不依法办理变更登记等，公司登记机关可以采取吊销营业执照或者罚款的处罚。

3. 抽逃出资股东的刑事责任

根据《中华人民共和国刑法》（简称《刑法》）第一百五十九条的规定，公司发起人、股东违反《公司法》的规定，在公司成立后又抽逃其出资，数额巨大、后果严重或者有其他严重情节的行为，将受到刑法的制裁，构成抽逃出资罪。由于公司享有法人财产权，股东财产与公司财产严格分离是公司法人人格独立的前提，因此，股东在出资后又抽逃其出资的，已经构成对公司法人财产权的侵害，故公司有权起诉抽逃资金股东，要求其归还所抽逃的出资。

4. 抽逃出资股东对公司债权人的民事责任

公司资产是实现公司债权人债权的重要保障，股东抽逃出资必然削弱公司的偿债能力并增加债权人的风险，从而对公司债权人构成侵害；同时，抽逃出资亦属民事欺诈行为，公司债权人因股东的欺诈行为而遭受损失，理应获得赔偿。

股东在公司成立之初尚未正常经营之前即将资本抽逃，使公司所余净资产达不到法定最低注册资本额的，在公司不能清偿债务时，应由股东承担无限清偿责任。

在公司成立后，股东以各种方式抽逃资本的，在公司不能清偿债务时，股东应在所抽逃资本范围内承担清偿责任。

（四）股东抽逃出资在财务上的表现

1. 在公司的财务记账凭证上，借方以"银行存款"记录，而贷方以"其他应收款"记载出资的"移转"

这种抽逃出资的行为在资产负债表上记载的表现形式就是公司在"资产"项下始终以"其他应收款"方式长期挂账，以达到资产账面上的平衡，而事实上股东并未与公司发生实际的、正常的业务往来。判断这种财务挂账方式实质上是否属于抽逃出资的行为，关键是看与财务凭证记载的"其他应收款"相对应的是否有符合市场规则的合理、公平、公正的交易，从而来反映股东与公司之间是否是正常的业务往来。若股东并没有公正、合理地向公司支付所转移资金公平的对价，则可认定为股东抽逃出资。

2. 在公司财务记账凭证上，借方以"银行存款"记载，贷方则以"长期投资"反映股东出资的"移转"

这种财务记账形式就是在资产负债表上"资产"项下以公司对外"长期投资"的形式将其出资转到股东所有或控制的公司之中，从而实现出资的抽逃。这种"长期投资"是否真实的核定，首先在于被公司"长期投资"的公司在形式上是否对公司的这笔"长期投资"开具出资证明或股权证明；其次，在实质上公司作为被"长期投资"公司的股东或债权人是否因这笔"长期投资"真正、公平地享有了投资权益。

3. 在公司财务上不记账

这种情况是指公司"银行存款"项下账面上的公司注册资金并未减少，而实际资金已被划转给股东，因此在资产负债表上"资产"项下"流动资产"科目中"银行存款"只是一个虚假的夸大数字。这种情况，只有核对银行对账单才能发现公司资金的实际减少。这种行为在实质上是股东对公司资产的偷窃。因为股东出资后，按《公司法》有关程序注册成立公司，股东出资已不再是股东的财产，而是公司的独立财产，因此股东只是持有公司的股权而享有股东利益，资本由公司享有所有权。

认定股东抽逃出资的关键是对股东出资资金（或相应的资产）的所有权在股东与公司之间发生移转时，股东是否向公司支付了公正合理的对价，即股东是否向公司支付了等值的资产或权益。而判断是否支付了公正合理的对价，主要依据是公司的相关财务资料，比如公司的资产负债表、资产损益表、利润分配表、记账凭证、长期投资账册及银行对账单等。

六、股东被除名

公司股东除名，即公司股东的强制退出，是近年来实务中出现的商事法律问题，直接原因在于我国商事立法起步较晚。"公司法司法解释（三）"对公司设立、股东出资、抽逃出资、隐名股东等问题作出了进一步的规定，其中第十七条第一款规定："有限责任公司的股东未履行出资义务或者抽逃全部出资，经公司催告缴纳或者返还，其在合理期间内仍未缴纳或者返还出资，公司以股东会决议解除该股东的股东资格，该股东请求确认该行为无效的，人民法院不予支持。"

（一）股东除名事由

股东除名，必须具备法定或约定的事由，常见的事由有以下三种。

1. 股东未履行出资义务或者抽逃全部出资

"公司法司法解释（三）"对这种情形已作出明确规定，实务中可以直接适用而无须公司章程作出约定。

2. 未完全履行出资义务或者抽逃部分出资

实践中，股东出资瑕疵更多的情形是未完全履行出资义务或抽逃部分出资。对于这种情形能否进行股东除名，法律和司法解释均未有规定，应当视股东协议和公司章程的具体规定处理，股东协议和公司章程有约定的从约定，没有约定的则不得除名。

3. 应退股而未退

许多公司为强调其人合性，往往在股东协议、公司章程中约定股东退休或死亡时应当退股。一旦应当退股而未退的情形发生，就会发生股东除名的问题。

另外，《中华人民共和国合伙企业法》（简称《合伙企业法》）第四十九条规定了合伙人的除名规则："未履行出资义务、因故意或者重大过失给合伙企业造成损失、执行合伙事务时有不正当行为、发生合伙协议约定的事由"。《合伙企业法》的这一规定对公司股东的除名事由具有较大参考价值。

（二）股东除名适用范围

"公司法司法解释（三）"仅规定了有限责任公司的股东除名，对于股份公司则未规定。非上市股份公司的股东除名问题，可由股东协议或章程约定。

（三）应当适用公司决议效力确认纠纷的案由

从条文的规定来看，股东除名制度的诉讼路径应当是被除名股东主张股东会除名决议无效，然后由司法部门审查股东会决议是否违反法律规定、行政法规。从最高人民法院这种诉讼引导上看，被除名股东应当依据《公司法》第二十二条关于公司决议效力的规定，提起公司决议效力确认纠纷。

案由的确定直接关系着法律关系的选择、法院审查案件的重点、举证责任的分配等一系列问题，在诉讼实务中至关重要。但实际上，最高人民法院又将股东除名规范在股东出资纠纷的案由中，根据《民事案件案由适用手册》中的规定，处理股东出资纠纷主要适用的法律规范中包括了"公司法司法解释（三）"第十七条，这样的规定也造成了股东除名诉讼在实际适用中的混乱局面。

（四）最高人民法院对股东除名制度消极地承认

"公司法司法解释（三）"第十七条第一款规定："……公司以股东会决议解除该股东的股东资格，该股东请求确认该解除行为无效的，人民法院不予支持。"从基本的文义解释的角度，"公司法司法解释（三）"并没有确立由司法部门通过司法裁判将股东除名的制度，只是在股东被除名而提起诉讼的情况下，将该股东的诉请驳回，只是通过司法裁判消极地承认了解除股东资格的股东会效力。这样的规定在近年来的司法解释中还有很多，比如在"公司法司法解释（三）"第二十四条关于隐名股东要求变为名义股东的规定："实际出资人未经公司其他股东半数以上同意，请求公司变更股东、签发出资证明书、记载于股东名册、记载于公司章程并办理公司登记机关登记的，人民法院不予支持。"又如《最高人民法院关于审理买卖合同纠纷案件适用法律问题的解释》第三条第一款关于无处分权出卖人签订的买卖合同效力的规定："当事人一方以出卖人在缔约时对标的物没有所有权或者处分权为由主张合同无效的，人民法院不予支持。"这些司法解释普遍采用一种"不予支持"的表述肯定了相对于此的法律行为的有效性。

股东除名绝对不是法律所期待的一种正常状态，有限责任公司相对于股份公司更加凸显人合性，股东之间的彼此信任是有限责任公司得以发展的基础，即便出现了合作危机，法律也更希望股东之间能够通过股权转让、股份回购等方式自行将矛盾消化。应当承认股东除名是股东之间矛盾斗争的最高形式，产生股东除名危机的公司往往对公司后续的发展也会产生重大不良影响，并且诱发诉讼的风险很高，因此，实际代理案件的律师应当明确从立法意图上看，对股东除名制度仍然是保守的、回避的态度，对于代理、启动这样的诉讼均应当保持一种审慎的态度，并且在短期内这种情况也不可能得到改善。

（五）股东除名的程序

根据《公司法》第三十九条和第四十一条的规定，代表十分之一以上表决权的股东，三分之一以上的董事，监事会或者不设监事会的公司的监事有权提议召开临时股东会；并且，公司应当于会议召开十五日前通知全体股东。在股东会上，除拟被除名股东外的其他股东有权对该股东除名提议进行投票。若表决通过的，各方应在股东会会议记录、决议上签字。

根据"公司法司法解释（三）"，公司必须催告缴纳出资或者返还抽逃的出资，而且该催告还应给股东一个合理期限，如果在合理期限内股东仍未缴纳或者返还，应通过公司股东会决议的形式对未履行义务的股东进行除名。与此不同的是，《合伙企业法》规定，在合伙人未按期出资的情况下，其他合伙人可以直接将其除名，无须催告，只需将除名决定通知该合伙人即可，除名决定自到达该合伙人之时生效。

被除名股东应当参加股东会，但无表决权。首先，根据权利义务一致原则，由于被除名股东未出资，不应享有股东权；其次，被除名股东与表决事项有利害关系，依法应当回避；最后，在被除名股东持股比例超过 50% 的情形下，如允许其享有表决权，将导致股东除名无法进行，除名权落空。

《公司法》规定，股东会会议作出修改公司章程、增加或者减少注册资本的决议，以及公司合并、分立、解散或者变更公司形式的决议，必须经代表三分之二以上表决权的股东通过。股东除名不包括在上述强制性规定的事项范围内，除名决议通过的表决权比例，应由股东协议和公司章程进行约定。

至于股东会除名决议的生效，"公司法司法解释（三）"并未规定除名决议的生效时间，《合伙企业法》对合伙人被除名决定的生效时间规定为决定到达被除名合伙人时。从可操作性的角度出发，应当以决议作出的时间作为公司股东除名决议的生效时间。一方面，《公司法》已经赋予被除名股东撤销股东会决议的救济权，被除名股东可以行使该项权利保护自己的合法权益；另一方面，如以除名决议送达给被除名股东时生效，则实践中因为被除名股东的不配合，送达往往难以实施，将造成股东会决议迟迟不能生效。

（六）被除名股东的责任

"公司法司法解释（三）"规定："在办理法定减资程序或者其他股东或者第三人缴纳相应的出资之前，公司债权人依照本规定第十三条或者第十四条请求相关当事人承担相应责任的，人民法院应予支持"。被除名股东对公司债务所负的连带责任并不随着股东资格的解除而消除，要到公司按照法定减资程序办理减资程序之后，或者其他股东或第三人受让该股权并实际缴纳该出资之后，被除名股东对公司债务所负的连带责任才消除。在减资情况下，被除名股东的责任消除点应当为减资完成之日，因为只有减资完成才意味着被除名股东的缴纳出资义务消灭；在被除名股东股权被转让的情况下，只有受让人缴纳全部出资才意味着被除名股东的连带责任消除，受让人认缴出资并不意味着被除名股东的责任消灭。如果受让人只是缴纳了部分出资，被除名股东仍然应在股权受让人未缴纳的出资范围内对公司债务承担连带责任。

（七）股东被除名时的股权价格

公司股权的价格确定，是股东除名的一项重要内容。根据契约自由和意思自治的原则，股东被除名时其股权价格的确定，如股东协议、公司章程有规定的，按规定办理；

股东协议、公司章程没有规定的,应当按照股东被除名时其所持股权的市场价格确定,而市场价格通常通过评估确定。

(八)被除名股东所持股权依法减资或转让

根据"公司法司法解释(三)"第十七条第二款规定:"在前款规定的情形下,人民法院在判决时应当释明,公司应当及时办理法定减资程序或者由其他股东或者第三人缴纳相应的出资。"据此,在公司作出生效的股东会决议后,公司应当尽快去工商管理部门办理法定减资或者股权转让等变更登记。

尽管公司已经作出了解除股东资格的决议,在该股东除名及减资事项办妥工商变更登记之前,该被除名股东仍应当根据"公司法司法解释(三)"第十三条、第十四条的规定对公司对外债务承担补充赔偿责任。即经公司债权人请求,该被除名股东在未出资本息范围或抽逃出资本息范围内对公司债务不能清偿的部分承担补充赔偿责任。

(九)公司股东除名过程中的实务问题

尽管"公司法司法解释(三)"从各方面对公司股东除名制度予以明确,但在司法实践的过程中仍会遇到许多问题。下面通过几个案例,简要分析这些实践中可能发生的问题。

1. 公司不得限制或剥夺部分出资股东的股东资格

上海市浦东新区人民法院在黄某与上海某园林建设有限公司的公司决议效力确认纠纷案的民事判决中说明,法院认为:根据《公司法》以及"公司司法解释(三)"的相关规定,股东仅部分出资的,公司有权主张要求其完成出资义务,或者公司可根据股东会决议对其利润分配请求权、新股优先认购权、剩余财产分配请求权等财产性股东权利进行相应合理限制。但是,公司不得限制或剥夺股东继续出资取得股东资格的权利。对于剥夺股东资格的公司决议,应属无效。而且,在上海市第一中级人民法院在申某诉上海某信息技术有限公司请求变更公司登记纠纷的民事判决中说明,法院认为:经催告后,股东只是归还了全部560万抽逃出资中的5 000元出资,即视为不符合"公司法司法解释(三)"第十七条的前提条件,公司通过的解除股东资格的决议无效。

从上述判决主旨内容中可知,在"公司法司法解释(三)"第十七条中"股东未履行出资义务或者抽逃全部出资"的前提条件不得扩大解释为"部分出资"。只有在股东完全未履行出资义务或者抽逃全部出资的情况下,公司才可以启动除名程序。一旦股东履行过部分出资义务,无论金额多少,均不符合上述司法解释规定。

2. 公司不得限制或者剥夺认缴出资未到期股东的资格

上海市青浦区人民法院在上海某宾馆有限公司与张某公司决议效力确认纠纷的民事判决中说明,法院认为:在公司章程所规定的股东出资时间尚未到期的情况下,股东并不存在不履行出资义务或抽逃出资的情形,因此公司作出的解除股东资格的决议无效。并且,根据上海市第一中级人民法院在上海自贸区某咖啡交易中心有限公司诉上海某商务咨询有限公司公司决议纠纷的民事判决,法院认为:未经全体股东一致同意,公司不得通过多数决的方式将出资期限提前。

因此,"公司法司法解释(三)"第十七条中"股东未履行出资义务"仅指出资时间到期未履行的情形,不包括出资时间未到期的股东。

3. 公司给予未出资股东的"合理期间"不宜过短

根据上海市第一中级人民法院对申某诉上海某信息技术有限公司请求变更公司登记纠纷的民事判决,法院认为:催告中11天的期限(期间有7天法定节假日)显然过短。事实上,我国的股东除名制度系借鉴德国法上的股东除名制度而来,根据《德国有限责任公司法》第二十一条第一款关于滞纳股东除名规定:"股东迟延缴付出资时,可催告其在规定的宽限期内缴付,并提出警告可能因此没收其已缴的股份。此项催告应以挂号信形式发出,宽限期至少为1个月。"尽管我国司法解释没有如德国法那样明确规定催告的宽限期,但在文义表达上使用的是"合理期间"而非"公司催告的期间",可见,公司催告的期间合理与否在判断解除股东资格行为的效力时至关重要。本案中,法院认定"股东归还部分出资的时间只比公司催告的期间晚了3天,并且该还款行为发生在股东会召开之前,属于在合理期间内,因此股东会决议无效"。

因此,"公司法司法解释(三)"第十七条规定的"合理期间"需要根据个案情况进行具体分析,由法院根据股东自收到催告通知之日至股东会决议通过之日期间的表现,自由裁量判断是否属于合理期间。若股东确实存在出资意愿并且实际出资的,法院出于保护债权人的考虑,更倾向于认为股东已经在合理期限内出资,从而认定解除股东资格的决议无效。至于合理催告期,以至少1个月的时间为宜。

4. 公司可以在公司章程中自行增加股东除名情形和条件

根据上海市第一中级人民法院对胡某与B公司公司决议效力确认纠纷的民事判决,法院认为:公司有权根据章程的规定,召开临时股东会作出确认股东丧失股东资格的决定,并不违反法律规定,应属有效。

因此,除了"公司法司法解释(三)"第十七条几种情形之外,公司有权自行在公司章程中约定其他除名情形和条件,公司依据该章程作出的有关股东除名的公司决议仍被认定为合法有效。

5. 确认公司股东除名决议无效之诉不适用诉讼时效

《公司法》第二十二条第一款规定:"公司股东会或者股东大会、董事会的决议内容违反法律、行政法规的无效。"对公司解除股东资格的股东会决议合法性存在异议的股东,有权向法院提起确认公司决议无效之诉。

上海市高级人民法院在陆某与上海某川贸易有限公司、陆某公司决议效力确认纠纷的民事裁定和北京市第三中级人民法院在赵某、北京某医学技术有限公司公司决议效力确认纠纷的民事判决中,法院的判决主旨均认为:公司决议效力确认纠纷并非基于债权请求权,且相关决议无效实属自始、当然、绝对无效,因此不受诉讼时效规定所限。

因此,鉴于《公司法》第二十二条属于强制性法律条款,一旦违反该条款自始无效,不属于诉讼时效制度。

6. 撤销公司股东除名决议适用除斥期间

根据《公司法》第二十二条第二款规定:"股东会或者股东大会、董事会的会议召集程序、表决方式违反法律、行政法规或者公司章程,或者决议内容违反公司章程的,股东可以自决议作出之日起六十日内,请求人民法院撤销。"

在上海市第二中级人民法院对潘某、曾某与上海某燃料物资有限公司公司决议效力确认纠纷的民事判决中,法院认定,股东会召集程序违法的问题仅涉及股东会决议的撤销诉讼,与无效诉讼无关,适用法定除斥期间。因此,对于仅存在上述程序性的瑕疵的公司决议,公司异议股东应当在六十天除斥期间内提起公司决议撤销之诉,否则便丧失提起撤销之诉的权利。股东可对存有争议的公司股东除名决议提起确认有效之诉。

《最高人民法院关于适用〈中华人民共和国公司法〉若干问题的规定(四)》(简称"公司法司法解释(四)")第一条规定:"公司股东、董事、监事等请求确认股东会或者股东大会、董事会决议无效或者不成立的,人民法院应当依法予以受理。"第四条规定:"股东请求撤销股东会或者股东大会、董事会决议,符合公司法第二十二条第二款规定的,人民法院应当予以支持,但会议召集程序或者表决方式仅有轻微瑕疵,且对决议未产生实质影响的,人民法院不予支持。"

通过上述司法解释规定可知,关于公司决议效力的诉讼主要包括三类:确认决议无效之诉、确认决议不成立之诉和公司决议撤销之诉,并不包括确认决议有效的诉讼。但是,通过多年以来的司法实践,各地法院已经逐渐明确对于存在争议的确认公司决议有效的纠纷,法院应当予以受理。譬如:北京市第三中级人民法院在辜某与北京某工程咨询有限公司公司决议效力确认纠纷的民事判决中认定,在股东请求确认涉案股东会决议有效,且公司同意该股东诉讼请求的情况下,有其他股东作为第三人陈述意见并对决议效力提出异议的,该公司决议已具备法律上的争诉性,且符合起诉的法定条件,故法院予以受理。因此,对于存在异议股东的公司决议,股东可以以公司为被告,以异议股东为第三人向法院提起确认公司决议有效之诉。同时,有学者也提出,除名乃是股东被动地脱离公司,为保护被除名股东及公司债权人利益,防止除名制度被滥用,除名决议通过后,公司必须提起除名之诉,以最终达到股东除名的目的。这样提议不无道理,在建立除名诉由之前,为避免公司股东资格争议,建议可以通过确认股东除名决议有效的方式实现。

7. 股东有权提起请求变更公司登记之诉

公司决议生效后,若因各种原因导致公司未至工商管理部门办理变更登记的,股东有权以公司为被告提起请求变更公司登记之诉。如上海市第二中级人民法院对某篷房技术(上海)有限公司、秦某与广州某篷房技术有限公司请求变更公司登记纠纷的民事判决中,法院认为:"公司负有在决议作出后三十日向登记机关申请变更登记的法定义务。若公司未依法办理变更登记的,股东有权要求公司履行,并且相关负责人应当承担协助义务。"

在司法实践中,由于需要解决股东除名之后的公司股权工商变更登记手续问题,公司股东可以在案件中同时提出确认决议有效和履行工商变更手续的诉讼请求。《最高人民法院关于印发修改后的〈民事案件案由规定〉的通知》的第三部分中提到:"同一诉讼中涉及两个以上的法律关系的,应当依当事人诉争的法律关系的性质确定案由,均为诉争法律关系的,则按诉争的两个以上法律关系确定并列的两个案由。"

由此,当原告提出确认公司决议有效且要求对方履行公司决议的诉讼请求时,法院可以一并审理。这样,基于法院对于确认之诉的裁判依据,对将来可能提起的给付之诉具有预判决的先前效力认定作用,有利于减少当事人的诉累。因此,将确认公司决议有效之诉与请求履行公司决议的给付之诉进行合并更为合理。

股东除名的诉讼或仲裁股东除名决议作出后,被除名股东有异议的,可依据《公司法》及相关司法解释通过诉讼解决。但对于被除名股东既不提异议也不配合办理工商登记变更手续的情形,法律和司法解释没有作出规定。这种情形下,公司和公司其他股东可以提起诉讼或仲裁,要求被除名股东协助办理工商登记变更手续。

依据"公司法司法解释(三)"第十六条的规定,对于未履行或者未全面履行出资义务或者抽逃出资的股东,公司可以根据公司章程或者股东会决议对其利润分配请求权、新股优先认购权、剩余财产分配请求权等股东权利作出相应的合理的限制,该股东请求认定该限制无效的,人民法院不予支持。如果有限责任公司的股东未履行出资义务或者抽逃全部出资的,在经过公司催缴或返还后,在合理期限内仍未缴纳或者返还的,公司可以依照上述司法解释第十七条第一款的规定,以股东会决议的形式解除该股东的资格。

根据各地法院判决的启示,有限责任公司可以在公司章程中规定,瑕疵出资或抽逃出资的股东经催告仍未按期补足出资的将丧失未补足出资部分的股权。对于瑕疵出资(包括未出资、迟延出资、出资不实)、抽逃出资的股东,公司应告知其在收到公司的催缴通知后两个月内(补缴)缴纳出资或返还出资。两个月催缴期限届满,仍未(完全)缴纳或者返还出资的股东,经实际代表二分之一以上表决权的股东会同意即丧失未缴纳或未返还(部分)出资所代表的股权,该(部分)出资由其余股东按出资比例认缴或者由实际代表二分之一以上表决权的股东会同意的其他人认缴。在股东实际缴足全部出资前,其仅有权按照实际出资比例行使股东权利(包括利润分配请求权、新股优先认购权、剩余财产分配请求权、表决权等)。违约股东对除名前的公司债务承担的责任不能免除,且还需在应缴或应返还的范围内对公司因瑕疵出资、抽逃出资而遭受的损失承担责任。虽然"公司法司法解释(三)"规定只有未履行出资义务或者抽逃全部出资才构成法定的解除股东资格的事由,但是,当股东瑕疵出资或抽逃出资,经公司催讨后并未补足,即使该股东未抽逃全部出资,公司章程也可规定股东会可在保留其股东资格的前提下,解除与其抽逃出资额相应的股权。为避免股东对"在股东抽逃部分出资经催缴而未补缴从而解除其相应部分股权"的决议效力产生争议,同时督促股东及时足额出资,公司股东可将"在股东抽逃部分出资或未全面出资,经公司催缴在合理期限内(如六十日内)未补缴的,公司股东会可以决议将该股东欠缴出资对应的股权解除,由公司办理法定减资程序或者由其他股东或者第三人缴纳相应的出资"之类的条款写入公司章程。该条款没有违反法律强制性规定和基本原则,未侵害股东的固有权利,且该解除相应股权的条款是经全体股东同意的,因而公司以此类事由为依据作出解除股东相应股权的决议应属合法有效行为。全体股东应在出资协议中对股东及时实缴出资设置违约条款,通过由违约股东向守约股东支付违约金的方式督促全体股东履行出资义务,增强对信守出资义务股东利益的保护。

专题三

股东知情权实务

一、《公司法》关于股东知情权的规定

股东知情权为法律赋予股东通过查阅公司财务报告资料、账簿等有关公司经营、决策、管理的相关资料以及询问与上述有关的问题，实现了解公司运营状况和公司高级管理人员的业务活动的权利，包括财务会计报告查阅权、账簿查阅权、询问权等。

《公司法》第三十三条规定："股东有权查阅、复制公司章程、股东会会议记录、董事会会议决议、监事会会议决议和财务会计报告。股东可以要求查阅公司会计账簿。股东要求查阅公司会计账簿的，应当向公司提出书面请求，说明目的。公司有合理根据认为股东查阅会计账簿有不正当目的，可能损害公司合法利益的，可以拒绝提供查阅，并应当自股东提出书面请求之日起十五日内书面答复股东并说明理由。公司拒绝提供查阅的，股东可以请求人民法院要求公司提供查阅。"第九十七条规定："股东有权查阅公司章程、股东名册、公司债券存根、股东大会会议记录、董事会会议决议、监事会会议决议、财务会计报告，对公司的经营提出建议或者质询。"第一百六十五条规定，"有限责任公司应当依照公司章程规定的期限将财务会计报告送交各股东。股份有限公司的财务会计报告应当在召开股东大会年会的二十日前置备于本公司，供股东查阅；公开发行股票的股份有限公司必须公告其财务会计报告。"

《公司法》第三十三条、第九十七条规定的股东的知情事项正是公司经营、发展情况的重要事项。如股东名册是中小股东了解公司股权结构、控股股东是谁、关联交易存在与否的重要信息，公司债券存根对于股东了解公司负债情况具有重要意义，董事（监事）会决议更是股东了解公司经营决策等重要事项的必须途径。对于公司董事、监事、高级管理人员的报酬知情权则使股东可以对董事、监事和其他高级管理人员对公司忠实义务的遵守情况作出合理的判断，发现管理层的自利行为。总之，股东只有享有对以上信息的知情权才能真正了解公司的经营情况，也才能真正行使股东权，维护自己的合法权益。

二、股东知情权的性质

股东知情权兼具自益权与共益权性质。在股权分类中，自益权是指股东单纯为自己的经济利益而享有和行使的权利，共益权是指股东兼为自己和公司利益而行使的权利。股东知情权既满足了股东个人利益，又保障了公司整体利益，因此兼具自益权与共益权性质。

股东知情权是固有权。在股权分类中，固有权是指股东不得自由处分、公司亦不得主张股东已经同意在公司章程或者股东大会决议中予以限制的股东权利；非固有权是指股东可以自由处分、公司可以主张股东已经同意在公司章程或者股东大会决议中予以限制的股东权利。为了防止公司控制者对中小股东利益的损害，优化公司治理，以实现公司效益最大化的法律规范为强制性规范，相应的股东权利为固有权。股东知情权保障了股东其他各项权利的落实，预防和制止了公司控制者滥用公司控制权，保障了公司的良性运转。

股东知情权是单独股东权。股权分类中，单独股东权是指任何公司股东，无论其所持股份数量多少，均可行使的股东权利；少数股东权是指只有持有一定数量以上股份的股东才可行使的股东权利。我国《公司法》第十六条、第三十三条、第九十七条均未规定股东知情权的行使以持有一定数量以上股份为前提，而是规定公司所有股东平等地享有该项权利，据此可知在我国《公司法》框架下，股东知情权是单独股东权。

《北京市高级人民法院关于审理公司纠纷案件若干问题的指导意见》第十四条规定，股东知情权案件中，被告公司以原告股东出资瑕疵为由抗辩的，人民法院不予支持。

公司章程和股东会决议大多反映的是控股股东的意志，实践中很多控股股东总是千方百计阻挠中小股东了解公司的经营状况和财务状况，把一部分股东完全排除在公司经营管理之外。如果再允许公司以公司章程或股东会决议的形式，或者允许控股股东利用其强势地位与非控股股东签订股东协议的方式剥夺或限制股东知情权，对非控股股东来说是不公平的。股东知情权是股东权利中极其重要的一项，股东只有通过行使知情权，了解公司运营情况，才能对公司情况作出全面而正确的判断，从而行使其他各项股东权利。"公司法司法解释（四）"第九条规定："公司章程、股东之间的协议等实质性剥夺股东依据公司法第三十三条、第九十七条规定查阅或者复制公司文件材料的权利，公司以此为由拒绝股东查阅或者复制的，人民法院不予支持。"这一规定从立法层面确认了股东知情权固有权利的地位，充分保障了股东尤其是中小股东的知情权。

三、股东知情权的权利义务主体

股东权利不能与其股东身份相分离，因此，股东知情权的权利主体只能为公司股东，公司监事不能作为股东知情权的权利主体。监事会或监事以其知情权受到侵害为由提起的诉讼不属于股东知情权纠纷的受案范畴，不具有可诉性，法院不予受理。这里还应该注意以下问题。

(一)股东知情权的权利主体

1. 名义股东是否拥有股东知情权？

拥有股份却没有履行出资义务，并且一般也不参加公司管理的股东被称为名义股东。名义股东名义上享有权利，实际上对公司并不承担责任。从权利与义务一致性出发，名义股东由于没有履行任何义务，对公司也不承担任何责任，所以不应该享有真实股东所拥有的权利。但是名义股东的存在本身就是为了规避法律，是设立人企图利用公司这一形式更好地实现自己的利益，这种行为是法律不鼓励的行为。《公司法》作为规范公司的组织和行为的法律，其更为关注的是公司的稳定性和形式要件的完备，而不过分探求当事人的内心真意，即使是名义股东，只要其符合《公司法》的条件，就是公司的股东，就拥有股东知情权。《公司法》第三十二条规定，"有限责任公司应当置备股东名册""记载于股东名册的股东，可以依股东名册主张行使股东权利"。这是判断某一主体是否为特定公司股东的唯一标准。只要名义股东被记载于股东名册，其就可以依股东名册主张包括股东知情权在内的各种权利。

2. 隐名股东是否拥有股东知情权？

从公司法治的层面出发，虽然隐名股东有可能实际上履行了出资义务，但是由于其并没有被登记在股东名册上，所以并不是法律意义上的股东，不能行使股东知情权等各种权利，因此隐名股东不能成为股东知情权纠纷案件的原告。对于其提起的诉讼，可以原告不适格为由裁定驳回起诉。隐名股东要主张自己的权利，就需要通过一定的程序使自己的权利显性化，使自己成为法律承认的股东。

3. 退出公司的原股东是否拥有股东知情权？

对此主要有三种学说。一是绝对有权说。绝对有权说认为，股东在转让股权后，仍有权查阅公司的一切财务会计资料，既包括股权转让前公司置备的财务会计资料，也包括股权转让后公司继续经营期间所置备的财务会计资料。二是绝对无权说。绝对无权说认为，股东权是一种社员权，社员权的取得是基于社员资格的取得，获得社员资格是取得社员权的前提，失去社员资格即失去社员权，也就失去参与公司经营管理权，包括知情权。三是相对有权说。相对有权说认为，股东在转让股权后，如有证据表明公司隐瞒利润，应有权查阅其作为股东期间公司的财务状况。

本书采用相对有权说。股东与公司在时间上的共存特点使得股东有必要了解公司以前的信息和自己作为股东时候的信息，以便作出符合自己利益的行动。因此，即使退出公司不再成为公司股东，也享有对自己作为公司股东之时以及之前的公司的信息的股东知情权。当然，出于方便解决纠纷以及维护法律的权威的考虑，股东退出公司的时间应该根据制备于公司的股东名册的记载为准。对退出公司的原股东知情权的赋予，有助于原股东通过司法途径维护自己的合法权利，防范公司管理层或者控股股东通过隐瞒利益，进而排挤中小股东等形式攫取其他股东本应享有的利益，从而制约公司管理层或者实际控制人的恣意行为，实现对公司全体股东利益的一体保护。

4. 新加入公司的后续股东是否拥有对之前的公司信息的股东知情权？

首先，《公司法》规定股东享有对公司的知情权，有权查阅公司财务会计报告、会计账簿等公司文件，但是并未限制该文件的时间范围。既无限制，自是许可。其次，公司运营是个持续性过程，比如公司合同的履行、股东大会决议的执行等。如果拒绝公司的后续股东查阅加入公司前的公司信息，可能导致股东获得的相关信息残缺不全，从而减损股东知情权的制度价值。因此，新加入公司的后续股东应该享有对加入公司前的公司信息的股东知情权。

5. 未出资股东或出资瑕疵股东是否拥有股东知情权？

在公司设立阶段，股东的基本义务是按照章程出资，未出资股东应该对已出资股东承担违约责任。但在公司设立后，与出资义务相对应的权利主要是资产收益权，与股东知情权相对应的义务是股东就其出资范围承担相应的民事责任，股东未出资并不能对抗其对外应承担的义务。由于未出资股东对外义务并不能因其未出资而豁免，根据权利义务相一致的原则，应当赋予其对公司经营状况的股东知情权。

同样，股东的出资瑕疵也并不能豁免其对外所应承担的股东义务。因此，除非公司章程有规定或股东与公司之间另有约定，一般不能以股东出资存在瑕疵为由否定其应享有的股东知情权，未出资股东或出资瑕疵股东可以作为原告向人民法院提起股东知情权诉讼。

（二）股东知情权纠纷的义务主体

对此主要有两种观点。一种观点认为，股东知情权纠纷的义务主体为公司。由于股东知情权属于股东为自身或股东的共同利益对公司经营中的相关信息享有知晓和掌握的权利，公司应当按照《公司法》和公司章程的规定，向股东履行相关信息报告和披露的义务。因此，股东知情权的义务主体应该是公司。即使是公司其他股东、董事、监事或高级管理人员拒绝履行相关义务，导致股东知情权受到侵害，也应当由公司承担义务。

也有另一种观点认为，股东知情权纠纷的义务主体为公司和控股股东。股东知情权作为法律赋予股东的一项权利，体现了股东与公司、股东与股东之间的权利义务关系。由于公司的经营管理是由公司的管理层执行的，而且股东知情权纠纷往往发生在公司控股股东与普通股东之间，因此，股东知情权诉讼中，原告可以将公司列为被告，也可以将控股股东列为共同被告。

显然，第一种观点是更加合理的。首先，股东知情权是股东对公司享有的权利，股东知情权的义务主体是公司而非其他主体。其次，公司具有独立人格，公司行为即使体现控股股东或管理层意志，在法律上仍然是公司的行为。换句话说，即使控股股东欲侵犯普通股东的股东知情权，控股股东也必须将自己的行为转化为公司的行为。再次，控股股东也有可能成为股东知情权的被侵权人，在此情形下，控股股东同时作为权利主体和义务主体，有悖法理。

这里还要注意的问题是：在公司已经被注销的情况下，原公司股东以公司其他股东、原法定代表人或高级管理人员为被告主张股东知情权的,法院应不予受理。

四、股东行使知情权的时间、地点和辅助查阅

"公司法司法解释(四)"第十条规定:"人民法院审理股东请求查阅或者复制公司特定文件材料的案件,对原告诉讼请求予以支持的,应当在判决中明确查阅或者复制公司特定文件材料的时间、地点和特定文件材料的名录。股东依据人民法院生效判决查阅公司文件材料的,在该股东在场的情况下,可以由会计师、律师等依法或者依据执业行为规范负有保密义务的中介机构执业人员辅助进行。"

为了平衡行使股东知情权与维护公司经营管理秩序之间的利益关系,有必要对股东行使知情权、公司履行义务的时间与地点进行适当、合理的安排。我国《公司法》没有对查阅时间作出规定,学界普遍认为,每日的查询时间基于法理理解解释应为公司的营业时间。在司法实践中,大多数法院不区分查阅对象和查阅内容,将查阅地点规定为公司。也有法院将此事项交由双方协商确定,认为"关于查阅地点,根据两便原则,可由当事人自行协商,但应当尽量不移动会计账簿、凭证",以保证公司会计资料的完整与安全。判决书中查询时间和地点的确定,应当以双方协商为优先,协商不成的,查询时间应以公司的营业时间为准,查询地点应以尽量不移动会计账簿、凭证为原则确定,这样才能最大限度地平衡股东知情权与公司经营管理秩序之间的利益。

允许股东委托代理人行使查阅、复制公司资料的权利,既符合《民法典》关于委托代理制度的立法本意,又能解决股东行使知情权过程中遇到的实际问题,保障股东知情权的落实,使得股东知情权不再是"水中花、镜中月"。首先,我国《民法典》规定了委托代理制度,股东委托代理人进行查阅,代理人行为的法律后果归于股东。查阅、复制的权利作为股东权利的一种,应当允许委托代理。其次,会计信息具有专业性和技术性,如果股东不具有专门财务知识,亲自查阅将难以实现查阅目的,无法切实保护投资者利益。而专业人员,尤其是会计师、审计师、律师拥有丰富的财务知识和法律知识,能够全面深入地查阅资料,及时发现会计资料可能存在的问题。最后,在我国司法实务中,法人股东也是股东查阅、复制权的主体,除了法定代表人亲自查阅以外,可能出现指派普通员工,尤其是具有专业知识的员工查阅的情形。如果严格规定股东查阅权只能由股东亲自行使,那么将在某种意义上出现法人和自然人股东地位不平等的情况。

此外,需要注意的是,股东委托代理人查阅、复制资料的过程中,有可能出现受委托人与查阅的公司有利益冲突的问题。如果公司能够证明该专业人员与公司存在利益冲突,有权要求该股东另外选择代理人。股东知情权委托代理制度,有利于股东更好地行使知情权,更好地发挥股东知情权的制度价值。

五、股东查阅会计凭证

关于股东能否查阅公司会计凭证的问题,《公司法》并未明确规定,司法实践中各地法院裁判尺度不一。"公司法司法解释(四)"试图解决但未成功,最终通过的司法解释

中，删去了草案中关于股东可以查阅会计凭证的规定。然而，这种删除方式并未能解决争议，需要法律从业者在实务中去解决。

（一）会计凭证与会计账簿在法律上的关系

1. 会计凭证不同于会计账簿

不论是从《中华人民共和国会计法》（简称《会计法》）还是《公司法》的规定看，公司会计账簿与会计凭证均是不同的概念，二者是不同的事物。《会计法》第九条规定："各单位必须根据实际发生的经济业务事项进行会计核算，填制会计凭证，登记会计账簿，编制财务会计报告。"《公司法》第一百七十条规定："公司应当向聘用的会计师事务所提供真实、完整的会计凭证、会计账簿、财务会计报告及其他会计资料，不得拒绝、隐匿、谎报。"根据《公司法》的上述规定，会计账簿与会计凭证也是截然不同的概念。尽管财务会计报告、会计账簿、会计凭证三者之间关系密切，但三者在《会计法》和《公司法》上均具有相对独立的地位，三者之间并非包容关系。

2. 会计账簿包括原始凭证和记账凭证

《会计法》第十四条规定："会计凭证包括原始凭证和记账凭证。"

3. 会计凭证是会计账簿的基础，会计账簿并不包括会计凭证

《会计法》第十五条第一款规定："会计账簿登记，必须以经过审核的会计凭证为依据，并符合有关法律、行政法规和国家统一的会计制度的规定。会计账簿包括总账、明细账、日记账和其他辅助性账簿。"根据上述规定，会计账簿包括总账、明细账、日记账和其他辅助账簿等内容，会计凭证不论是记账凭证还是原始凭证，均不归属于会计账簿的范畴。

（二）关于股东能否查阅公司会计凭证的法条考察（含部分高院规定）

1.《公司法》层面

我国《公司法》对于股东知情权的查阅范围采取的是逐步扩张的办法，到目前为止并未涉及会计凭证。现行《公司法》规定公司股东可以查阅会计账簿，但并未规定公司股东可以查阅会计凭证。

《公司法》第三十三条第一款规定："股东有权查阅、复制公司章程、股东会会议记录、董事会会议决议、监事会会议决议和财务会计报告。"同条第二款规定："股东可以要求查阅公司会计账簿。股东要求查阅公司会计账簿的，应当向公司提出书面请求，说明目的。公司有合理根据认为股东查阅会计账簿有不正当目的，可能损害公司合法利益的，可以拒绝提供查阅，并应当自股东提出书面请求之日起十五日内书面答复股东并说明理由。"在这里，法律规定公司股东可以要求查阅公司账簿但对股东查阅财务账簿设置了比查阅财务会计报告严格的限制条件，而且股东查阅范围并不包括会计凭证。

2. 司法解释层面

"公司法司法解释（四）"第七条规定："股东依据公司法第三十三条、第九十七条或者公司章程的规定，起诉请求查阅或者复制公司特定文件材料的，人民法院应依法予以受理。"在这里，会计凭证依然未在公司股东可以查阅的公司文件材料范围内。

"公司法司法解释（四）"的征求意见稿中，曾经专列一条，试图就股东能否查阅会计凭证进行解释，以便扩大股东查阅公司会计文件资料的范围。该征求意见稿第十六条规定："（查阅原始凭证）有限责任公司的股东起诉请求查阅公司会计账簿及与会计账簿记载内容有关的记账凭证或者原始凭证等材料的，应当依法受理。公司提供证据证明股东查阅记账凭证或者原始凭证等有不正当目的，可能损害公司合法利益的，应当驳回诉讼请求。"但是因为争议过大，在最终公布的正式版本中，删去了关于股东可以查阅会计凭证的规定。

3. 最高人民法院相关法官的态度

最高人民法院法官对股东能否查阅会计凭证（包括记账凭证和原始凭证）态度明确，那就是股东无权查阅会计凭证。对此问题，在由最高人民法院审判委员会专职委员杜万华法官主编、最高人民法院民事审判第二庭编著、人民法院出版社2017年8月出版的《最高人民法院"公司法司法解释（四）"理解与适用》一书的"审判实务"部分阐述为："最后，关于查阅原始凭证和记账凭证的问题。如前所述，本解释对此没有规定，主要是《公司法》第33条第2款明确规定股东只能请求查阅会计账簿，而会计账簿并不包括原始凭证和记账凭证。司法解释出台后人民法院应当严格按照法律和司法解释处理案件，不应当随意超越法律和司法解释的规定。在具体处理案件过程中，要平衡好股东知情权和公司利益的保护两者关系。既要保护股东的知情权，又要防止权利行使过滥；对公司而言，既要防止侵害股东知情权，又要防止商业秘密泄露，影响公司利益。""公司法司法解释（四）"正式公布时曾召开新闻发布会，新闻发布稿正是由杜万华法官撰写的。另外，当时代表最高人民法院接受媒体采访并回答记者问的是最高人民法院民事审判第二庭的负责人。因此，最高人民法院杜万华法官及民事审判第二庭的意见应该能够代表最高人民法院在此问题上的意见。对于会计凭证是否属于法定股东知情权的范畴，尽管各地法院在以往司法实践中的判决存在着差异，但在"公司法司法解释（四）"实施后，不应再赋予股东查阅公司会计凭证（包括记账凭证和原始凭证）的权利。

4. 部分高级人民法院的规定

《北京市高级人民法院关于审理公司纠纷案件若干问题的指导意见》第十九条规定："有限责任公司股东有权查阅的公司会计账簿包括记账凭证和原始凭证。"在这里，北京市高级人民法院是将记账凭证和原始凭证归入公司会计账簿的范畴。

山东省高级人民法院《关于审理公司纠纷案件若干问题的意见（试行）》第六十三条第二款规定："股东有权查阅的会计账簿包括记账凭证和原始凭证。"在这里，山东省高级人民法院也将记账凭证和原始凭证归入公司会计账簿的范畴。

江西省高级人民法院《关于审理公司纠纷案件若干问题的指导意见》第五十三条第二款规定："股东有权查询的会计账簿包括会计报表、记账凭证、原始凭证、审计报告、评估报告等。"在这里，江西省高级人民法院也将记账凭证和原始凭证归入公司会计账簿的范畴。

(三）司法实践中赋予股东查阅会计凭证权利的主要情形

在司法实践中，一些判决之所以突破法律规定赋予股东查阅公司会计凭证的权利，多是从保护不参与公司经营的股东尤其是中小股东知情权的角度出发。另外，有一部分情形是出于个别公司会计账簿和财务会计报告出现造假情形时平衡股东和公司利益的考虑。

最高人民法院在香港某成有限公司诉天津某食品有限公司案中认定，虽然《公司法》没有明确规定股东可以查阅会计凭证，然而基于利益平衡以及确保信息真实的考虑，知情权范围不宜限定在一个不可伸缩的区域，尤其对于人合性较高的有限责任公司，严格限定知情权范围并不利于实现知情权制度设置的目的。因此，二审判决支持某成公司查阅某食品公司会计凭证的诉讼请求并无不妥。

江苏省宿迁市中级人民法院在李某、吴某、孙某、王某诉江苏某置业发展有限公司案中，四上诉人请求查阅、复制被上诉人佳德公司的会计账簿、议事录、契约书、通信、纳税申报书等（含会计原始凭证、传票、电传、书信、电话记录、电文等）所有公司资料，被上诉人佳德公司辩称其已向四上诉人提交了自公司成立起的全部工商设立、变更、年检登记文件及审计报告等资料，履行了配合股东行使知情权的法定义务。对此，法院认为，股东知情权是股东享有对公司经营管理等重要情况或信息真实了解和掌握的权利，是股东依法行使资产收益、参与重大决策和选择管理者等权利的基础性权利。从立法价值取向上看，其关键在于保护中小股东合法权益。《公司法》第三十三条第二款规定："股东可以要求查阅公司会计账簿。"账簿查阅权是股东知情权的重要内容。股东对公司经营状况的知悉，最重要的内容之一就是通过查阅公司账簿了解公司财务状况。《中华人民共和国会计法》（简称《会计法》）第九条规定："各单位必须根据实际发生的经济业务事项进行会计核算，填制会计凭证，登记会计账簿，编制财务会计报告。"第十四条规定："会计凭证包括原始凭证和记账凭证。办理本法第十条所列的各项经济业务事务，必须填制或者取得原始凭证并及时送交会计机构。……记账凭证应当根据经过审核的原始凭证及有关资料编制。"第十五条第一款规定："会计账簿登记，必须以经过审核的会计凭证为依据，并符合有关法律、行政法规和国家统一的会计制度的规定。"因此，公司的具体经营活动只有通过查阅原始凭证才能知晓，不查阅原始凭证，中小股东可能无法准确了解公司真正的经营状况。根据会计准则，相关契约等有关资料也是编制记账凭证的依据，应当作为原始凭证的附件入账备查。据此，四上诉人查阅权行使的范围应当包括会计账簿（含总账、明细账、日记账和其他辅助性账簿）和会计凭证（含记账凭证、相关原始凭证及作为原始凭证附件入账备查的有关资料）。

广西壮族自治区玉林市中级人民法院在马某等诉玉林市某工业有限责任公司案中认定，本案争议的焦点是查阅公司会计账簿的原始凭证是否属于股东知情权的范围及是否损害公司和其他股东利益的问题。马某等九人作为红岭公司股东，没有参与公司经营管理，也无法接触公司会计账簿，在发现公司产生大额亏损及经营状况不明的情况下，为准确了解公司经营管理信息,达到对公司高管的监督作用,查阅对象应为会计账簿的原始凭证。同时,根据《会计法》第十四条的规定,会计凭证包括原始凭证和记账凭证。又根据该法第十五条的规定,会计账簿登记必须以经过审核的会计凭证为依据。如果只允许股东查阅会计账簿而不能查阅原始凭证,股东无法将会计账簿与最真实的原始凭证相比对,很难获得充分、真实、全面的公司各项信息,查阅公司会计账簿的初衷也难以实现,因此,股东查阅公司会计账簿的范围应包括记账凭证和原始凭证。

(四)解决争议的途径

会计凭证中记载的内容多涉及公司重要的商业秘密,如任由股东随意查阅,不仅影响公司的日常经营管理,还可能导致公司商业秘密泄露,这也是"公司法司法解释(四)"把会计凭证排除在股东可以查询的文件材料之外的原因。当然,尽管司法解释未能解决此问题,但其实该解释为解决此问题指出了可以试探的路径,那就是通过公司章程来约定。"公司法司法解释(四)"第七条:"股东依据公司法第三十三条、第九十七条或者公司章程的规定,起诉请求查阅或者复制公司特定文件材料的,人民法院应当依法予以受理。"因此,为避免发生纠纷或纠纷发生时无解决依据,建议在制定公司章程时,就股东能否查阅公司会计凭证(包括记账凭证和原始凭证)进行明确约定。

"公司法司法解释(四)"将知情权范围扩展到允许查阅原始凭证,虽然已属重大突破性进展,但是根据现有的股东知情权制度,有限责任公司股东仅能查阅会计账簿、原始凭证,却不能复制该材料,这就造成了实践中的很多问题,导致股东的知情权实际上流于形式。原因首先在于公司的会计账簿、原始凭证浩若烟海,其中还包含大量数据信息,股东除非拥有过目不忘的本领(实际上是不可能的),否则,仅仅允许查阅不允许复制,将使得查阅如同未查,查阅形同虚设;其次,由于查阅的时间和地点都受到限制,而审查会计账簿和原始凭证需要专业的知识和较长时间,甚至一些专业的设备,在极其有限和局限的时间和环境下,如果不允许复制将使得股东难以了解资料和数据的内容,难以辨别资料和数据的真假,无法实现查阅的目的;最后,允许股东查阅时复制,是一种证据保存的方式,便于当股东发现问题时,采取进一步的法律行动,若股东在查阅会计账簿、原始凭证过程中确实发现问题,例如管理层管理不善或失职或恶意转移公司财产等,由于不允许复制材料,股东根本无法向法院提供证明材料,甚至无法完成立案所需的基本举证义务,股东也就无法维护自身利益及公司利益。

从立法角度来看,其他各国立法实践中规定的查阅方式一般均包含复制。如美国《标准商事公司法》中明确使用"查阅、复制"两词,在第 16.03 节第 b 小节规定,根据第 16.02 节查阅记录的权利包括在合理的情况下通过复印机或者其他方式接收副本的权利,公司得提供股东要求的电子传输副本。《日本公司法》及《韩国商法典》均规定,股东享有接收副本(包括电子副本)或者复制、抄写或誊写的权利。由此可见,允许查阅、复制是各国立法的共同之处。

我国法律及司法实践中,法院对复制公司会计账簿、原始凭证采取沉默或不予支持的态度,主要的顾虑在于担心股东滥用复制公司的会计账簿、原始凭证的权利,泄露公司的商业秘密。公司的会计账簿、原始凭证往往涉及公司的核心商业秘密,公司掌握的客户资料、交易合同、商品价格等信息都属于最基本的商业秘密,在会计原始凭证中反映得清清楚楚,若不加限制则极易泄露公司的商业秘密。如一些恶意股东为公司的竞争对手刺探公司的商业秘密和有利信息则构成权利的滥用。

实践中,虽然允许股东复制会计账簿、原始凭证确实可能产生股东滥用知情权侵犯公司商业秘密的风险,但是允许股东行使复制权与侵犯公司商业秘密并非完全对立。立法者可以考虑对复制会计账簿、原始凭证增加一定的条件,以实现保护股东知情权与保护公司商业秘密二者之间的平衡,而并非一刀切地不允许复制。

六、公司司法强制性和任意性规则对股份公司股东知情权的影响

现行《公司法》为强制性规则和任意性规则相结合的法律,股份公司的公司章程规定的股东知情权能否突破《公司法》第九十七条的规定,界定股份公司股东知情权为强制性规则或任意性规定是解决问题的核心。司法实践中,公司章程设定的股东知情权条款不能突破《公司法》第三十三条、第九十七条强制性条款的限定,股东不能以此为由要求审计公司的财务会计账簿资料。

在股份有限公司中,由于存在公司所有权与经营权分离的问题,公司的经营权由董事会行使,股东只享有股权。在这种背景下,如何防止公司的经营管理者利用股东授予的经营权力来追求其自身利益的最大化,股份公司股东知情权设立的目的就在于避免经营者的追求目标偏离股东预期的目标成为迫切的需要,因此《公司法》确立了股份公司股东对公司事务进行干预的权力,来保护股东对公司的终极控制权,以实现股东的投资利益。

在公司法实践过程中,关于《公司法》强制性和任意性性质的观点有三种。第一种观点认为,公司运作,特别是股份公司,涉及众多人的利益,为了确保资本流通和交易安全,保护各种利益,国家对经济生活的介入和干预的力度不断加大,《公司法》关于股份有限公司的设立、组织机构、股份发行和转让以及法律责任等章节已不是纯粹意义上的私法,特别是"法律责任"一章中的罚则正好说明了《公司法》为强制性规则。第二种观点认为,公司就是一成套合同规则,基于理性人的假设,必须保障当事人的缔约自由,所以《公司法》应是合同的任意法,是自治法。公司规则是公共物品,具有非竞争性和排他性,由市场提供示范合同规则是没有效率的,只能由国家提供。所以,《公司法》存在的价值在于提供示范合同规则,《公司法》文本是行动指南,从而有利于节约谈判成本。第三种观点认为,尽管《公司法》有很多公法性质的规范,但在整体上还是私法性,起着调和经济自由与社会安全的作用,是私法和公法融合的结果,《公司法》中的各项制度体现了股东、公司、社会三者的利益平衡。在实践中,由于完全的私法自治可能导致极不公平的后果,尤其是股份有限公司涉及众多人的利益,为了确保资本流通和交易安全,保护各种利益,国家对经济生活的介入和干预的力度不断加大,所以《公司法》已

不是纯粹意义上的私法。《公司法》中既有强制性规则也有任意性规则，是二者的综合。

根据我国现行《公司法》的性质，《公司法》的规则分为普通规则和基本规则两大类。普通规则为调整公司组织、权利分配和运作、公司资产和利润分配的规则；基本规则是指有关公司内部关系，如大股东与小股东之间的关系、管理层与股东之间的关系的规则。同时，应该在不同公司类型的前提下研究《公司法》的性质。在有限公司中，应更强调自治性，所以把保护公司内部关系的规则（基本规则）视为强制性规则，而普通规则为任意性规则，如《公司法》中提到的股东会议召开通知、股东会议表决权的行使、股东会的议事方式和表决程序、有限公司董事长的产生办法及议事方式与表决程序、执行董事的职权、监事会的议事方式与表决程序、有限责任公司股权转让股东资格的继承都可以由章程作出不同于《公司法》的规定。股份公司的情况则不同，由于股东和公司高级管理人员之间存在必然的利益冲突，所以，除了普通规则中有关利润分配的规则为任意性规则外，普通规则中的权利分配规则和基本规则都应该是强制性规则。因此，现行《公司法》为强制性规则和任意性规则相结合的法律。

就股份公司的股东知情权而言，应当属于公司治理方面的内容。《公司法》对公司治理这部分内容的规定，在有限公司的情形下，如前所言，通常认定为任意性。有限责任公司章程是发起人在设立时一致同意条件下通过并签署的，较能全面地代表所有股东的意志，立法不宜过多干预，所以，有限责任公司可以通过公司章程对《公司法》规定的内部管理机构职权的规定进行改变，包括股东知情权。但在股份公司，相当一部分股东，特别是中小股东对于公司治理是没有发言权的，他们很难有能力与公司管理层进行协商并对公司管理层进行有效的监督和约束，中小公司股东很容易被边缘化和外部化，利益也更容易受到侵害，因此法律需要制定更多的强制性规范加以保护。由于股份公司是资本组合公司（简称"资合公司"），流通性股份公司股份的生命关涉公司和第三人的利益。在这种情况下，公司治理就不应当允许公司章程对公司内部治理的职权进行修改。同时，《公司法》对于股份公司股东知情权的条款中规定"章程另有规定的除外"，因此《公司法》第九十七条"股东有权查阅公司章程、股东名册、公司债券存根、股东大会会议记录、董事会会议决议、监事会会议决议、财务会计报告，对公司的经营提出建议或者质询"的规定为强制性规则。

股份公司的公司章程中股东知情权的条款不能突破《公司法》第九十七条强制性规则的限定。如股份公司章程规定"股东在不影响公司正常运转的情况下，可以聘请有资格的会计师事务所对公司的财务进行审计"。如前所述，股份公司股东知情权为《公司法》的强制性规则，不能通过公司章程的方式进行变更。在公司运作的过程中如赋予股东对公司财务享有审计权，就存在其他股东滥用权力，极大损害公司利益的可能。例如，股东为了与公司进行同业竞争，或为了牟取其他不正当利益而利用该权利获取公司的商业情报。因此，为了对公司商业秘密进行合理保护和避免恶意干扰公司经营的行为，对于股东知情权的行使应当给予限制。同样，对公司而言，其经营管理并非可以无限制地由所有股东获知，出于维护公司商业秘密等保护公司正常经营与利益的考虑，现行《公司法》对股东查阅公司会计账簿的权利也设置了相应的条件，即股东应当向公司提出书面请求并说明目的，公司有合理根据认为股东查阅会计账簿有不正当目的，可能损害公司合法利益的，可以拒绝提供查阅。这是《公司法》立法在股东知情权问题上的利益平衡与权力制约的最低限度，如果股份公司章程赋予股东审计权，将突破《公司法》股东与公司权益平衡的规则，影响公司经营安全。因此，股份公司的公司章程中股东知情权的条款不能突破《公司法》第九十七条强制性条款的限定，股份公司的股东不能以此为由要求审计股份公司的财务会计账簿资料。

七、股东行使知情权时不正当目的认定

"公司法司法解释（四）"第八条规定："有限责任公司有证据证明股东存在下列情形之一的，人民法院应当认定股东有公司法第三十三条第二款规定的'不正当目的'：（一）股东自营或者为他人经营与公司主营业务有实质性竞争关系业务的，但公司章程另有规定或者全体股东另有约定的除外；（二）股东为了向他人通报有关信息查阅公司会计账簿，可能损害公司合法利益的；（三）股东在向公司提出查阅请求之日前的三年内，曾通过查阅公司会计账簿，向他人通报有关信息损害公司合法利益的；（四）股东有不正当目的的其他情形。"本条从股东不正当目的的认定入手，采取类型化的方式，通过列举常见的属于不正当目的的情形，明确地指导司法实践，增强了法律的可操作性，有利于维护判决的统一性。

（一）股东查阅的目的

正当目的的判断在实践中是十分困难的事情，鉴于会计账簿查阅权制度在我国《公司法》上尚属新生制度，相关司法实践经验尚待积累，因此有必要从比较法的角度来探讨股东目的不正当性的内涵及其认定标准。在此，我们考察比较有代表性的美国法和日本法。

美国法主要从何谓正当目的的角度揭示股东查阅权主观要件的内涵。股东查阅目的的正当性，是由其是否与股东基于股东身份或资格能够享受的利益有联系来决定的，也就是说行使查阅权的正当目的与请求者作为一个股东所拥有的利益或者身份存在极为紧密的关系。因此，可认为所谓正当目的是指那些与当事人因其股东身份而享有的各项权益有合理联系的目的。美国学者在对判例进行归纳分析的基础上，根据股东请求查阅的动机的差异，将股东查阅的目的分为四类，分别为：一类为估量其投资的愿望，譬如，调查股东自身股权的价值，调查公司利润下滑的原因，调查公司经营管理层是否存在不当经营、欺诈性交易的行为以决定是否对他们提起诉讼；二类为与作为投资人的其他股东交易的愿望，譬如，为经济利益而夺取公司控制权；三类为获得非与投资相关的个人利益的愿望，譬如，刺探公司内幕消息将其提供给公司竞争者或者加以散布以使公司陷入困境而获利等；四类为促进有社会责任感的目标的愿望，譬如，为追逐个人的社会和政治目标，而置公司的业务经营于不顾。在大多数案例中，前两类目的可以被认定为正

当目的，而后两类则不是。

与美国法不同的是，日本法对股东查阅权主观要件的界定采取了反向排除的方式，即概括列举股东行使查阅权的非正当目的，以此框定股东账簿查阅权主观要件之边界。根据《日本商法》的规定，股东请求查阅公司的账簿，如果存在下列情形，董事可加拒绝：第一，股东非为有关股东权利的确保或者行使而请求进行调查时，或者为损害公司业务的运营或者股东的共同利益而请求时；第二，股东成为与公司进行竞业的人，与公司进行竞业的有限公司或者股份公司的股东、董事或者执行经理时，或者与公司进行竞业的人持有该公司股份的人时；第三，股东为将通过阅览或者誊写有关会计账簿及资料所获知的事实向他人通报获利而提出请求时，或者在请求日的前2年内，为通过向他人通报从有关该公司或其他公司的会计账簿及资料的同款的阅览或者誊写中获知的事实获利的人时。

可以看出，虽然描述角度有差异，但美国法和日本法上关于股东账簿查阅权的主观要件的内涵及认定情形并无实质不同。

结合美国法和日本法的实践及理论学说，我们认为，对股东查阅公司会计账簿时所应具备的主观要件，可作如下总体把握：股东行使会计账簿查阅权时，必须与其自身在公司的投资利益或者是基于股东地位所产生的其他权利有实质联系，而非出于损害公司业务的经营或者股东共同利益的不正当目的。

具体而言，在我国的会计账簿查阅权诉讼中，如果存在下列情形，可认定股东行使会计账簿查阅权具有不正当目的：第一，股东为被告公司的同业竞争者或竞业公司的股东或高级管理人员；第二，股东行使公司会计账簿查阅权的目的不是确保或行使其自身在公司的投资利益或者是基于股东地位所产生的其他权利，而是为了获取商业秘密或其他非法目的；第三，股东在提起本次查阅申请前的合理期限内（譬如2年），曾通过将查阅公司会计账簿获取的公司商业信息通报给他人而获利；第四，除前三者情形之外的，股东不是为了确保或行使股东权利，而是为了损害公司业务经营或股东共同利益而请求查阅公司会计账簿的其他情形。

需要指出的是，我们认为，为防止有限责任公司股东滥用公司会计账簿查阅权，并惩戒滥用公司会计账簿查阅权以满足自身不正当目的的行为，认定曾经为满足不正当目的而查阅会计账簿的股东在一定期限内再次行使公司账簿查阅权具有不正当目的是合理的。但是，股东在该次查阅之前曾经实施损害公司利益的行为，只要该类行为并非通过查阅权行使的方式而加以实施，公司就不能以之为由拒绝股东查阅公司会计账簿，这也是出于防止公司滥用不正当目的的抗辩的考虑。另外，股东在提出查阅申请时正在进行或者将要进行的行为虽然可能损害公司利益，但是如果该损害行为并非借助查阅公司账簿记录而作出，而是独立于股东查阅权，譬如私刻公章、职务侵占等，那么不能据此认定该股东申请查阅公司会计账簿具有不正当目的。股东行使会计账簿查阅权时的不正当目的是具有特定内涵的，该目的必须借助于查阅公司会计账簿而实现，即查阅公司会计账簿的行为与不正当目的的实现间具有因果关系。譬如，股东有售卖公司商业秘密给公司竞争对手而牟利的不正当目的,而该不正当目的是通过查阅公司会计账簿以获取相关公司秘密为实现途径的,因此我们可以认定查阅公司会计账簿的行为与股东上述不正当目的间存在因果关系,该不正当目的的存在也是公司拒绝提供查阅的合理理由。

（二）账簿查阅权纠纷中股东目的不正当性举证责任的分配

由于在对待股东可否查阅公司会计账簿以及可查阅的范围的问题上,股东和公司处于自然对立状态,而当事人又难免带有主观目的,正当目的和不正当目的之间存在着不确定性。因此在账簿查阅权纠纷中,由谁承担股东要求查阅公司会计账簿的目的正当或不正当的举证责任就成了一个关键问题。对此,我国现行立法没有明确态度,使得实务中法官在这个问题上有相当的自由裁量权。从各国各地区的公司立法及司法实践来看,关于该问题的规定也不尽一致。譬如,《日本公司法》规定应由公司对拒绝理由负举证责任；美国各州的司法实践中,当事股东的主观目的是否正当的举证责任经历了从股东向公司转移的发展过程。美国早期判例认为股东应负举证责任,之后又采取股东目的正当性推定,最后转向公司有义务证明股东目的的不正当性。美国各州的成文法也大体采取此种态度。

我们认为,股东会计账簿查阅权的立法宗旨重在调节股东与董事和经理层在信息资源分配上的利益冲突。鉴于股东与公司经营管理层相比,无论在信息占有还是调查手段、经济实力上,都处于一种弱势地位,因此将会计账簿查阅权主观要件的证明责任分配给公司承担是比较合理的。

股东要求查阅公司会计账簿的,首先应当向公司提出书面申请,说明其查阅目的,并应说明其要求查阅的公司会计账簿或会计凭证与其查阅目的实现间的关联性。之所以要强调查阅目的与查阅范围的关联性,是因为股东不能要求公司提供与其查阅目的无关的公司会计账簿,否则有滥用账簿查阅权之嫌。我们认为：在司法实践中,法官应当根据股东在向公司提出的书面请求中述明的查阅目的,合理确定公司有义务提供的会计账簿及会计凭证的范围,股东只能查阅与其查阅目的相关的公司会计账簿及会计凭证。在此前提下,公司如果拒绝提供查阅,则应当证明股东的查阅要求具有不正当目的或者拒绝提供查阅的部分会计账簿非股东实现查阅目的所必需。正如前文所言,公司要证明股东的查阅要求具有不正当目的,就必须证明股东与公司具有竞业关系、股东曾经或将利用通过行使查阅权获取的公司商业信息牟取非法利益等情形存在。如果公司无法证明股东要求查阅公司会计账簿存在不正当目的,则负有提供查阅的义务。需要指出的是,公司仅仅证明股东曾经或将损害公司利益,而不能证明该损害与股东行使会计账簿查阅权间存在因果关系,则公司不能因此免责。

（三）司法实务

实践中,股东与公司之间存在利益冲突和法律纠纷不能直接证明股东存在不正当目的。在许多股东知情权案件中,主张查阅公司会计账簿的股东与公司往往都存在其他纠纷和冲突,有的股东与公司存在系列诉讼,已经三番五次与公司打官司（股东代表诉讼、公司决议效力之诉、公司盈余分配之诉等），有的股东甚至因职务侵占行为受到了刑事处罚。但不能仅仅因为该股东与公司存在矛盾或纠纷，就直接判定该股东查阅公司会计账簿具有不正当目的。

以不正当竞业为由主张股东存在不正当目的的，需要证明股东自营或者为他人经营与公司主营业务有实质性竞争关系业务。其中，颇为重要的是主营业务的判定以及实质性竞争关系的判定。判定主营业务主要看该项业务在公司营业收入中的比重以及对公司利润的贡献，判定实质性竞争关系应当综合考虑产品（或服务）的具体特点、技术、商标商号、客户、供应商、地域等因素。需注意的是，仅仅以两公司工商登记的经营范围存在部分重合为由，主张存在实质性竞争关系，进而主张股东具有不正当目的的，难以获得法院的支持。

上下游产业的纵向竞争关系可考虑"公司法司法解释（四）"第八条的兜底条款。部分案例中，涉案公司之间并不存在狭义的同业竞争关系，而是产业的上下游关系。如滨州市某新能源有限公司等股东知情权纠纷案中，涉案公司分别为异辛烷、正丁烷、石油气等化工产品的生产商和销售商。此时，公司可考虑适用"公司法司法解释（四）"第八条第（四）项的兜底条款（即"股东有不正当目的的其他情形"），参考商业秘密的举证要件，并着重证明上下游产业之间的利益冲突，以期获得法院的支持。

不正当目的证明较为困难，公司方应事先做好防范措施。根据《公司法》的相关规定，在股东知情权诉讼中，公司应当对股东具有不正当目的承担举证责任。从我们收集的案例看，公司要证明股东具有不正当目的非常困难，绝大多数案件中，公司提出的不正当目的的抗辩都未获法院支持，股东知情权诉讼中公司败诉的概率极高。为此，公司可以考虑在制定公司章程时，在《公司法》以及"公司法司法解释（四）"的基础上对不正当目的进行进一步界定，以减少将来发生纠纷时举证的困难。例如，公司章程可以规定，股东或其近亲属投资或任职的公司的经营范围与本公司的经营范围有部分重合的，即可认定股东具有不正当目的。还比如，公司章程可以规定，股东或其近亲属投资或任职的公司与本公司属于上下游产业的，即可认定股东具有不正当目的。

八、公司没有按照规定制作和保存相关文件的赔偿责任

"公司法司法解释（四）"第十二条规定："公司董事、高级管理人员等未依法履行职责，导致公司未依法制作或者保存公司法第三十三条、第九十七条规定的公司文件材料，给股东造成损失，股东依法请求负有相应责任的公司董事、高级管理人员承担民事赔偿责任的，人民法院应当予以支持。"公司制作和保存法律要求的公司资料，是股东行使知情权的基础，一旦这一基础遭受破坏，股东知情权的实现也就无从谈起。有权利必有救济，相较于《公司法》，本条更加明确地为股东知情权遭受侵害提供了救济途径，确定了公司的董事、高级管理人为公司制作和保存相关资料的责任主体，充分保障了股东知情权的落实。

保障股东充分享有知情权，是公司及其管理层的义务和责任。事实上，无论是公司

的股东还是其他的社会公众，都无法深入公司内部，他们相对于公司（事实上是公司的董事会和经理层及公司的实际经营者）都处于天然的信息不对称的弱势地位，除了公司自我对真实的经营信息的披露，很难从其他途径获取公司的真实信息，而只有真实全面的公司资料（包括公司章程、股东会会议记录、董事会会议决议、监事会会议决议、财务会计报告、会计账簿、原始凭证等）才能准确地记录和反映公司的经营情况，使得股东、潜在的投资者和债权人了解自己的交易行为所产生或可能产生的效果，从而作出正确的决策。如果公司没有一套完善、有效和及时的信息披露制度，没有按规定制作和保存相关重要资料，股东就不可能全面准确地了解公司的经营状况和财务状况。因此，确保公司制作和保存《公司法》第三十三条和第九十七条规定的资料，是股东行使知情权的基础。公司的管理层作为公司的实际经营者，没有尽到制作和保存相关重要材料的义务，理应向股东承担相应赔偿责任。

九、股东知情权诉讼中的保全

股东知情权诉讼过程中，小股东担心大股东在股东知情权胜诉前会将公司的财务账簿等账目资料进行篡改或销毁，提交了证据保全申请书，要求法院在开庭审理之前，将公司的财务账簿等资料进行查封，以免待到判决生效后，即使小股东去查账，也不能够看到真实的财务信息。

股东知情权案件中，股东可以向法院申请证据保全，对公司财务会计报告、财务账簿等资料采取查封等保全措施。

上海市第二中级人民法院在A有限公司与B电子科技（上海）有限公司股东知情权纠纷一案的一审民事裁定书中认为：申请人A有限公司请求对被申请人B电子科技（上海）有限公司自2007年6月至今的财务会计报告、会计账簿予以证据保全的申请，符合法律规定，应予准许。申请人A有限公司请求对被申请人B电子科技（上海）有限公司的原始凭证予以证据保全的申请，因缺乏法律依据，本院不予准许。依照《中华人民共和国民事诉讼法》第七十四条、《最高人民法院关于民事诉讼证据的若干规定》第二十四条第一款的规定，裁定如下：对被申请人B电子科技（上海）有限公司自2007年6月至今的财务会计报告、会计账簿予以证据保全。

樟树市人民法院在高某与樟树市某汽车销售有限公司股东知情权纠纷案的一审裁定书中认为：原告高某于2017年2月27日向本院申请保全证据，请求将樟树市天海汽车销售有限公司持有的公司章程、股东会会议记录、财务会计报告、会计账簿（含总账、明细账、日记账、其他辅助性账簿）和会计凭证（含记账凭证、相关原始凭证及作为原始凭证附件入账备查的有关资料）等证据资料采取拍照、录像等形式进行证据保全。本院经审查认为，在证据可能灭失或者以后难以取得的情况下，当事人可以在诉讼过程中向人民法院申请保全证据。原告的申请符合法律规定。因此，依照《民事诉讼法》第八十一条第一款、第三款，第一百条第一款，第一百五十四第一款第四项之规定，裁定如下：对樟树市某汽车销售有限公司持有的公司章程、股东会会议记录、财务会计报告、会计账簿（含总账、明细账、日记账、其他辅助性账簿）和会计凭证（含记账凭证、相关原始凭证及作为原始凭证附件入账备查的有关资料）等证据资料进行拍照或录像。

天津市武清区人民法院在刘某、周某股东知情权纠纷案的执行实施类执行裁定书中裁定：对存放于被申请人天津市某金属制品有限公司处的被申请人自2016年5月23日至今的会计账簿（包括总账、明细账、银行账、现金账、固定资产账、货存明细账、记账凭证、全部账户银行对账单、出库单、入库单、电子记账、已开未入发票）进行证据保全；查封被申请人的会计电脑。

宜昌市猇亭区人民法院在罗某、宜昌某置业有限公司股东知情权纠纷案的一审民事裁定书中认为，在证据可能灭失或者以后难以取得的情况下，当事人可以在诉讼过程中向人民法院申请保全证据。申请人罗某的申请符合法律规定。依照《民事诉讼法》第八十一条第一款、第三款，第一百条第一款，第一百五十四条第一款第四项的规定，裁定如下：申请人罗某可以复制、复印暂扣押于宜昌市公安局猇亭区分局内的被申请人宜昌某置业有限公司的章程、股东会会议记录、董事会会议决议、监事会会议决议、财务会计报告和公司账簿。限于2017年3月2日前复制、复印完毕。

德州市陵城区人民法院在厦门某投资有限责任公司与山东某化学有限公司股东知情权纠纷案的一审民事裁定书中裁定："本院在审理原告厦门某投资有限责任公司与被告优某山东某化学有限公司股东知情权纠纷一案中，原告提出证据保全申请，要求对被告会计原始凭证、账簿及辅助性账簿采取证据保全措施，并已提供担保。本院认为，原告的申请符合法律规定，依照《中华人民共和国民事诉讼法》第九十八条的规定，裁定如下：查封被告自2011年8月至今的所有会计原始凭证、账簿及辅助性账簿。查封期限自2015年7月28日至结案之日止。"

富顺县人民法院在杨某、四川省某养生养老产业服务有限公司股东知情权纠纷案的一审民事裁定书中裁定："申请人杨某与被申请人四川省天思养生养老产业服务有限公司股东知情权纠纷一案，申请人杨沁于2018年08月03日向本院申请保全证据，请求：1. 立即查封被申请人四川省某养生养老产业服务有限公司自2016年06月31日至2017年12月31日的公司全部财务账簿、会计凭证（包括会计分录和原始收支票证、细目）；2. 查封被申请人四川省某养生养老产业服务有限公司自2014年公司成立以来到2017年12月31日前的公司全部行政文件，包括公司章程、公司高管任命书、会议纪要、会议决议、通知、公司会议决议制定的财务管理制度、高管审批权限管理制度、公司内外签署的合同、协议书、抵押担保书、承诺书、公司印章管理使用制度，供原告及其委托的注册会计师查阅。本院经审查认为，在证据可能灭失或者以后难以取得的情况下，当事人可以在诉讼过程中向人民法院申请保全证据。申请人杨沁的申请符合法律规定。裁定如下：一、对被申请人四川省天思养生养老产业服务有限公司自2016年06月31日至2017年12月31日公司的全部财务账簿、会计凭证（含会计分录和原始收支票证、细目）予以查封；二、对被申请人四川省天思养生养老产业服务有限公司自2014年公司成立以来到2017年12月31日前的公司全部行政文件（含公司章程、公司高管任命书、会议纪要、会议决议、通知、公司会议决议制定的财务管理制度、高管审批权限管理制度、公司内外签署的合同、协议书、抵押担保书、承诺书、公司印章管理使用制度）予以查封；上述一、二项所列财务资料及行政文件查封后，交由被申请人四川省某养生养老产业服务有限公司保管，不得丢失、毁损。"

在股东知情权案件中，股东到底应当向法院申请证据保全还是财产保全，抑或者行为保全呢？我们更倾向于认为，股东有权提起证据保全的申请，要求法院对财务账簿等材料采取查封等保全措施。因为根据《民事诉讼法》的规定，申请证据保全需要满足以下三个条件。

（1）证明的必要性。证明的必要性，是指被保全的证据对本案案件事实有实际证明的必要。如果该证据与案件事实没有关联性，就不能申请证据保全。对于股东知情权纠纷案来讲，虽然财务账目等资料属于行使知情权所依赖的标的物，但是若要查明股东是否可以在知情权诉讼中查账，首先要查明股东所要查的账是真实存在的，而不是凭空想象的，因此这些账也属于与本案事实具有关联性的证据，有必要进行证据保全。

（2）证据可能灭失、被改变或者今后难以取得。因股东知情权诉讼产生的背景往往是一方股东把持公司，排挤另一方股东参与经营管理，一旦进入诉讼程序，把持公司的股东很可能会对财务账簿进行隐匿、篡改或故意丢失，完全满足证据可能灭失、被改变的条件。

（3）证据保全的申请人是当事人。股东知情权诉讼中，股东明显属于诉讼的当事人。当然，部分法院基于股东的财产保全申请，裁定对财务账簿等资料采取查封等保全措施也具有合理性，仅与"财产保全仅适用于有财产给付内容的案件"的法理不一致。

股东知情权诉讼中，无论股东提出证据保全还是财产保全，法院均应当受理，及时对财务账目等资料采取查封等保全措施，而不是以各种理由进行搪塞，怠于行使职权不作为。当然，对当事人来讲，最明智的办法是在提起保全之前，与主办法官进行充分沟通，按照他的要求提出证据保全或财产保全。

十、股东知情权纠纷案件的审理思路和裁判要点

（一）股东知情权纠纷案件的审理难点

1. 股东知情权主体资格的认定难

股东权利与股东身份不可分离，因此股东知情权的权利主体自然是公司股东。公司章程、股东之间的协议等均不能剥夺股东的该项权利，而隐名股东、瑕疵出资股东、退股股东等股东的身份争议是知情权行使主体资格审查的重点。"公司法司法解释（四）"第七条将公司原股东行使知情权条件限定为"有初步证据证明在持股期间其合法权益受到损害"，但显然现有条文尚不能涵盖所有争议类型，司法实践中的裁判观点也不尽一致。

2. 股东知情权客体范围的框定难

《公司法》采用列举的方式明确规定了股东知情权的客体范围。然而，在诉讼中，股

东经常会就其他文件材料主张知情权，有些明显超出法律规定范围，有些则在性质上存在争议，通常集中在股东能否查阅公司会计凭证。对于这些《公司法》尚未明确规定的文件材料，司法实践中并不存在统一的分类和裁判标准。"公司法司法解释（四）"正式出台前曾在征求意见稿中规定股东可以查阅会计凭证，可见已经注意到扩大股东知情权客体范围的实践诉求。对于这些虽不属于法定材料，但可能与法定材料存在高度关联的客体，法院在裁判时应当审查股东了解公司经营状况所需材料的合理性和必要性。

3. 查阅会计账簿有不正当目的的判断难

会计账簿是公司的核心资料。《公司法》第三十三条规定了股东查阅公司会计账簿的程序和要求，其核心在于确保股东查账目的具有正当性、不损害公司合法利益，否则公司有权拒绝提供查阅。目前，对于判断目的正当与否并无统一的审查标准，"公司法司法解释（四）"第八条以列举的方式对可能存在的不正当目的加以细化，并且以股东有不正当目的的其他情形作为兜底条款。上述规定虽然在一定程度上明确了公司拒绝提供查阅的范围，但对于具体情形的认定尚需法院在个案中合理分配举证责任，根据相关事实和证据材料进行具体认定。

（二）股东知情权纠纷案件的审查要点

《公司法》明确了股东查阅、复制公司相关文件材料的权利，"公司法司法解释（四）"对适用细则作了进一步明确。

1. 主体资格的审查要点

（1）一般原则。公司股东是知情权的行使主体，但法律并未对股东的股权份额作出限定，也即持有任意比例股份的股东均可提起股东知情权诉讼。公司有证据证明原告在起诉时不具有股东资格的，法院应当驳回起诉。对此类纠纷中原告主体资格的审查要点在于股东资格的确认。对公司股东身份的审查应以公司登记信息为依据，同时注意隐名股东、瑕疵出资股东、退股股东这三类特殊情形。股东资格存在争议的，当事人应先提起股东资格确认之诉。

（2）隐名股东的审查要点。隐名股东由于缺乏具有公示效力的股东身份证明，一般只能通过名义股东行使知情权。法院原则上应当驳回隐名股东关于知情权的诉请，但隐名股东已经或正在履行相应的显名手续，且公司和其他股东均认可其股东身份的，法院可允许其行使股东知情权。

（3）瑕疵出资股东的审查要点。根据《公司法》的规定，股东应当按期足额缴纳公司章程中规定的认缴出资额。未到认缴期限并不影响股东行使知情权。已到认缴期限而股东未按期足额缴纳的，属于股东违反对公司的出资义务，瑕疵出资股东依法承担补足出资责任和对已出资股东的违约责任，但并不直接导致其丧失股东资格。如果公司仅以股东存在瑕疵出资为由拒绝其行使知情权，法院不予支持。

如果有限责任公司的股东未履行出资义务或者抽逃全部出资，经公司催告缴纳或者返还，在合理期间内仍未缴纳或者返还出资的，公司可以通过股东会决议解除其股东资格。如果公司能够证明股东存在瑕疵出资，且公司股东会已经决议解除其股东资格，法院应当驳回股东行使知情权的诉请。

（4）退股股东的审查要点。退出公司的原股东一般因丧失股东资格而不再享有股东知情权。然而，"公司法司法解释（四）"第七条赋予公司原股东有限诉权，即考虑到保护公司原股东在持股期间的合法权益，允许其查阅或者复制持股期间公司的特定文件材料。退股股东负有举证责任，证明其在持股期间的合法权益受到损害，如公司真实经营状况被隐瞒导致原股东在转让股权时利益受损等。

2. 被查阅客体范围的审查要点

（1）审查是否属于法律规定的客体范围。《公司法》第三十三条、第九十七条分别对有限责任公司和股份有限公司股东知情权的客体范围作了明确规定。审查中应当注意以下几点。

1）有限责任公司股东有权查阅、复制的范围包括公司章程、股东会会议记录、董事会会议决议、监事会会议决议和财务会计报告，可以要求查阅的是公司会计账簿但附有条件。

2）股份有限公司股东有权查阅的范围包括公司章程、股东名册、公司债券存根、股东大会会议记录、董事会会议决议、监事会会议决议、财务会计报告，在查阅方式上并不包括复制。

3）财务会计报告由会计报表、会计报表附注和财务情况说明书组成，会计账簿包括总账、明细账、日记账和其他辅助性账簿。

4）对于符合法律规定范围、行使方式适当的股东知情权诉请，法院应予支持。对于规定范围之外的材料查询请求，由于缺乏法律依据，法院一般不予支持，但由于公司文件材料形式具有多样性，为确保股东知情权的有效行使，法院可以依据该原则进行个案审查。

（2）非规定材料的审查要点，审查中应当注意以下几点。

1）会计凭证。会计凭证是在股东知情权诉请中最常见的非规定材料。法院的审查要点在于会计账簿能否满足股东了解公司经营状况的需要。根据《会计法》规定，会计凭证包括原始凭证和记账凭证，会计账簿登记必须以经过审核的会计凭证为依据，并符合法律、行政法规以及国家统一会计制度的相关规定。虽然《公司法》没有明文规定有限责任公司股东可以查阅会计凭证，但在实践中，股东经常将会计凭证和会计账簿一起列为查阅对象。通常，股东不应当随意超越法律的规定扩张解释股东知情权的范畴，但由于仅凭会计账簿未必能完全知晓公司的经营状况，会计凭证往往能够充分直接反映公司的实际经营状况，故应当从确保所查阅会计账簿的有效性、信息的真实性等角度予以审查。当会计凭证对于会计账簿的查阅具有必要性和印证作用，或者会计账簿确实存在明显问题时，法院可支持股东查阅会计凭证的诉请。

2）其他非规定材料。考虑到股东知情权制度的立法本意，应当遵循以下思路进行审查。首先，"公司法司法解释（四）"第七条规定，股东可以依公司章程起诉请求查阅或者复制公司特定文件材料，故公司章程对查阅程序和范围作出明确规定的，法院应当依照章程的规定进行审查。其次，公司章程未对查阅程序和范围作出规定的，不宜随意扩大知情权的客体范围，而应审慎审查以下几个方面：一是股东的查阅目的；二是知情权的行使是否超出股东了解公司经营状况的合理范畴，特别是在已经查阅法定材料的前提下，再要求查阅非规定材料的必要性、所要求查阅材料与待印证法定材料的关联性、查阅行为是否损害公司的合法权益等。经审查后认定股东的查阅目的并无不当且确有查阅必要性的，可以支持股东的诉请。

（3）公司不愿提供或无法提供材料的审查要点。公司如果提出股东主张的文件材料不存在，法院应当根据具体情况作出相应处理。

1）公司有充分证据证明确实无法提供的，如存在失窃、失火并有处置记录，而股东并无充分证据反驳其主张的，对股东的诉请不予支持；对于公司能够部分提供文件材料的法院仍应予以支持，或者要求公司在合理时间补齐材料供股东查阅或复制。

2）公司以股东已知悉公司经营和财务状况或者已通过其他方式获取相关文件材料为由不愿提供的，法院经审查认为属于公司能够提供的，对股东诉请仍应予以支持。

3. 查阅公司会计账簿条件的审查要点

（1）审查前置程序。股东诉请查阅公司会计账簿必须经过前置程序，即股东应当首先向公司提出书面请求并说明查阅目的，公司自股东提出书面请求之日起十五日内拒绝提供查阅或不配合股东查阅请求的，方才符合前置程序要求。

如果股东未履行公司内部救济程序而直接起诉要求行使查阅权，法院将驳回股东诉讼请求。实践中需重点审查查阅请求是否以书面形式提出、是否说明查阅目的、公司是否明确拒绝或逾期不予配合，并应结合公司和股东的实际情况判断前置程序的履行是否存在瑕疵。股东未履行完整的前置程序也并不必然导致诉讼条件未成就，当股东穷尽所知公司地址仍无法有效送达、无法联系，即股东向公司提出书面请求不具备客观条件的，对公司关于前置程序存在瑕疵的抗辩不予支持。

（2）审查股东查阅目的，主要从以下两类目的入手。

1）审查法定列举的不正当目的。股东应当初步举证查阅目的的正当性。"公司法司法解释（四）"第八条列举了股东查阅公司会计账簿不正当目的的常见情形，包括：股东自营或者为他人经营与公司主营业务有实质性竞争关系业务的，但公司章程另有规定或者全体股东另有约定的除外；股东为了向他人通报有关信息查阅公司会计账簿，可能损害公司合法利益的；股东在向公司提出查阅请求之日前的三年内，曾通过查阅公司会计账簿，向他人通报有关信息损害公司合法利益的。经审查符合上述三种列举情形的，法院对股东的诉请不予支持。

需特别注意的是，公司主张适用"公司法司法解释（四）"第八条关于同业竞争的认定。首先，股东在投资目标公司外另对其他公司进行投资属于正常的商业行为，我国《公司法》对此并无禁止性规定。"股东自营或者为他人经营"强调股东实际参与其他公司的经营决策或者担任其他公司的相关职务，其他公司股东的身份或者与其他公司存在关联关系并不必然导致其丧失查阅权。其次，同业竞争涉及"公司主营业务和实质性竞争关系"的界定，需注意以下两点：一是主营业务是指企业为完成其经营目标而从事的日常主要活动，通常根据公司的经营范围加以确定，但并非因主营业务范围相同或相似就认定两者之间必然存在实质性竞争关系，进而认定股东行使知情权具有不正当目的；二是经营范围仅作为判断是否构成实质性竞争的考量因素之一，法院还应审查经营的时间和区域、商品和服务的可替代性、客户范围、公司市场地位和交易机会等，审查标准实质在于避免损害公司合法利益。

2）审查非列举情形的不正当目的。司法实践中，公司提出的不正当性抗辩主要包括股东与公司管理层或其他股东存在矛盾、为其他诉讼收集证据、侵害公司商业秘密或其他利益等，公司对此应承担相应的举证责任。法院对于股东是否确实存在不正当目的应当遵循诚实信用原则，审查其与公司及其他股东之间的关系、查阅的合理性与必要性、查阅的成本与风险、公司的保密需要等。

十一、股东知情权的执行

"公司法司法解释（四）"从裁判规则角度对股东的知情权提供了全面保障，但是在执行实践中仍存在性质把握不准确、执行方法不明确、执行措施不得当、执行裁量模糊等问题，影响了股东知情权的实现。

（一）股东知情权纠纷执行的特点

正确认识股东知情权纠纷执行的特点，有利于妥善处理执行过程中出现的各种问题。股东知情权纠纷执行中有如下特点。

1. 兼具物之交付与行为执行特点

股东知情权执行的直接目的是知悉公司经营情况和财务状况，实现的方式是查阅公司的会计报告、会计账簿、股东会决议等资料。在执行程序中可以分为两种情况：一是被执行人交出资料供股东临时占有并查阅，具有物之交付执行的特点；二是被执行人配合股东查阅，不得干涉股东查阅，具有不作为行为执行的特点。

2. 兼具工具性和手段性特点

股东行使知情权，往往是公司治理纠纷的第一步。在了解公司经营情况和财务状况后，紧接着可能是撤销公司的不当行为、请求分红等。股东知情权受到损害，也难以通过损害赔偿来救济。此即该权利的工具性和手段性特点，这要求执行程序应穷尽执行手段和方法，尽可能满足知情的目的。

3. 权利实现过程的持续性

股东知情权的实现需要持续的查阅过程，无法一次性全部实现，这造成股东知情权纠纷执行过程中通常资料多、时间跨度大、专业要求强。权利实现过程的持续性，容易滋生其他衍生纠纷。

(二)股东知情权纠纷执行的难点

1. 文件资料查找难

被执行人交出会计报告、公司账簿、凭证等文件资料,是知情权行使的前提和基础。在很多股东知情权纠纷案件中,公司以账簿毁损、丢失、缺失、负责人离职等理由拒不交出账簿,而申请人又无法提供相关线索,资料难以查找。更有甚者,被执行人故意藏匿、转移文件资料。

2. 执行义务确定难

股东知情权纠纷的被执行人是公司,但是需要通过公司法定代表人、高级管理人员、直接责任人来具体实现。查阅的材料中,财务资料通常由财务人员保管,股东会决议等资料由办公室人员保管。这些人员在执行过程中若不配合执行,是否可以对其采取直接或间接执行措施、义务限度如何,这些难以确定。

3. 执行争议化解难

股东知情权纠纷的发生,一般是股东与股东之间、股东与公司管理人员之间发生了较大的矛盾冲突。在股东知情权执行过程中,各方情绪对立,往往会揪着各种事项挑剔、刁难,比如查阅的范围、时间、形式,是否可以聘请专业人员进行辅助等。这些事项需要在裁判文书中明确、细化,但是由于一些审判部门和法官不关注执行问题,存在挂一漏万的情况。在裁判文书没有明确的情况下,执行人员对执行争议就较难进行处理。

(三)股东知情权纠纷的执行方法与问题处理

根据股东知情权的特点和难点,股东知情权纠纷执行应以实现股东知情权为目标,坚持穷尽执行原则,充分运用各种执行方法。对于执行中发现的违法线索,应依法移送相关部门处理,既规范公司经营行为,又可以作为一种威慑措施。

1. 直接强制执行措施的采用

直接强制执行措施,是指不论被执行人的意思如何,直接进行强制执行的内容。在股东知情权纠纷执行过程中,要充分运用搜查、调取材料等直接强制执行措施,尽最大可能实现股东知情权。

(1)充分运用搜查措施。股东知情权纠纷执行具有物之交付执行的特点,在执行过程中,可以运用搜查措施查找可供查阅的资料。搜查措施可以是法院依职权适用,也可以是依申请执行人的申请适用。搜查的范围以公司经营场所为限,对可能存放资料的场所和区域进行搜查,如果申请执行人提供其他存放线索,也可以开展搜查。

(2)向相关机关调取资料。如果经过搜查没有查到可供查阅的资料,可以采取一些变通的方法保障申请执行人的知情权。一方面,公司可能将会计报告、审计报告等材料提交税务等机关,通过向税务等机关调取此类材料,可以一定程度上保障申请人的知情权。另一方面,通过银行等金融机构调取公司账户的交易流水,进而间接实现查阅现金流量表、原始会计凭证的目的。

2. 间接强制执行措施的采用

间接强制执行措施，是指通过处以罚款、拘留、限制消费、纳入失信被执行人名单等执行方法，对被执行人加以心理上的压迫，倒逼被执行人履行义务。

（1）充分运用各种强制措施。在股东知情权执行过程中，如果遇到被执行人抗拒执行、干扰执行的，应该对其施以罚款、拘留等处罚措施。如果被执行人不履行义务，也可以对被执行人采取限制高消费、纳入失信被执行人名单等措施。但值得注意的是，如果被执行人确无可供查阅的资料，被执行人通过一定证据证明材料已经灭失、毁损、丢失的，则不属于拒不履行法律义务，不应该再采取间接强制执行措施。申请人的权益，应另寻法律途径救济。

（2）依法确定执行措施的适用对象。《民事诉讼法》第一百一十一条第二款规定，罚款、拘留的对象是主要负责人或者直接责任人员。《最高人民法院关于限制被执行人高消费的若干规定》第三条第二款规定，可以限制消费的对象是被执行人及其法定代表人、主要负责人，影响债务履行的直接责任人员、实际控制人。如果法定代表人、掌握账簿等资料的直接责任人员拒不配合法院交出资料，法院可以对其罚款、拘留，也可以对其采取限制高消费措施。

3. 执行程序中的征询与裁量

执行程序中发生的关于查阅范围、时间、形式、是否可以聘请专业人员进行辅助等纠纷，涉及审执协调和执行裁量问题，有些事项应该征询审判部门的意见，有些则可以通过执行裁量权来解决。

（1）对于执行机构不得执行裁量的事项，需要审判部门予以明确。"公司法司法解释（四）"第十条第一款规定，应当在判决中明确查阅或者复制公司特定文件材料的时间、地点和特定文件材料的名录。由此可以看出，查阅资料的范围以及地点、时间应该属于判决的必要事项，执行机构不宜直接确定。如果执行机构发现上述内容缺失和不明的，则属于执行内容不明，应根据《最高人民法院关于人民法院立案、审判与执行工作协调运行的意见》第十五条的规定，书面征询审判部门的意见，由审判部门进行书面答复或者裁定予以补正。

（2）执行机构可以直接裁量处理的事项的处理。首先是专业人员辅助查阅的问题。"公司法司法解释（四）"第十条第二款规定，股东依据人民法院生效判决查阅公司文件材料的，在该股东在场的情况下，可以由会计师、律师等依法或者依据执业行为规范负有保密义务的中介机构执业人员辅助进行。由于有法律明确的授权性规定，执行部门可以直接决定准许申请执行人聘请符合条件的专业人员辅助行使股东知情权。其次是文件材料内容的合理解释。执行部门可以根据《会计法》，对会计凭证和会计账簿作合理解释：会计凭证包括原始凭证和记账凭证，会计账簿包括总账、明细账、日记账和其他辅助性账簿。同时，如今电子账簿较为普遍，查阅账簿也意味着可以查阅电子化的账簿，以方便股东行使知情权。最后是复制、查阅与摘录问题。摘录是辅助记忆的过程，复制是资料再现的过程，二者有所差异。执行依据中明确可以复制的资料，应该准许通过拍照、扫描等形式制作电子化的复制件，而不仅仅限于传统的复制。执行依据中明确可以查阅的资料，申请人不得拍照、扫描和复制，但是应该准许摘录。

4. 执行无果的处理

如果穷尽执行措施以后，仍然没有查找到执行依据所确定的资料，或者查明资料毁损、灭失的，则可以按照如下方法处理。

（1）将有关线索移送相关主管部门。将违法犯罪线索移送相关主管部门，既能促进公司规范经营管理，又能威慑被执行人，倒逼被执行人及时履行义务。首先，可以将会计不规范行为线索移送财政部门监督处理。按照《会计法》的规定，各单位必须依法设置会计账簿，并保证其真实、完整。单位负责人对本单位的会计工作和会计资料的真实性、完整性负责。如果在执行过程中被执行人以没有制备会计账簿等理由推诿执行，则可以根据《会计法》第三十二条规定，将线索移送财政部门进行监督处理。其次，可以将违法行为线索移送财政部门处罚。《会计法》第四十二条规定，县级以上人民政府财政部门可以对不依法设会计账簿、未按照规定保管会计资料致使会计资料毁损、灭失等行为予以处罚。最后，可以将犯罪线索移送公安机关侦查。《刑法》第一百六十二条之一规定的隐匿或者故意销毁依法应保存的会计凭证、会计账簿、财务会计报告罪，执行中发现犯罪线索的，可以移送公安机关追究刑事责任。

（2）适用终结执行结案。《最高人民法院关于适用〈中华人民共和国民事诉讼法〉的解释》第四百九十四条规定："执行标的物为特定物的，应当执行原物。原物确已毁损或者灭失的，经双方当事人同意，可以折价赔偿。双方当事人对折价赔偿不能协商一致的，人民法院应当终结执行程序。申请执行人可以另行起诉。"由于股东知情权纠纷执行具有物之交付的特点，执行过程中如果发现账簿等资料已经毁损、灭失，则执行程序无法进行，可以参照物之交付执行的规定，以终结执行结案。

（3）关于终结本次执行程序的适用问题。根据《最高人民法院关于适用〈中华人民共和国民事诉讼法〉的解释》第五百一十九条的规定，终结本次执行程序只适用于金钱债权执行案件。股东知情权纠纷不属于金钱债权执行纠纷，故不能以终结本次执行程序结案。

专题四

股权转让实务

一、股权转让概述

股权自由转让制度，是现代公司制度最为成功的一个。随着中国市场经济体制的建立、国有企业改革及《公司法》的实施，股权转让成为企业资本募集、产权流动重组、资源优化配置的重要形式，由此引发的纠纷在公司诉讼中最为常见，其中股权转让合同的效力是该类案件审理的难点。

股权转让是股东资格变动和股东权利移转的统一。股权转让，是指股东依照法律或者公司章程的规定将自己的股权让与受让人，使受让人继受取得股权成为公司股东的民事法律行为。股权转让是一种股权买卖行为，并不改变公司的法人资格。股权转让是当事人以股权这种特殊的权利集合形态作为标的物，并使该标的物的权属发生转移的行为。

（一）股权转让的特征

1. 股权转让是股权买卖行为

股权在本质上是股东对公司及其事务的控制权，与股东出资具有相同的法律含义。所以，股权转让的直接结果就是公司现有股东将其对公司及其事务的控制权或者支配权转让给其他股东或第三人。由于对公司的控制是股权的重要及核心内容，所以，有人甚至称股权转让是将公司出售给其他人。从转让方的角度来看，它所转让的是对公司的控制权，即公司本身；从接受转让方的角度来看，它所获得的是公司或对公司的控制权。正是在此意义上，投资者购买出资或股权的行为又被称为公司收购行为。

2. 股权转让的标的是股权

在最狭窄的意义上，出资，就其行为本身而言，表明股东向公司缴纳注册资本的行为；就其价值而言，是公司的全部财产。在较广泛的意义上，出资者因为出资而获得股权，股权是关于股东地位的概括性表述，包括与股东身份相联系的权利和义务。但在最终的法律意义上，出资表明出资者对公司或公司事务的控制权，相应地，转让股权的标的也可以称为公司控制权。由于股权转让的交易标的具有如此的特殊性，故在公司收购或转让出资完成后，公司债权和债务，无论是已发现的或是潜在的，均没有变化，接受转让的投资者必须以公司的名义继续承担这些债权和债务。

3. 股权转让是要式行为

公司本身属于登记法的产物，股权也同样因完成登记而产生。与此相对应，股权转让也必须履行相关的登记手续。所以，没有办理股权转让登记手续的，股权受让方在法律上并没有获得公司股东的身份，出让方也不丧失其原有的股东身份。

4. 股权转让不改变公司的法人资格

股权转让是特殊的交易行为。就公司股东而言，由于股权转让的完成，公司股东发生实际变化，出让方的原股东地位被受让方取代，受让方成为公司的股东。在此意义上，公司已经发生了变化。但就公司本身而言，除了因股东变更而发生若干登记事项的改变外，公司法人资格没有改变，特别是公司与第三人之间的关系没有发生改变。公司债权人仍只能向公司主张权利，公司也不因为其股东变更而影响对第三人的权利。所以，虽然股权转让行为是依照合同完成的，但就公司与第三人的关系而言，股权转让只发生《公司法》上的法律效果，而不发生《合同法》（现为《民法典》）上的效力。

（二）股权转让的类型

股权转让包括部分转让和全部转让。部分转让是指股东将自己的部分出资转让给他人，而自己则保留其余的部分。在这种情况下，转让出资的股东因为仍持有该公司股份而并不丧失股东资格。而全部转让则是指股东将自己持有的全部出资都转让给他人，自己不再保留任何出资额从而退出公司。

另外，根据受让人的不同，可以将股权转让分为：公司内部的股权转让和公司外部的股权转让。公司内部的股权转让，也就是股东之间的出资转让，是指股东将出资转让给现有的股东；公司外部的股权转让，是指股东将出资转让给现有股东以外的投资者。

二、国有股权转让

国有股权转让是指在遵守法律、法规和国家产业政策的前提下，使国有股权按市场规律在不同行业、产业、企业之间自由流动。《中华人民共和国企业国有资产法》（简称《企业国有资产法》）第五十一条规定："本法所称国有资产转让，是指依法将国家对企业的出资所形成的权益转移给其他单位或者个人的行为；按照国家规定无偿划转国有资产的除外。"国有股权转让的本质是国有股权与所有权、债权、股权的置换，目的是改进现有企业股权结构，改造其经营机制，增强其活力，同时将退出的国有资本投入真正能发挥国民经济主导作用的关键领域和命脉行业，推动国民经济健康发展。转让时，除了一般股权转让须遵守的依法、公开、公平、公正、平等互利、等价有偿等原则外，还有两个重要的原则：一是有条件转让原则，二是转让国有股权应以调整投资结构、促进国有资产的优化配置为主要目的的原则。

（一）国有股权转让步骤

国有股权转让既涉及国有资产监管的相关法规，又要符合《公司法》关于股权转让的规定，根据《公司法》《企业国有资产交易监督管理办法》以及国有股权向管理层转让等规定和相应产权交易机构的交易规则的规定，对于转让方而言，国有股权交易可以分为以下几个步骤。

1. 初步审批

转让方就本次股权转让的数额、交易方式、交易结果等基本情况制订转让方案，申报国有产权主管部门进行审批，在获得同意国有股权转让的批复后，进行下一步工作。

2. 清产核资

由转让方组织进行清产核资（转让所出资企业国有产权导致转让方不再拥有控股地位的，由同级国有资产监督管理机构组织进行清产核资），根据清产核资结果编制资产负债表和资产移交清册。

3. 审计评估

委托会计师事务所实施全面审计，在清产核资和审计的基础上，委托资产评估机构进行资产评估（评估报告经核准或者备案后，作为确定企业国有股权转让价格的参考依据）。

4. 内部决策

转让股权所属企业召开股东会就股权转让事宜进行内部审议（如果采取协议转让方式，应取得国有资产主管部门同意的批复，转让方和受让方应当草签转让合同，并按照企业内部决策程序进行审议），形成同意股权转让的决议、其他股东放弃优先购买权的承诺。涉及职工合法权益的，应当听取职代会的意见，并形成职代会同意转让的决议。

5. 申请挂牌

选择有资格的产权交易机构，申请上市交易，并提交转让方和被转让企业法人营业执照复印件、转让方和被转让企业国有产权登记证、被转让企业股东会决议、主管部门同意转让股权的批复、律师事务所的法律意见书、审计报告、资产评估报告以及交易所要求提交的其他书面材料。

6. 签订协议

转让成交后，转让方和受让方签订股权转让合同，取得产权交易机构出具的产权交易凭证。

7. 审批备案

转让方将股权转让的相关文字书面材料报国有产权主管部门备案登记。

8. 产权登记

转让方和受让方凭产权交易机构出具的产权交易凭证以及相应的材料办理产权登记手续。

9. 变更手续

交易完成，企业修改公司章程以及股东名册，到工商行政管理部门进行变更登记。

（二）国有股权转让协议效力

1. 未获批准的国有股权转让协议为未生效合同，股权受让人不能根据该协议取得拟转让的股权

法律、行政法规关于国有股权转让应当办理批准手续的规定主要体现于《企业国有资产法》第五十三条及《企业国有资产监督管理暂行条例》第二十三条、第二十四条的规定，但是上述法律及行政法规只是原则性规定，没有具体规定何种类型的国有股权转让需要办理批准手续，仅仅授权了国务院国有资产监督管理机构另行制定管理办法，并报国务院审批。而国务院国有资产监督管理机构制定的管理办法属于部门规章，不属于《民法典》第一百五十三条提到的"法律、行政法规"的范畴。对于违反部门规章规定应当办理批准手续而未办理批准手续的国有股权转让合同，是否应当认定该合同未生效，实践中存在很大争议。最高人民法院认为虽然《企业国有资产监督管理暂行条例》没有具体规定何种类型的国有股权转让需要办理批准手续，但是授权了国资委另行制定管理办法，并报国务院审批。因此，国资委、证监会根据《企业国有资产监督管理暂行条例》第二十四条的规定制定《国有股东转让所持上市公司股份管理暂行办法》并报国务院审批后，违反该暂行办法关于国有股权转让应当办理批准手续的规定的，应当认定合同未生效。

2. 对于未经评估或者未进场交易的国有股权转让合同的效力司法实践存在不同裁判观点

争议主要集中于《企业国有资产法》《国有资产评估管理办法》等相关规定属于管理性强制性规定还是效力性强制性规定。根据我国《民法典》第一百五十三条第一款的规定，违反法律、行政法规的强制性规定的民事法律行为无效。强制性规定，是指效力性强制性规定，即只有在违反效力性强制性规定时才能导致合同无效。那么，《企业国有资产法》《国有资产评估管理办法》等关于国有股权转让应当经评估及应进场交易的相关规定，是否属于效力性强制性规定？

《企业国有资产法》第五十三条规定："国有资产转让由履行出资人职责的机构决定。履行出资人职责的机构决定转让全部国有资产的，或者转让部分国有资产致使国家对该企业不再具有控股地位的，应当报请本级人民政府批准。"第五十四条规定："国有资产转让应当遵循等价有偿和公开、公平、公正的原则。除按照国家规定可以直接协议转让的以外，国有资产转让应当在依法设立的产权交易场所公开进行。"第五十五条规定："国有资产转让应当以依法评估的、经履行出资人职责的机构认可或者由履行出资人职责的机构报经本级人民政府核准的价格为依据，合理确定最低转让价格。"即国有股权转让应当经履行出资人职责的机构（国资委或财政部门）或本级人民政府批准，进行评估备案或核准并进场交易。

《全国法院民商事审判工作会议纪要》第三十条规定："合同法施行后，针对一些人民法院动辄以违反法律、行政法规的强制性规定为由认定合同无效，不当扩大无效合同范围的情形，合同法司法解释（二）第十四条将《合同法》第五十二条第五项规定'强制性规定'明确限于'效力性强制性规定'。此后，《最高人民法院关于当前形势下审理民商事合同纠纷案件若干问题的指导意见》进一步提出了'管理性强制性规定'的概念，指出违反管理性强制性规定的，人民法院应当根据具体情形认定合同效力。随着这一概念的提出，审判实践中又出现了另一种倾向，有的人民法院认为凡是行政管理性质的强制性规定都属于'管理性强制性规定'，不影响合同效力。这种望文生义的认定方法，应予纠正。人民法院在审理合同纠纷案件时，要依据《民法总则》第一百五十三条第一款和合同法司法解释（二）第十四条的规定慎重判断'强制性规定'的性质，特别是要在考量强制性规定所保护的法益类型、违法行为的法律后果以及交易安全保护等因素的基础上认定其性质，并在裁判文书中充分说明理由。下列强制性规定，应当认定为'效力性强制性规定'：强制性规定涉及金融安全、市场秩序、国家宏观政策等公序良俗的；交易标的禁止买卖的，如禁止人体器官、毒品、枪支等买卖；违反特许经营规定的，如场外配资合同；交易方式严重违法的，如违反招投标等竞争性缔约方式订立的合同；交易场所违法的，如在批准的交易场所之外进行期货交易。关于经营范围、交易时间、交易数量等行政管理性质的强制性规定，一般应当认定为'管理性强制性规定'。"《全国法院民商事审判工作会议纪要》适当地调整了行政管理性质的强制性规定都属于管理性强制性规定的偏颇，并进一步列举了部分强制性规定属于效力性强制性规定的情形。就未评估、未获批或者未进场交易是否属于列举的情形来看，有待于未来法院裁判案例的进一步分析，特别是进场交易是否属于招投标等竞争性缔约方式。

在最高人民法院（2016）最高法民申474号裁定书中，最高人民法院认为，《合同法》（现为《民法典》）第四十四条规定："依法成立的合同，自成立时生效。法律、行政法规规定应当办理批准、登记等手续生效的，依照其规定。"《企业国有资产法》第三十条规定："国家出资企业合并、分立、改制、上市，增加或者减少注册资本，发行债券，进行重大投资，为他人提供大额担保，转让重大财产，进行大额捐赠，分配利润，以及解散、申请破产等重大事项，应当遵守法律、行政法规以及企业章程的规定，不得损害出资人和债权人的权益。"《企业国有资产监督管理暂行条例》第二十三条规定："国有资产监督管理机构决定其所出资企业的国有股权转让。"对于重要企业的重大事项，《公司法》第六十六条规定："国有独资公司不设股东会，由国有资产监督管理机构行使股东会职权。国有资产监督管理机构可以授权公司董事会行使股东会的部分职权，决定公司的重大事项。"依据上述法律、行政法规规定的文义和立法目的，国有资产重大交易应经国有资产监督管理部门批准，合同才生效。本案中，盐业集团系江苏省国资委独资的国有企业，其因对外重大投资而签订的股权买卖合同需经国有资产监督管理部门审批后才能生效。因此，案涉股权转让专题会议纪要中"江苏盐业公司按规定履行股权受让相关程序"的表述应解读为"盐业集团按规定履行股权受让的内外部审批手续"。由于上述审批手续未能完成,依据《最高人民法院关于〈中华人民共和国合同法〉适用若干问题的解释(一)》第九条的规定,应认定案涉股权转让合同并未生效,二审法院关于该合同未生效的认定并无不当。

在最高人民法院(2017)最高法民终 734 号判决书中,最高人民法院认为,即使涉诉股权转让必须经天津市国资委批准,但因并无法律法规规定未经天津市国资委批准时涉诉股权转让就无效,所以津海达公司主张涉诉股权转让因未报国有资产监督管理机构批准而无效,亦缺乏法律依据。故,对津海达公司主张涉诉股权转让无效的请求不予支持。

作为典型案例公布的最高人民法院(2015)民二终字第 129 号民事判决书亦认为,我国现行法律、行政法规并无有关学校国有资产处置的效力性强制性规范,不能将《国有资产评估管理办法施行细则》《行政事业单位国有资产处置管理实施办法》《黑龙江省行政事业单位国有资产管理暂行办法》等文件作为认定合同无效的依据。国有资产处置主体在诉讼中将其管理的国有资产利益直接等同于《合同法》(现为《民法典》)第五十二条规定的国家利益或者社会公共利益,以合同损害国家利益或者社会公共利益为由主张国有资产处置合同无效,但没有其他证据证明或补充说明,合同也不存在《合同法》第五十二条规定的其他情形的,人民法院对其合同无效的主张不应予以支持。

最高人民法院(2015)民二终字第 399 号民事判决书则认为,北京某置业发展有限公司与北京某投资有限公司签订交易框架安排协议,约定置业公司将涉诉甲公司 49%股权转让给投资公司,因该 49%股权系国有资产,所以协议各方应当依照国有资产转让的法律法规完善相关程序和手续。置业公司提供的其控股股东及上级主管企业安徽交控集团 2011 年 8 月 12 日的会议纪要表明上级主管企业安徽交控集团对安联公司出让涉诉股权并无异议,安徽省国资委 2014 年 6 月 16 日作出的监督检查意见书也可在一定程度上表明涉诉 49%股权转让未脱离国有资产监督管理机关的监管,所以,即使置业公司出让上述股权未在产权交易场所公开进行、未办理股权资产评估备案,但在没有充足证据证明国有资产监督管理机关否定股权转让的情形下,不宜直接认定置业公司出让涉诉股权的行为无效。

因此,从目前最高人民法院的裁判观点看,国有股权转让未评估不影响转让合同或协议的效力。但是,即使是最高人民法院的判决,也有不同的观点。2010 年第 4 期《最高人民法院公报》刊载的某投资有限公司诉上海某投资建设有限公司股权转让纠纷案裁判文书认为,根据《企业国有资产监督管理暂行条例》第十三条的规定,国务院国有资产监督管理机构可以制定企业国有资产监督管理的规章、制度。根据国务院国资委、财政部制定实施的《企业国有产权转让管理暂行办法》(2017 年废止)第四条、第五条的规定,企业国有产权转让应当在依法设立的产权交易机构中公开进行,可以采取拍卖、招投标、协议转让等方式进行。企业未按照上述规定在依法设立的产权交易机构中公开进行企业国有产权转让,而是进行场外交易的,其交易行为违反公开、公平、公正的交易原则,损害社会公共利益,应依法认定其交易行为无效。

综上,对未履行规定程序的企业国有资产交易合同的效力,司法实践存在不同观点。梳理相关案例可见,现主流观点为未依法进场交易的国有资产交易合同有效。但《全国法院民商事审判工作会议纪要》第三十条适当地调整了行政管理性质的强制性规定都属于管理性强制性规定的偏颇,并进一步列举了部分强制性规定属于效力性强制性规定的情形。因此,未来对未履行规定程序的企业国有资产交易合同的效力问题,有待未来法院裁判案例的进一步分析,特别是对进场交易是否属于招投标等竞争性缔约方式的认定。

三、瑕疵股权转让

所谓瑕疵股权有偿转让合同,指的是出让人与受让人约定以一定价格转让客观上存在瑕疵的股权的合同。

瑕疵股权转让合同较一般股权转让合同有其特殊性。首先,合同的标的物是瑕疵股权。不论出让人或受让人对此是否明知,合同所指向的标的物都是客观上存在瑕疵的股权,也即双方约定转让的股权客观上存在质量问题。其次,当事人意思表示情况复杂。一般情况下,出让股东对其拟出让的股权存在瑕疵的状况是明知的,而作为相对人的受让人则情况各异。在商事交易中,出让股东为诱使潜在的受让人有偿地购买其瑕疵股权,往往在交易过程中有意隐瞒该瑕疵情况,致使潜在的受让人作出错误的判断,最终有偿地受让了瑕疵股权。而这又可以分为两种情况,一种是在缔结合同过程中,受让人已展开了必要的调查,但未能及时发现股权存在瑕疵因素;另一种情况是在缔约过程中受让人疏于对股权瑕疵存在与否进行必要的审查,未能及时察觉股权存在瑕疵因素。当然,还有可能是受让人在明知股权存在瑕疵,但认为受让该股权有利益可图或虽无现实利益可图,但以低价受让该瑕疵股权亦无害。正是由于具有这种复杂性,所以瑕疵股权转让合同具有更大的法律风险和商业风险。

(一)判断瑕疵股权转让合同效力的基本原则

1. 把握商法规则和民法规则的衔接适用

商法是《民法典》的特别法,而特别法的适用应优于一般法,因此,凡涉及商事活动,首先应考虑适用商法规则,如商法未作规定,则依照《民法典》补充适用的原则,适用《民法典》的相关规定。从有限责任公司股权转让的性质着眼,与瑕疵股权转让最密切相关的无疑是公司法律制度,因此,在处理瑕疵股权转让纠纷时,首先应当遵循《公司法》有关瑕疵出资定性、股东资格确认以及股权转让规制等规定。但《公司法》在认定瑕疵股权转让合同效力的问题上并不是万能的,如《公司法》对商事合同的订立及效力就未作出明确规定,而要解决这个问题,就必须要考虑适用我国《合同法》(现为《民法典》)上的相关规则。事实上,股权转让合同的本质就是商事合同,因此,要正确认定瑕疵股权转让合同的效力,就必须做好《公司法》和《民法典》的衔接适用工作,避免因有限责任公司股权转让与《公司法》存在高度关联,而盲目排斥《民法典》相关规则。

2. 辩证运用商法思维和民法思维

商法思维最基本的价值取向是维护商事交易的效益，即效益优先、兼顾公平等价值；而民法思维最基本的价值取向恰恰相反，即公平优先、兼顾效益等价值。因此，实践中要注意避免将商事纠纷简单等同于民事纠纷处理，而应遵循商法思维和商事审判理念，适度侧重从保护商事交易的便捷和安全着眼，要尊重商事主体订立商事合同的自由，不轻易认定合同无效；要重视维护商法人及其内外部法律关系的相对稳定，不轻易否定商法人已经实施或发生的行为，因为商法人的职工、债权人以及消费者等诸多利益关系人的合法利益需要得到保护和平衡；要关注商事主体的营利性动机，在判断当事人实施商事行为的真实目的时，要充分予以考虑；要遵循公示主义、外观主义以及严格责任主义等商事法律规则，切实保障商事交易的安全。如股权转让往往涉及多方利害关系人，一旦股权转让合同被认定无效，其影响将波及多处，故应慎重把握。与此同时，商事法官在商事审判实践中又应将民法思维和商法思维辩证地统一起来，不能因为商法思维侧重维护商事交易的效益和安全，而忽视商事审判自始至终承担着维护商事交易公平的使命。事实上，公平正义应当是法律的内在要求和终极追求，商事审判除了要维护商事交易的便捷和安全价值，也应尽可能考虑民法思维所强调的公平价值，并尽可能使三者得到平衡。

（二）认定瑕疵股权转让合同效力的基本思路

1. 必须明确出资瑕疵本身对瑕疵股权转让合同效力的影响

首先，根据现代公司法原理，非经合法的除权程序，被载入公司章程、股东名册或工商注册登记的瑕疵出资的股东，应认定为公司股东并享有股东权利，因而亦有权处分其股权，包括以有偿或无偿的方式转让。通常，投资者适当履行出资义务是其取得股东资格的实质要件。但对其如实履行出资义务是否构成取得股东资格并享有股东权利的必要条件，各国公司法大多未作明确规定，我国《公司法》也不例外。此外，投资者被公司章程、股东名册或工商登记材料记载为公司股东具有公示效力，是公司外部其他人据以判断公司股东构成情况的主要依据。因此，在现行立法未作明确规定的情况下，以出资瑕疵为由径直否认股东资格将有损于公示效力，不利于维护商事交易的便捷与安全。

其次，我国现行公司立法及司法解释有关瑕疵出资责任的规定隐含了瑕疵出资股东享有股东资格之意。我国《公司法》规定了瑕疵出资股东应对公司承担差额补充责任、对其他无出资瑕疵的股东承担违约责任以及在瑕疵出资范围内对公司债务承担补充赔偿责任。这些规定主要是以瑕疵出资股东仍具备股东资格为前提的。只有承认瑕疵出资人仍是公司股东才能使法律规定的责任主体成为现实。如果主张瑕疵出资人不具备股东资格，势必将使法律规定的民事责任追究丧失依据，最终损害公司及其债权人的合法权益。同时，瑕疵出资投资人股东资格的否认对公司的合法成立及存续亦会造成不利影响。这是明显违反我国维护公司存续和保护利害关系人合法利益的商法理念的。

结合以上两点，可以认定瑕疵出资本身不应当成为否认股东资格的依据，瑕疵出资股东仍合法享有对公司的股东权利。因此，存在出资瑕疵的股东可以将其瑕疵股权转让。另外，也有观点认为我国《公司法》已明确规定了股东应当足额缴纳其所认缴的出资比例，投资人未足额缴纳认缴出资的行为（瑕疵出资行为）应当属于违反我国《公司法》的行为。这里我们承认瑕疵出资人的行为有违该条规定，但并不能由此推导出投资人不具有股东资格。瑕疵出资人的违法行为的后果只是产生其对公司承担差额补充责任、对其他无出资瑕疵的股东承担违约责任以及在瑕疵出资范围内对公司债务承担补充赔偿责任。

2. 必须明确双方当事人的意思表示对瑕疵股权转让合同效力的影响

我国现行《公司法》未对瑕疵股权转让合同效力作出明确规定。瑕疵股权转让合同作为一种商事合同，应当适用我国《合同法》（现为《民法典》）的相关规定，其中关于合同双方当事人意思表示对合同效力影响的规定成为认定瑕疵股权转让合同效力的关键。

（1）在有偿转让中，双方当事人意思表示对瑕疵股权转让合同效力的影响。在实践中，根据双方当事人意思表示的具体内容，可分为以下几种情况。

1）出让人明知其出让的股权存在瑕疵，但故意未将该瑕疵因素告知受让人，受让人在交易过程中不知该瑕疵存在而与出让人缔结了股权转让合同。此时，出让人的行为构成合同法上的欺诈，该瑕疵股权转让合同的效力应认定为可变更或可撤销的合同，受让人可依法请求人民法院予以变更或撤销。同时，如果出让人的欺诈行为损害了国家利益，则该瑕疵股权转让合同应认定为无效。

2）出让人明知其出让的股权存在瑕疵，但未将该瑕疵因素告知受让人，而受让人在交易时亦已知该瑕疵的存在，双方缔结了转让合同。此时，出让人的行为并不构成欺诈，因为作为相对人的受让人并非基于出让人的欺诈行为而陷入错误认识并缔结了合同。此时，应当推定买受人自愿承受受让该瑕疵股权所产生的后果，故只要该瑕疵股权转让合同不违反《民法典》有关无效合同条款的规定，就应认定为有效。

3）出让人并不知道其拟出让的股权存在瑕疵，而受让人亦不知该瑕疵因素存在，双方缔结了股权转让合同。此时，如果受让人能够证明该合同系在重大误解的情况下订立或在订立合同时显失公平，该股权转让合同就应认定为可变更或可撤销的合同。但如果受让人不能举证证明存在以上情形，而合同又不违反《民法典》有关无效合同条款的规定，则该合同视为有效。

（2）在无偿转让中，双方当事人意思表示对瑕疵股权转让合同效力的影响。瑕疵股权的无偿转让合同指的是出让人与受让人缔结的无偿转让客观上存在瑕疵的股权的合同。由于无偿转让合同具有赠与合同的性质，故应当遵循我国《民法典》关于赠与合同的有关规定。即在瑕疵股权无偿转让的情况下，虽转让的股权客观上存在瑕疵，但只要该合同不存在《民法典》规定的相关无效因素，原则上就应认定为有效。出让人原则上无须向受让人承担瑕疵担保责任，但有两种情况除外：一是该无偿转让合同是附义务的，则出让人仍需在所附义务范围内承担瑕疵担保责任；二是因出让人故意隐瞒股权瑕疵或保证无瑕疵，致使受让人遭受损失，应承担损害赔偿责任。

3. 受让方不能以股权出资瑕疵为由不支付股权转让款

股东的出资义务与其获得的股权属于不同的法律关系，民事主体获得股权的前提是取得相应的股东资格，而取得股东资格主要依据在于公司章程、股东名册和公司登记的确认，并不以履行出资义务为必要条件。因此，股权转让中，受让人受让的并不是股东的出资，而是受让股权而成为公司的股东。因此，瑕疵出资并不影响股权出让方履行其交付股权的义务。公司股权转让的是股权的价值，股权的价值包括公司的净资产价值、流动资金、知识产权、产品竞争能力以及人员素质等多方面因素，与股权对应的注册资金不存在必然联系。股权转让时，受让人亦有义务核实出资情况。因此，出让人是否出资与受让人是否取得股权属于不同的法律关系。在股权已经完成变更登记的情况下，即使存在股东未履行或者未全面履行出资义务即转让股权的情况，受让人也不得以此为由主张不履行支付转让款的义务。

四、夫妻一方转让夫妻共有股权

实践中，夫妻在注册两人公司的时候，绝大多数是以夫妻共有财产出资，大部分都不会提交财产分割证明，也不会为了注册公司刻意作出一个财产分割。但是股权作为夫妻一方或双方的财产又相对具有特殊性，因为股权是基于股东身份所产生的一系列权利，如参与管理、表决、收益等权利，尤其是夫妻双方都在公司任职、都参与公司实际经营的情况下，股权比例依然是一个非常重要的依据和标准，不能将各自的股权混为一谈。因此，不能简单理解以夫妻共有财产出资设立的公司就是一个整体，夫妻任何一方就当然享有对另一方股权的处分权。作为股东的夫妻任意一方，无论是大股东还是小股东的股权，都应当受到法律的保护，一方也不能基于代理权就随意处分另一方的股权。原则上，夫或妻一方转让共有的公司股权的行为，属于对夫妻共同财产的重要处理，应当由夫妻双方协商一致并共同在股权转让协议、股东会决议和公司章程修正案上签名。

夫或妻一方与他人订立股权转让协议转让夫妻共有股权的，属于无权处分，对于股权转让协议的效力，应根据"公司法司法解释（三）"第二十五条的规定，以及《民法典》第三百一十一条规定的善意取得制度认定和判断。《民法典》第三百一十一条规定："无处分权人将不动产或者动产转让给受让人的，所有权人有权追回；除法律另有规定外，符合下列情形的，受让人取得该不动产或者动产的所有权：（一）受让人受让该不动产或者动产时是善意的；（二）以合理的价格转让；（三）转让的不动产或者动产依据法律规定应当登记的已经登记，不需要登记的已经交付给受让人。受让人依据前款规定取得不动产或者动产的所有权的，原所有权人有权向无处分权人请求赔偿损失。当事人善意取得其他物权的，参照前两款规定。"

因此，关于第三人受让公司全部或部分股权是否属于善意时，首先要看受让人在受让股权时是否知晓公司股权架构系夫妻双方共同持有，其次要看其是否支付了股权转让的对价款，再次要看股权转让是否进行了工商变更登记。在这三者都满足的情况下，受让人才能主张善意取得，否则被转让股权的夫妻一方作为股权的所有人有权主张股权转让协议无效，要求受让方返还其股权，以及该部分股权所对应的收益权。

五、名义股东或隐名股东转让股权

司法实践中，因隐名出资而引发的股权转让纠纷主要有两种：一种是名义出资人未经实际出资人同意向第三人转让股权产生了纠纷；另一种是实际出资人与第三人订立股权转让协议，而名义出资人拒绝履行并主张股东权而产生的纠纷。

虽然实际出资人往往在和名义股东的约定中强调未经其同意名义股东不得转让股权，但是由于实际出资人和名义股东之间的隐名投资协议是双方当事人之间关于设立、变更、终止民事权利义务关系的协议，因而具有合同的性质。根据合同相对性原则，该协议只能约束签约的双方当事人，并且一般第三人无从得知该合同的存在及内容。名义股东是公司章程、股东名册和工商登记上所记载的出资主体，很容易私下操作转让股权。同时，第三人基于对公司登记和工商资料的信赖以及无从知道实际出资人的实际情况，对与名义出资人进行交易也不会怀疑。此时，如何认定该股权转让行为的效力是解决此类纠纷的关键。

（一）名义股东未经实际出资人同意对外转让股权

名义股东未经实际出资人同意而向第三人转让股权产生的纠纷是隐名投资股权转让纠纷中的核心问题，此类纠纷的解决关键是如何认识此类法律关系的价值取向，平衡真正的权利人和善意的第三人的利益。

现代市场的交易纷繁复杂，越来越需要迅速快捷，因此要求交易当事人在交易之前花费大量时间和精力去详细调查真实情况已不可能，保护交易的安全十分必要。涉及第三人的股权转让纠纷，形式特征的功能主要是对外的，是为使相对人易于判断，在与公司以外的第三人的争议中对于股东资格的形式认定比实质特征更有意义。至于名义出资人是否实质上拥有股权，则是另外的法律关系了，他们之间的权利义务关系应另行解决。实质特征的功能主要是对内的，用于确定股东之间的权利义务，在解决股东之间的争议时其意义优于形式特征。因此，对于此类股权转让纠纷，应遵循公示主义原则和外观主义原则，维护交易秩序和安全，保护善意第三人的利益，法院应确认股权转让行为有效。

1. 第三人出于善意受让股权

由于隐名投资主体具有隐蔽性，而公司章程、股东名册和工商登记材料中记载的股东并非真正对公司出资的人，第三人无法凭借上述材料记载的内容了解股权背后的真正权利人。另外，现代商事活动追求高效率、低成本，商事交易中的第三人没有必要也没有可能去调查公司的真正权利人。在这种情况下，隐名投资中的名义股东可能会利用其参与公司经营的便利条件擅自转让股权，而第三人出于对公司章程、股东名册和工商登记材料中记载内容的信任，极易相信名义股东即为公司的股东而受让其股权。此时的第三人对名义股东擅自转让股权的行为并不知情，其受让股权的行为完全是出于善意。在第三人善意受让股权的情况下,实际出资人并不能主张名义投资人与第三人之间的股权转让无效,原因如下。

(1) 在隐名投资中,第三人是基于对商事登记材料中记载事项的信任才受让股权的,一旦这种转让被认定为无效,势必会动摇商事登记的公示公信力,使得现实生活中大量的交易行为都归于无效,增加了交易的成本,造成社会经济资源的浪费。

(2) 实际出资人主张股权转让无效的理由是其为公司的出资者,是公司真正的权利人,而确认其对公司出资的依据是实际出资人与名义股东之间签订的隐名投资协议,但是隐名投资协议是实际出资人和名义股东之间的契约,由于合同的相对性,它只能约束实际出资人和名义股东双方,并不能以此对抗善意第三人。

(3) 从商事法律倾向于保护善意第三人的角度考虑,也不适宜确认股权转让无效。为了更好地保护善意第三人的利益、维护交易安全和交易秩序,应当认定这种股权转让有效。

总之,只要受让股权的第三人是出于善意,即使名义股东转让股权时未经实际出资人同意,该股权转让行为同样有效。在这种情况下,实际出资人不能请求确认股权转让行为无效,更不能要求第三人承担赔偿责任,其因股权被转让所遭受的财产损失只能请求名义股东赔偿,实际出资人可以向司法机关提起侵权之诉,请求名义股东承担损害赔偿责任。

2. 第三人出于恶意受让股权

实际上,名义股东转让股权行为中受让股权的第三人并非都出于善意,若第三人在受让股权时明知存在实际出资人禁止名义股东私自处分股权的情况,或者名义股东与第三人恶意串通转让股权、损害实际出资人利益,均可以推定第三人受让股权是出于恶意。

(1) 在第三人明知存在实际出资人,名义股东为无权处分人的情况下,该股权转让行为效力待定。如果实际出资人事后对名义股东处分股权的行为予以追认,那么该股权转让行为有效。

(2) 在名义股东与第三人恶意串通转让股权损害实际出资人利益的情况下,该股权转让行为当属无效。《最高人民法院关于审理公司纠纷案件若干问题的规定(一)》(征求意见稿)第二十九条明确体现了这一区分,即在名义股东对外转让股权中要注意区分第三人的主观心态,以在保护公示公信利益的同时兼顾对实质利益的保护,平衡商事法的效率追求和民事法的正义诉求。

(二)实际出资人转让股权

第三人明知实际出资人的存在,并从实际出资人处受让股权时,如果名义股东以工商登记为由提出反对,应当进入确权程序。也就是说,实际出资人必须要先向公司申请确认股东资格,得到公司的确认后,股权转让才能进行。在确权的过程中,公司及其股东应当禁止名义股东转让股权。如果公司反对确认实际出资人的股东资格,其可以向法院诉请确认。一旦认定实际出资人为股东的判决确定后,股权行为即可发生效力,名义股东不得再主张股权转让无效。

第三人明知实际出资人的存在，并从实际出资人处受让股权时，如果名义股东并没有提出反对，则可以认定该转让有效。此时，在实际出资人和第三人之间转让的不是股权，因为此时股权仍然归名义股东享有，其转让的仅仅是实际出资人的隐名投资地位，相当于一种债权债务的移转，其在实际出资人和第三人之间的转让不会引起两者之外其他法律关系的变化，因为如果名义出资人同意则继续由其行使股权而由新的受让人享受股权投资收益，当新的受让人欲取代名义股东显名化时需要经过公司其他股东过半数同意，这并不会给公司的人合性带来任何破坏。

六、股权转让协议中对赌协议的性质及法律效力

对赌协议，又称估值调整协议，是指投资方与融资方在达成股权性融资协议时，为解决交易双方对目标公司未来发展的不确定性、信息不对称以及代理成本而设计的包含了股权回购、金钱补偿等对未来目标公司的估值进行调整的协议。

从订立对赌协议的主体来看，有投资方与目标公司的股东或者实际控制人对赌、投资方与目标公司对赌等形式。对于投资方与目标公司的股东或者实际控制人订立的对赌协议，如无其他无效事由，认定有效并支持实际履行，实践中并无争议。但投资方与目标公司订立的对赌协议是否有效以及能否实际履行，存在争议。

《最高人民法院关于印发〈全国法院民商事审判工作会议纪要〉的通知》（法〔2019〕254号）关于公司纠纷案件的审理中确定了投资人与目标公司对赌的约定有效，但基于公司资本维持原则，该纪要同时规定目标公司履行回购义务，必须先完成减资程序。如果目标公司未完成减资程序，投资方要求目标公司履行回购义务的，法院不予支持。这一修正的重大进步在于，体现了不轻易否定符合经济发展的合同效力的司法政策导向，将侧重保护公司债权人利益调整为既要保护投资人利益，以鼓励投资，缓解融资难的问题，又保护公司债权人利益，以贯彻公司资本维持原则。根据《公司法》第一百七十七条的规定，如果依法进行了减资程序，债权人的利益是得到保障的，因此，依法减资就是保护债权人的利益。但是减资是需依法定程序进行的公司行为，法院难以判决强制履行，在目标公司拒不进行减资程序时，投资方的投资利益难以通过公司回购的方式实现。因此，投资方通过对赌方式进行投资时，应当要有目标公司可能拒不履行减资程序的预期，并在协议签订过程中把有关问题考虑周全，避免因目标公司不能回购股权而影响投资利益。通过目标公司减资的方式进行股份回购，实践中还存在一些难点，《全国法院民商事审判工作会议纪要》没有给出进一步规定，如果入股的投资款溢价部分转化为公司资本公积金后，公司通过减资程序进行回购，回购价款应如何确定。此时，应结合《公司法》的规定、协议的约定、股东会决议等具体情况加以考虑。

至于目标公司的业绩补偿，根据《全国法院民商事审判工作会议纪要》的规定，投资方请求目标公司承担金钱补偿义务的，法院一般会依据《公司法》第三十五条关于股东不得抽逃出资和第一百六十六条关于利润分配的强制性规定进行审查。经审查，目标

公司没有利润或者虽有利润但不足以补偿投资方的，法院应当驳回或者部分支持其诉讼请求。今后目标公司有利润时，投资方还可以依据该事实另提起诉讼。上述规定，一方面体现了保护财务投资人利益的出发点，给投资人预留了另行主张的空间；另一方面也考虑了维护企业可持续发展能力，避免业绩补偿可能挤压公司经营、发展的空间。

七、侵犯其他股东优先购买权的股权转让

所谓股东优先购买权，是指股东对外转让其股权时，其他股东享有的以同等条件优先于第三人购买该股权的权利。当股东行使优先购买权时，转让股东与非股东第三人间股权转让协议是否生效应当按照该协议自身的内容根据《民法典》关于合同效力的规定认定。即便优先权股东行使了股东优先购买权，只要该协议本身符合合同生效要件，则协议仍为有效。但如果转让股东与非股东的受让方形成了股东优先购买权的侵害，该如何处理？一般分为以下三种情况。

1. 阻止股权转让协议实际履行

若股权转让协议已签订但尚未履行，由于股东优先购买权本身即具有限制协议履行的法定效力，因此，被侵权的股东可向法院主张行使优先购买权，使得该协议不能实际履行。转让股东和非股东第三人之间，仍然可以按照双方已生效的转让协议，互相追究违约责任。

2. 行使撤销权

若股权转让协议已签订且已履行完毕，此时应当赋予受侵害的优先权股东撤销该股权转让协议的权利，即将此时的股权转让协议认定为可撤销合同。合同可撤销后，已转让的股份应当返还，优先权股东可以按照原协议规定的同等条件优先受让。至于转让股东和非股东第三人之间，则可以按照合同被撤销后的民事责任，互相追究责任。

3. 保护交易安全、认可股权转让协议不撤销

若股权转让已履行完毕，公司股东名册已变更登记且经过一定期间，为了维护交易安全、稳定社会关系和秩序、保护公司债权人利益，应当确认该股权转让协议有效，不得撤销。同时，也不应当允许其他股东再行使优先购买权。"公司法司法解释（四）"第二十一条第一款规定："有限责任公司的股东向股东以外的人转让股权，未就其股权转让事项征求其他股东意见，或者以欺诈、恶意串通等手段，损害其他股东优先购买权，其他股东主张按照同等条件购买该转让股权的，人民法院应当予以支持，但其他股东自知道或者应当知道行使优先购买权的同等条件之日起三十日内没有主张，或者自股权变更登记之日起超过一年的除外。"

既然其他股东可主张按照同等条件购买该转让股权，那么之前转让股权的股东与股东以外的人签订的股权转让合同是否有效？其实，从上述司法解释第二十一条第三款"股东以外的股权受让人，因股东行使优先购买权而不能实现合同目的的，可以依法请求转让股东承担相应民事责任"中也可看出，不能实现股权转让合同目的的前提是合同有效，因而转让股权的股东与股东以外的人签订的股权转让合同是有效的。对此，《全国法院民商事审判工作会议纪要》第九条规定得非常明确："一方面，其他股东依法享有优先购买

权,在其主张按照股权转让合同约定的同等条件购买股权的情况下,应当支持其诉讼请求,除非出现该条第一款规定的情形。另一方面,为保护股东以外的股权受让人的合法权益,股权转让合同如无其他影响合同效力的事由,应当认定有效。其他股东行使优先购买权的,虽然股东以外的股权受让人关于继续履行股权转让合同的请求不能得到支持,但不影响其依约请求转让股东承担相应的违约责任。"亦即,转让股权的股东与股东以外的人签订的股权转让合同有效,但因其他股东行使优先购买权致使股权转让合同无法继续履行,股东以外的股权受让人不能主张继续履行股权转让合同,但可向与其缔约的转让股东主张违约责任。

八、公司被吊销营业执照期间实施的股权转让协议

吊销企业法人营业执照,是工商行政管理机关依据国家工商行政法规对违法的企业法人进行的一种行政处罚。企业法人被吊销营业执照后,应当依法进行清算,清算程序结束并办理工商注销登记后,该企业法人才归于消灭。故公司被吊销营业执照后至被注销登记前,其法人资格存在,仍具有民事权利能力和民事行为能力。

根据《公司法》第一百八十条、第一百八十三条、第一百八十六条的相关规定,企业法人被吊销营业执照后,应当依法进行清算。清算期间,公司存续,但不得开展与清算无关的经营活动。公司在清算期间被称为"清算中的公司",又称"清算法人",即公司在清算期间,法人的地位仍然存在,但行为能力受到限制,只能从事与清算有关的业务,不能开展与清算无关的经营活动。对于在清算期间公司开展与清算无关的经营活动的,《公司法》第二百零五条规定:"公司在清算期间开展与清算无关的经营活动的,由公司登记机关予以警告,没收违法所得。"由此可见,《公司法》第一百八十六条第三款的规定主要是出于维护一定的交易秩序,立法目的在于保护债权人的利益,属于管理性强制性规定,而非影响合同效力的效力性强制性规定。

对于未依法进行清算而侵害债权人利益的,"公司法司法解释(二)"第十八条规定了清算义务人怠于履行清算义务所应承担的民事责任,但是公司的法律地位并不因此受影响,被吊销营业执照的公司仍然是独立的法人。因此,公司被吊销营业执照并不属于《民法典》规定的影响合同效力的强制性规定,而仅仅属于工商登记处理的管理性规定,公司被吊销营业执照之后,不管是否进行清算,都不能仅仅以此为由否认公司从事相关经营活动(如转让股权行为)的法律效力。

九、关联交易或自我交易的认定及对股权转让协议的影响

关联交易是一种特殊的自我交易,实质上也是一种利益冲突交易。关联交易犹如双刃剑:正常的关联交易可以稳定公司业务,分散经营风险,有利于公司发展;而利用与公司的关联关系和控制地位,迫使公司与自己或者其他关联方从事不正常的关联交易,就会严重损害公司、少数股东和债权人利益。因此,我国《公司法》并未简单地禁止关联交易。《公司法》第二十一条明确了关联方利用关联关系损害公司利益应当承担损失赔偿责任。

《最高人民法院关于适用〈中华人民共和国公司法〉若干问题的规定（五）》（简称"公司法司法解释（五）"）进一步对关联交易的内部赔偿责任及相关合同的效力进行了规范。

《公司法》第二百一十六条规定："关联关系，是指公司控股股东、实际控制人、董事、监事、高级管理人员与其直接或者间接控制的企业之间的关系，以及可能导致公司利益转移的其他关系。但是，国家控股的企业之间不仅因为同受国家控股而具有关联关系。"

关联关系的主要形式有：公司控股股东与其直接或者间接控制的企业之间的关系；公司实际控制人与其直接或者间接控制的企业之间的关系；公司董事、监事、高级管理人员与其直接或者间接控制的企业之间的关系；其他可能导致公司利益转移的关系，如同一控股股东或者实际控制人控制下的公司之间的关系，合营企业之间的关系，联营企业之间的关系，主要投资者个人、关键管理人员或与其关系密切的家庭成员和公司之间的关系，主要投资者个人、关键管理人员或与其关系密切的家庭成员直接控制的其他企业和公司之间的关系等。同时，考虑到我国国企的实际情况，本条特别增加了但书规定，即"国家控股的企业之间不仅因为同受国家控股而具有关联关系"。

《公司法》第二十一条规定："公司的控股股东、实际控制人、董事、监事、高级管理人员不得利用其关联关系损害公司利益。违反前款规定，给公司造成损失的，应当承担赔偿责任。"在实践中，一些公司的控股股东、实际控制人、董事、监事、高级管理人员，利用关联交易"掏空"公司，侵害了公司、公司中小股东以及公司债权人的利益的现象时有发生。

《公司法》第一百二十四条规定："上市公司董事与董事会会议决议事项所涉及的企业有关联关系的，不得对该项决议行使表决权，也不得代理其他董事行使表决权。该董事会会议由过半数的无关联关系董事出席即可举行，董事会会议所作决议须经无关联关系董事过半数通过。出席董事会的无关联关系董事人数不足三人的，应将该事项提交上市公司股东大会审议。" 实践中，一些上市公司的控股股东通过董事会影响公司决策，使上市公司与关联方进行不公平的资产买卖，违背公司利益为关联方提供担保，利用掠夺性定价向关联方输送利益等，引起社会普遍关注，为此，《公司法》规定了上市公司董事关联交易回避制度。为保证此种情形下关联交易的公平性，这里采取的是一种程序公正的方法，即如果出现董事与董事会会议决议事项所涉及的企业有关联关系，则将关联关系董事排除在外，由无关联关系董事参与表决，确保董事会决议的公正性。如果无关联关系董事不足法定人数，比如，全体董事都涉及关联交易，则由股东大会决议。

《公司法》第一百四十七条规定："董事、监事、高级管理人员应当遵守法律、行政法规和公司章程，对公司负有忠实义务和勤勉义务。董事、监事、高级管理人员不得利用职权收受贿赂或者其他非法收入，不得侵占公司的财产。"《公司法》第一百四十八条对董事、高级管理人员的忠实义务进行了专门的规定。其中，第四项对"自我交易"禁止规则进行了规定，董事、高级管理人员不得"违反公司章程的规定或者未经股东会、股东大会同意，与本公司订立合同或者进行交易"。因此，简言之，自我交易就是董事、高管自己与公司交易。从《公司法》的上述规定来看，公司的董事、高管与公司也构成关联关系，董事、高管与公司的交易也属于关联交易，因此，自我交易与关联交易属于包含与被包含的关系，自我交易属于关联交易的一种特殊形式。

《公司法》虽然规定了由于关联交易给公司造成损失的，关联方应当承担赔偿责任，但是并不禁止关联交易，对于关联交易应当遵循的程序也很少有特殊的规定，《公司法》第一百二十四条虽然对上市公司的关联交易的程序进行了规定，但是对违反程序的关联交易本身的效力并未进一步规定。"公司法司法解释（五）"第一条第一款规定："关联交易损害公司利益，原告依据公司法第二十一条规定请求控股股东、实际控制人、董事、监事、高级管理人员赔偿所造成的损失，被告仅以该交易已经履行了信息披露、经股东会或者股东大会同意等法律、行政法规或者公司章程规定的程序为由抗辩的，人民法院不予支持。"也说明了关联交易是否符合法定程序往往是作为判断关联交易对公司是否公平的依据，但是不能作为判断关联交易本身是否有效的标准。因此，关联交易项下的股权转让合同是否有效，并不能以该股权转让行为是否构成关联交易来判断，而应回到《民法典》的框架范围内，根据第一百五十三条的规定加以认定。

《公司法》第一百四十八条第四项规定："董事、高管不得违反公司章程的规定或者未经股东会、股东大会同意，与本公司订立合同或者进行交易。"该条规定表明，我国《公司法》并不禁止自我交易，但是董事、高管与本公司订立合同或者进行交易须有公司章程规定，或者股东会、股东大会的同意。因此，如果既没有在公司章程中规定，也没有取得股东会、股东大会的同意，自我交易就违反了《公司法》的规定。但是，根据《公司法》第一百四十八条第二款的规定，这种违反规定的自我交易的后果是"董事、高级管理人员违反前款规定所得的收入应当归公司所有"，自我交易下的合同并不因此无效。

十、股权转让价格

股权转让价格是指根据资产调查结果，由资产评估机构进行评估交易双方实际股权交易的价格。

不论是股东自愿转让股权还是由法院强制股东转让股权，对转让价格的确定都是股权转让中一个十分重要的方面。股东和受让方间确定股权转让价格的方法常常不科学，并不能接近股权的价值和市场价格。确定股权转让价格的方法不同，将直接影响股权转让价格，从而影响公司、股东和受让方的利益。实践中，确定股权转让价格通常有几种做法：将股东出资时股权的价格作为转让价格；将公司净资产额作为转让价格；将审计、评估价格作为转让价格；将拍卖、变卖价作为转让价格；也有采用其他方法来确定转让价格的。上述几种方法，都有其可取之处，但也存在不足。将出资额和公司净资产额作为股权转让价格简单明了，便于计算和操作。审计、评估的方法通过对公司会计账目、资产的清理核查，较能体现公司的资产状况。拍卖、变卖的方法引入了市场机制，在一定程度上能体现股权的市场价值。但是，公司的生产经营活动受经营者的决策及市场因素的影响较大，公司的资产状况处于一种动态变化之中，股东的出资与股权的实际价值往往存在较大差异，如对股东的股权未经作价以原出资额直接转让，无疑混淆了股权与出资的概念。公司净资产额虽然反映了公司一定的财务状况，但由于其不体现公司资金的流转等公司运作的重要指数，也不能反映公司经营的实际情况。审计、评估能反映公司财产状况，也能对公司运作的大部分情况进行估算，却不能体现公司的不良资产率、公司发展前景等对股权价值有重要影响的因素。拍卖、变卖一般时间较紧，转让方和受让方常无法进行更多的直接沟通。如不能很好地理解和运用这几种方法，将造成股权的滥用，侵犯股东和公司的合法权益。基于单一的确定股权转让价格的方法都有缺陷，因而在实践中应注意以下两点。

1. 采用综合评估确定股权转让的基准价格

实践中，股东自愿转让股权是股权转让最为普遍的形式，法院运用国家强制力强制股东转让股权是股权转让中的一种特殊形式，两者在股权转让前先确定基准价格上是一致的。转让双方首先应对公司的资产、负债情况进行评估，确定转让基准价格，在此基础上协商确定转让价格。法院在强制股东转让股权时，应通过审计、评估确定转让的基准价格。股权转让基准价格，即股权转让参考价格，可以是公司的净资产额。在采用了前述的一种或几种甚至其他更多的计算方法后，有的当事人还会结合公司不良资产率、国家产业政策等因素确定转让价格，这样得出的转让价格比较接近股权的实际价值。

2. 引入市场机制转让股权

转让基准价格确定后，根据意思自治原则，转让双方经协商确定的转让价格，只要未损害国家和第三人的合法权益，就是受法律保护的。在股权的转让中，还可以通过拍卖、变卖的方式转让股权，拍卖、变卖价格就是转让价格。拍卖和变卖引入了市场竞争机制，更能体现股权的市场价格，是一种比较科学的方法。在股权的强制转让中，应参考股权转让基准价格确定拍卖的保留底价，通过公开拍卖的方式转让股权。

十一、股权转让税务问题

公司将股权转让给某公司，该股权转让所得将涉及企业所得税、印花税、个人所得税、契税等税务问题。

（一）企业所得税

企业所得税税率为25%，但这个不是固定的，符合条件的小型微利企业，企业所得税税率是20%，高新技术企业，企业所得税税率为15%。计算公式为：

$$企业应纳所得税额=（转让股权收入-取得该股权所发生的成本-转让过程中所支付的相关合理费用）\times 适用税率\%$$

股权转让人应分享的被投资方累计未分配利润或累计盈余公积金应确认为股权转让所得，不得确认为股息性质的所得。

企业进行清算或转让全资子公司以及持股95%以上的企业时，投资方应分享的被投资方累计未分配利润和累计盈余公积应确认为投资方股息性质的所得。为避免对税后利润重复征税，影响企业改组活动，在计算投资方的股权转让所得时，允许从转让收入中减除上述股息性质的所得。

企业已提取减值、跌价或坏账准备的资产，如果有关准备在申报纳税时已调增应纳税所得，转让处置有关资产而冲销的相关准备应允许作相反的纳税调整。因此，企业清算或转让子公司（或独立核算的分公司）的全部股权时，被清算或被转让企业应按过去已冲销并调增应纳税所得的坏账准备等各项资产减值准备的数额，相应调减应纳税所得，增加未分配利润，转让人按享有的权益份额确认为股息性质的所得。

企业股权投资转让所得或损失是指企业因收回、转让或清算处置股权投资的收入减除股权投资成本后的余额。企业股权投资转让所得应并入企业的应纳税所得，依法缴纳企业所得税。企业因收回、转让或清算处置股权投资而发生的股权投资损失可以在税前扣除，但每一纳税年度扣除的股权投资损失不得超过当年实现的股权投资收益和投资转让所得，超过部分可无限期向以后纳税年度结转扣除。

（二）印花税

股权转让要签股权转让合同或协议，而交易合同是需要贴花缴纳印花税的，所以股权转让合同的双方都需要缴纳印花税，不过被投资企业不用缴纳印花税，也没有代扣代缴的义务，由股权转受双方自己完成。一般来说，印花税可以按次申报，也可以按时间段汇总后统一申报。计算公式为：

$$应纳印花税额 = 合同所载金额总额 \times 5/10\,000$$

（三）个人所得税

持股主体是个人时，需要缴纳个人所得税。个人所得税的税率是20%，计算公式为：

$$个人应纳所得税额 = （转让股权收入 - 取得该股权所发生的成本 - 转让过程中所支付的相关合理费用）\times 20\%$$

需要注意的是，股权转让的个人所得税要以股权转让方为纳税人，以受让方为代扣扣缴义务人。这跟增值税刚好相反，增值税是卖方代扣代缴买方的增值税，股权转让个人所得税是买方代扣代缴卖方的所得税。

转让方和受让方应在签订股权转让协议并完成股权转让交易之后，至企业变更股权登记之前，到主管税务机关办理纳税（扣缴）申报，然后持税务机关开具的完税凭证（或免税、不征税证明）到工商部门办理股权变更登记手续。

股权交易各方已签订股权转让协议，但未完成股权转让交易的，企业在向工商行政管理部门申请股权变更登记时，应填写个人股东变动情况报告表并向主管税务机关申报。

股权转让过程中，转让方需要交纳各种税费。

（四）契税

根据规定，在股权转让中，单位、个人承受企业股权，企业的土地、房屋权属不发生转移，不征契税；在增资扩股中，对以土地、房屋权属作价入股或作为出资投入企业的，征收契税。

专题五

董事、高级管理人员责任实务

一、任职资格

根据《公司法》的相关规定,股份有限公司董事会成员为5～19人,监事会成员不得少于3人,监事会应当包括公司职工代表,职工代表的比例不得低于三分之一,职工代表监事通过职工大会、职工代表大会或其他民主方式选举产生。为避免投票僵局的出现,通常建议公司将董事会及监事会的成员数定为奇数。

（一）任职资格的一般性限制

（1）《公司法》第一百四十六条规定,有下列情形之一的,不得担任公司的董事、监事、高级管理人员。

1) 无民事行为能力或者限制民事行为能力。

2) 因贪污、贿赂、侵占财产、挪用财产或者破坏社会主义市场经济秩序,被判处刑罚,执行期满未逾5年,或者因犯罪被剥夺政治权利,执行期满未逾5年。

3) 担任破产清算公司、企业的董事或者厂长、经理,对该公司、企业的破产负有个人责任的,自该公司、企业破产清算完结之日起未逾3年。

4) 担任因违法被吊销营业执照、责令关闭公司、企业的法定代表人,并负有个人责任的,自该公司、企业被吊销营业执照之日起未逾3年。

5) 个人所负数额较大的债务到期未清偿。

公司违反前款规定选举、委派董事、监事或者聘任高级管理人员的,该选举、委派或者聘任无效。董事、监事、高级管理人员在任职期间出现上述情形的,公司应当解除其职务。

（2）《首次公开发行股票并上市管理办法》及《首次公开发行股票并在创业板上市管理办法》等规定,公司的董事、监事和高级管理人员应符合法律、行政法规和规章规定的任职资格,且不得有下列情形。

1）被中国证券监督管理委员会(简称证监会)采取证券市场禁入措施尚在禁入期的。

2）最近三年内受到证监会行政处罚,或者最近一年内受到证券交易所公开谴责。

3）因涉嫌犯罪被司法机关立案侦查或者涉嫌违法违规被证监会立案调查,尚未有明确结论意见。

（3）《深圳证券交易所上市公司规范运作指引》(2020年修订)规定,董事、监事和高级管理人员候选人存在下列情形之一的,不得被提名担任上市公司董事、监事和高级管理人员。

1）《公司法》第一百四十六条规定的情形之一。

2）被证监会采取证券市场禁入措施,期限尚未届满。

3）被证券交易所公开认定为不适合担任上市公司董事、监事和高级管理人员,期限尚未届满。

4）本所规定的其他情形。董事、监事和高级管理人员候选人存在下列情形之一的,公司应当披露该候选人具体情形、拟聘请该候选人的原因以及是否影响公司规范运作。

第一,最近三年内受到证监会行政处罚。

第二,最近三年内受到证券交易所公开谴责或者三次以上通报批评。

第三,因涉嫌犯罪被司法机关立案侦查或者涉嫌违法违规被证监会立案调查,尚未有明确结论意见。

第四,被证监会在证券期货市场违法失信信息公开查询平台公示或者被人民法院纳入失信被执行人名单。

上述期间,应当以公司董事会、股东大会等有权机构审议董事、监事和高级管理人员候选人聘任议案的日期为截止日。

（二）董事、高级管理人员企业内部兼职的限制

《公司法》《首次公开发行股票并上市管理办法》《首次公开发行股票并在创业板上市管理办法》《上市公司规范运作指引》等相关法律法规对于拟上市公司的董事、监事和高级管理人员任职、兼职均有明确规定,按照从严原则,具体规定如下。

（1）公司的董事、高级管理人员不得在控股股东、实际控制人及其控制的其他企业中担任除董事以外的其他职务,不得在控股股东、实际控制人及其控制的其他企业领薪。

（2）公司的董事可以由经理或者其他高级管理人员兼任,但兼任经理或者其他高级管理人员职务的董事以及由职工代表担任的董事,总计不得超过公司董事总数的1/2。

（3）最近两年内曾担任过公司董事或高级管理人员的监事人数不得超过公司监事总数的1/2。

（4）公司董事、高级管理人员在任期间,其配偶和直系亲属不得担任公司监事。

（5）公司董事会秘书应当由公司董事、副总经理或财务总监担任。

（三）因职业身份的限制

1. 国家公务员

公务员在职期间，非因工作需要并经有关机关批准，不得担任公司的董事、监事和高级管理人员；公务员在离职、退休后一定期限内不得担任与其在任期间工作业务相关的公司的董事、监事和高级管理人员。

2. 事业单位有关人员

《公务员法》第一百一十二条规定："法律、法规授权的具有公共事务管理职能的事业单位中除工勤人员以外的工作人员，经批准参照本法进行管理。"因此，具有公共事务管理职能的事业单位有关人员兼职及任职参照对公务员的管理规定执行，相关人员在职期间及离职、退休后一定期间不得担任公司的董事、监事和高级管理人员。

3. 党员领导干部

禁止党员领导干部私自从事营利性活动，不准违反规定在经济实体、社会团体等单位中兼职或者兼职取酬以及从事有偿中介活动；党员领导干部离职或者退休后三年内，不得接受原任职务管辖的地区和业务范围内的民营企业、外商投资企业和中介机构的聘任，或者个人从事与原任职务管辖业务相关的营利性活动；党的机关、人大机关、行政机关、政协机关、审判机关、检察机关中县（处）级以上党员领导干部，人民团体、事业单位中相当于县（处）级以上党员领导干部离职或者退休后三年内，不得从事与原任职务管辖业务相关的营利性活动。

4. 国有企业领导

国有企业领导人员不得未经批准兼任本企业所出资企业或者其他企业、事业单位、社会团体、中介机构的领导职务，或者经批准兼职的，擅自领取薪酬及其他收入；国有企业领导人员离职或者退休后三年内，不得在与原任职企业有业务关系的私营企业、外资企业和中介机构担任职务、投资入股，或者在上述企业或者机构从事、代理与原任职企业经营业务相关的经营活动。

5. 国企相关人员

国有独资公司的董事长、副董事长、董事、高级管理人员，未经国有资产监督管理机构同意，不得在其他有限责任公司、股份有限公司或者其他经济组织兼职；国有企业中层以上管理人员，不得在职工或其他非国有投资者投资的非国有企业兼职。企业中层以上管理人员是指国有企业的董事会成员、监事会成员、高级管理人员、党委（党组）领导班子成员以及企业职能部门正副职人员等。企业返聘的原中层以上管理人员、退休后返聘担任中层以上管理职务的人员亦在规范范围之内。

6. 高校人员

（1）高校党政领导班子成员。根据《中共中央纪委　教育部　监察部关于加强高等学校反腐倡廉建设的意见》，高校党政领导班子成员应除因工作需要、经批准在学校设立的高校资产管理公司兼职外，一律不得在校内外其他经济实体中兼职。此外，根据《中共教育部党组关于进一步加强直属高校党员领导干部兼职管理的通知》的规定，教育部直属高校校级党员领导干部原则上不得在经济实体中兼职，确因工作需要在本校设立的资产管理公司兼职的，须经学校党委（常委）会研究决定，并按干部管理权限报教育部审批和驻教育部纪检组监察局备案。新提任的校级党员领导干部应当在任职后三个月内辞去在经济实体中兼任的职务，确需在本校资产管理公司和社会团体等单位中兼职的，应当重新履行审批手续，且不得在兼职单位领取任何报酬。对校级非中共党员的领导干部兼职的管理，参照本通知执行。

（2）教育部直属高校处级领导干部。根据《中共教育部党组关于进一步加强直属高校党员领导干部兼职管理的通知》的规定，教育部直属高校处级（中层）党员领导干部原则上不得在经济实体和社会团体等单位中兼职，确因工作需要兼职的，须经学校党委审批。经批准在经济实体、社会团体等单位中兼职的直属高校党员领导干部，不得在兼职单位领取任何报酬。对校级非中共党员的领导干部兼职的管理，参照本通知执行。

7. 银行从业人员

与银行业金融机构签订劳动合同的在岗人员，银行业金融机构董（理）事会成员、监事会成员及高级管理人员，以及银行业金融机构聘用或与劳务代理机构签订协议直接从事金融业务的其他人员，未经批准不得在其他经济组织兼职。

（四）关于独立董事任职资格的特别规定

独立董事是指不在公司担任除董事外的其他职务，并与其所受聘的公司及其主要股东不存在可能妨碍其进行独立客观判断关系的董事。根据《关于在上市公司建立独立董事制度的指导意见》，下列人员不得担任公司的独立董事。

（1）在上市公司或者其附属企业任职的人员及其直系亲属、主要社会关系（直系亲属是指配偶、父母、子女等；主要社会关系是指兄弟姐妹、岳父母、儿媳女婿、兄弟姐妹的配偶、配偶的兄弟姐妹等）。

（2）直接或间接持有公司已发行股份1%以上或者是上市公司前十名股东中的自然人股东及其直系亲属。

（3）在直接或间接持有上市公司已发行股份5%以上的股东单位或者在公司前五名股东单位任职的人员及其直系亲属。

（4）最近一年内曾经具有前三项所列举情形的人员。

（5）为上市公司或者公司附属企业提供财务、法律、咨询等服务的人员。

（6）公司章程规定的其他人员。

（7）中国证监会认定的其他人员。

《深圳证券交易所独立董事备案办法》中规定，在上市公司连续任职独立董事已满六年的，自该事实发生之日起一年内不得被提名为该上市公司独立董事候选人；独立董事候选人最多在5家上市公司（含本次拟任职上市公司）兼任独立董事。

（五）关于公司财务负责人的特殊规定

根据《中华人民共和国会计法》第三十八条的规定，会计人员应当具备从事会计工作所需要的专业能力；担任单位会计机构负责人（会计主管人员）的，应当具备会计师以上专业技术职务资格或者从事会计工作 3 年以上经历；会计人员的范围由国务院财政部门规定。

二、实际控制人的认定

（一）实际控制人的概念

1.《公司法》对实际控制人的界定

《公司法》第二百一十六条第三款规定："实际控制人，是指虽不是公司的股东，但通过投资关系、协议或者其他安排，能够实际支配公司行为的人。"

控股股东是与实际控制人不同的概念。《公司法》第二百一十六条第二款规定："控股股东，是指其出资额占有限责任公司资本总额百分之五十以上或者其持有的股份占股份有限公司股本总额百分之五十以上的股东；出资额或者持有股份的比例虽然不足百分之五十，但依其出资额或者持有的股份所享有的表决权已足以对股东会、股东大会的决议产生重大影响的股东。"

因此，基于《公司法》条文，控股股东与实际控制人的根本区别在于是否直接持有公司股份：控股股东直接持有公司股份，而实际控制人不直接持有公司股份。

2. 证监会扩大了实际控制人的内涵

根据《〈首次公开发行股票并上市管理办法〉第十二条"实际控制人没有发生变更"的理解和适用——证券期货法律适用意见第 1 号》（证监法律字〔2007〕15 号，以下简称《证券期货法律适用意见第 1 号》），证监会将公司控制权界定为"能够对股东大会的决议产生重大影响或者能够实际支配公司行为的权力，其渊源是对公司的直接或者间接的股权投资关系"。根据上述规定，直接或间接持有股权，均可被界定为实际控制人。在实践中，证监会有将控股股东和实际控制人界定为同一人的案例。

沪深交易所对实际控制人的界定存在不一致。《上海证券交易所股票上市规则》仍与《公司法》保持一致，将实际控制人界定为不是公司股东的人。但《深圳证券交易所股票上市规则》则将实际控制人界定为"通过投资关系、协议或者其他安排，能够支配、实际支配公司行为的自然人、法人或者其他组织"。

在实务中，实际控制人是指虽不直接持有公司股份，或者其直接持有的股份达不到控股股东要求的比例，但通过投资关系、协议或者其他安排，能够实际支配公司行为的自然人、法人或者其他组织。

3. 信息披露的要求

根据《公开发行证券的公司信息披露内容与格式准则第 1 号——招股说明书（2015 年修订）》的要求，实际控制人应披露到最终的国有控股主体或自然人为止。

（二）实际控制人相关主要法律法规

1.《公司法》

《公司法》第二百一十六条规定："控股股东，是指其出资额占有限责任公司资本总额百分之五十以上或者其持有的股份占股份有限公司股本总额百分之五十以上的股东；出资额或者持有股份的比例虽然不足百分之五十，但依其出资额或者持有的股份所享有的表决权已足以对股东会、股东大会的决议产生重大影响的股东。实际控制人，是指虽不是公司的股东，但通过投资关系、协议或者其他安排，能够实际支配公司行为的人。"

2.《首次公开发行股票并上市管理办法》

《首次公开发行股票并上市管理办法》第十二条规定："发行人最近三年内主营业务和董事、高级管理人员没有发生重大变化，实际控制人没有发生变更。"

3.《首次公开发行股票并在创业板上市管理办法》

《首次公开发行股票并在创业板上市管理办法》第十四条规定："发行人最近两年内主营业务和董事、高级管理人员均没有发生重大变化，实际控制人没有发生变更。"

4.《公开发行证券的公司信息披露内容与格式准则第 1 号——招股说明书（2015 年修订）》

《公开发行证券的公司信息披露内容与格式准则第 1 号——招股说明书（2015 年修订）》第三十五条规定："发行人应披露发起人、持有发行人 5%以上股份的主要股东及实际控制人的基本情况，主要包括：（一）发起人、持有发行人 5%以上股份的主要股东及实际控制人如为法人，应披露成立时间、注册资本、实收资本、注册地和主要生产经营地、股东构成、主营业务、最近一年及一期的总资产、净资产、净利润，并标明有关财务数据是否经过审计及审计机构名称；如为自然人，则应披露国籍、是否拥有永久境外居留权、身份证号码、住所；（二）控股股东和实际控制人控制的其他企业的成立时间、注册资本、实收资本、注册地和主要生产经营地、主营业务、最近一年及一期的总资产、净资产、净利润，并标明这些数据是否经过审计及审计机构名称；（三）控股股东和实际控制人直接或间接持有发行人的股份是否存在质押或其他有争议的情况。实际控制人应披露到最终的国有控股主体或自然人为止。"

（三）实际控制人认定的相关标准

证监会《上市公司收购管理办法》第八十四条关于上市公司控制权的解释如下："有下列情形之一的，为拥有上市公司控制权：（一）投资者为上市公司持股 50%以上的控股股东；（二）投资者可以实际支配上市公司股份表决权超过 30%；（三）投资者通过实际支配上市公司股份表决权能够决定公司董事会半数以上成员选任；（四）投资者依其可实际支配的上市公司股份表决权足以对公司股东大会的决议产生重大影响；（五）中国证监会认定的其他情形。"

另外，根据证监会发布的《证券期货法律适用意见第 1 号》，公司控制权是能够对股东大会的决议产生重大影响或者能够实际支配公司行为的权力，其渊源是对公司的直接或者间接的股权投资关系。同时，该适用意见也给出了公司控制权认定的思路：认定公司控制权的归属，既需要审查相应的股权投资关系，也需要根据个案的实际情况，综合对发行人股东大会、董事会决议的实质影响，对董事和高级管理人员的提名及任免所起的作用等因素进行分析判断。

根据以上两个法规对公司控制权的解释，拥有公司控制权的人是指通过直接持有公司的股份或者通过投资关系、协议或者其他安排，或者同时通过上述两种方式，足以对股东大会的决议产生重大影响或者能够实际支配公司行为的人。

在实务中，判断是否拥有公司的控制权（即其是否能够对公司决策产生重大影响或者是否能够实际支配公司行为），除投资者对公司间接的股权投资关系外，还应根据具体情况，综合以下因素进行分析判断：其对股东大会的影响情况；其对董事会的影响情况；其对董事和高级管理人员的提名及任免情况；公司股东持股及其变动情况；公司董事、高级管理人员的变动情况；发行审核部门认定的其他有关情况。

（四）共同实际控制人的认定标准

共同实际控制人的存在情形主要集中在股东股权较为分散，且没有一方持股到50%以上的。判断能否认定为共同实际控制人需要考虑多方在报告期内是否形成一致行动关系以及在挂牌后能否确保在一定期间内仍保持一致行动关系。

1. 一致行动关系的认定标准

（1）各方都能够通过直接或者间接持有的公司股份/表决权，且总和始终保持在50%以上。

（2）各方在处理须经公司董事会、股东大会批准的重大事项时能采取一致行动。通常可以在一致行动协议中约定若出现无法达成一致意见时的处理途径。

以共同实际控制人为三人的情况为例，三方在公司股东大会和董事会会议中行使表决权时采取相同的意思表示和保持一致；三方在公司股东大会和董事会会议中行使表决权前应进行协商沟通以达成一致意见，如无法达成一致意见的，若一方的持股数量高于其他各方之和的，则以该方的意见为准，若其中两方达成一致意见，而且该两方的持股数量超过另一方，则以该两方的意见为准，若三方的意见均不相同，且没有任何一方的持股数量超过其他两方之和，则以持股数量最多的一方意见为准。

（3）公司治理结构健全、运行良好，多人共同拥有公司控制权的情况不影响发行人的规范运作，并且除了一致行动协议外，公司股东未签订任何可能影响公司控制权稳定性的协议，亦不存在可能影响公司控制权稳定性的安排。

由此可见，实际控制人的认定是依据其对公司的财务和经营政策是否拥有决定权，而不是仅仅依据其所持有的股份。

2. 共同实际控制人的认定

既然认定实际控制人应当综合考虑前面所述的几个方面，那么不难发现，在一些实务情况中，会出现几个方面所指向的并非同一个人，或简单的同一个人的问题。例如，从公司的股权结构来看，第一大股东为 A，但是 A 可能不参与公司的日常经营决策，而影响公司经营决策的董事会层面，甚至对公司董事和高管的提名任免方面能够施加重大影响的为 B。此时，无论是认定 A 还是 B 为公司的实际控制人都存在片面或不妥之处。又或者，一些中小企业由关系密切的家庭成员（如夫妻）共同设立，双方持股比例相当，在公司的经营决策上同进同退，并都对公司的运营具有举足轻重的作用，此时，只认定其中一方为实际控制人也不能真实地反映公司的控制权状况。因此，引入共同实际控制人这一概念便存在着必要性。当然，一些体量巨大的企业和一些自然人股东非常分散的民营企业，也可能存在着无实际控制人或无法认定实际控制人的现象，如 A 股中就有几十家上市公司不存在实际控制人。

（1）由家庭成员关系认定为共同实际控制人。在实务中，由关系密切的家庭成员共同设立公司并长期以来共同控制公司的情况并不鲜见，最常见的是夫妻关系。由于夫妻在法律上本来就存在着共同财产的概念，双方之间本来对公司控制权的归属问题可能就不如其他关系那么敏感，因此更容易产生共同实际控制人的现象。

对于由密切家庭成员关系而产生的共同控制，并不必然是要在各方持股比例相当的情况下才能发生，宝利沥青的招股说明书中披露其共同实际人为周某夫妇，其中周某为第一大股东及董事长，持股 50%，其妻子为副董事长，持股 28.93%。在这个案例中，周某事实上已经持有几近绝对控股的股份，但中介机构并没有只将其一人列为实际控制人，也是考虑到另一方对公司存在的重大影响，并且这种家庭成员之间本身的影响力也往往足以使另一方间接地对公司施加重大影响。因此，综合考虑各种可能性，实务中对待这种"夫妻"公司，将双方都列为共同实际控制人更为妥当。

当然，除了夫妻关系之外，父母之女都有可能成为共同控制公司的主体，许多子女并未参与公司的创立发展，却受让了其父母大量乃至全部的股份，但在公司的日常运营决策中，仍然由父母进行掌控。此时，作为创始者的父母对公司的董事、高管的任命，董事会及股东会的决议都有可能产生决定性作用，那么，仅因为其未持股或持股比例低而不列为实际控制人则是不恰当的，此种情况下宜将各方都列为共同实际控制人。

对于家庭成员被列为共同实际控制人的，一致行动安排的协议并不是必需要件，这其中源于家庭成员本身的血缘关系天然具备一种"公信力"，使投资者能信任其在对公司的共同控制中不会出现重大问题的可能。当然，签署了一致行动协议的家庭成员共同实际控制公司在实务中也存在。

（2）基于一致行动协议而产生的共同实际控制人。由多名股东共同控制公司，除了天然的家庭成员之外，无亲属关系的各股东之间，也可以基于种种目的和动机而产生共同控制的需要，为了保证这种共同控制的实现，各方之间会对其共同控制公司的行动作出协议安排，这种情况下就是基于一致行动协议而产生的共同实际控制人。

在实务中，这种催生共同控制公司的动机和目的是各种各样的，并不局限于某一种情况，有基于人身信任关系的，有利益交换的，也有为维持团队稳定的……不胜枚举。科大讯飞即是因为一致行动协议而产生共同实际控制人的案例。在该案例中，科大讯飞

14 名自然人股东签订了协议书，约定：王某等 13 人（委托人）委托刘某（受托人）出席讯飞公司的股东会或临时股东会，并在讯飞公司的股东会或临时股东会上，就股东会所议事项和所决议事项，代表委托人决策并行使投票权；当委托人本人出席讯飞公司的股东会或临时股东会时，经受托人同意，可由委托人自己行使投票权，委托人承诺与受托人保持行动一致，否则，委托人的投票无效；委托人同意对讯飞公司董事、高级管理人员的提名或推荐权由受托人行使；若委托人出任讯飞公司的董事，则在讯飞公司的董事会或临时董事会上，就董事会所议事项和所决议事项与受托人保持行动一致。因此，发行人律师认定该 14 名自然人股东为一致行动人，其持有科大讯飞 24.29% 的股份，在科大讯飞股东大会上拥有第一大表决权，且该 14 人团队占有三名董事席位，并占据董事长和总裁、副总裁职位，对股东大会、董事会及核心团队都有重要影响。因此，发行人律师认为以刘某为代表的上述 14 人作为一致行动人，是科大讯飞共同实际控制人。

（3）基于事实的一致行动而产生的共同实际控制人。在一些公司当中，各股东之间并无家庭成员关系，也无一致行动协议，但实务中也有被认定为共同实际控制人的情况，典型情况如公司引入战略投资者使原创始人失去控股权。对于投资者，特别是专业的投资机构而言，其主要看中的是公司的长远发展及收益，但鉴于其本身并非该行业专家，无法也不可能参与公司的日常经营决策，而公司原创始人虽然让出了控股权，却由于其专业能力和经验能够对公司的日常经营决策施加重大影响。此时，创始人与投资者是一种相互依存以实现各自目的的关系，双方各自满足《证券期货法律适用意见第 1 号》中所提及的控股权的一些方面，因此，应当谨慎地将双方列为共同实际控制人。当然，除全面体现控制权之外，是否为共同控制才是共同实际控制人的重点，如双方各拥有对公司的一部分控制权，却长期意见冲突，内部不能统一，则共同控制无从谈起，公司更有可能陷入僵局的危险。因此，中介机构应当充分列举证据说明各方过往共同控制公司的事实，以证明其在过往确实保持了一致行动从而实现共同控制。这包括：历次股东大会和董事会的决议，表决时各方的意见是否保持一致，是否存在过意见不一致的情形；在董事提名、高管任命上是否保持一致，是否存在过重大分歧，各方在公司管理层的任职情况、公司管理过程中的分工情况上是否能够保持一致，不存在重大分歧，等等。从另一角度来说，这些一致行动的事实甚至比一纸一致行动协议来得更加重要，毕竟协议仍然存在倒签的可能，而事实却是铁证。

如荣信股份的招股说明书披露的共同实际控制人为左某、崔某、厉某三人。其中，左某为公司的创始人，持有 20.27% 的股份，厉某、崔某夫妇为左某为公司引入的投资机构深圳市深港产学研创业投资有限公司和深圳市延宁发展有限公司的实际控制人，深港产学研和深圳延宁共持有公司 27.75% 的股份。保荐机构认为，左某是公司创始人、技术带头人，对公司的股东、董事和重大决策都具有重大影响，其虽不是公司第一大股东，但应当认定为公司的实际控制人。而深港产学研和深圳延宁虽然持股比例超过左某，但是其为风险投资公司，目的并不在于控制荣信股份，而是通过投资获取回报。同时，由于深港产学研、深圳延宁作为风险投资都是左某所引进，并且左某作为公司总经理兼技术带头人，对公司的迅速发展起了至关重要的作用，由此得到了公司股东、董事及高管的高度信任，所以近三年来崔某、厉某在公司的重大决策上一直与左某保持一致。因此，左某与崔某、厉某都是公司的实际控制人。

由此可见，即使没有一致行动协议，但基于事实的一致行动，根据公司本身的特殊状况，也可以将多人列为共同实际控制人。上述引入战略投资者的情况只是其中的一种，事实上，只要满足由多人共同实际控制公司，并事实上保持了一致行动，均可以被认定为共同实际控制人。

（4）夫妻共同持股及一致行动人的认定标准。根据《民法典》的规定，夫妻财产属于共同所有，除非夫妻之间对公司的股权存在特别的约定和财产分割。

在实践中，如果夫妻同时作为公司股东，一般认定夫妻作为一个整体，合并计算持有股份数量。如果合并持股数量达到控制比例的，可认为夫妻共同拥有公司控制权，同时作为公司的实际控制人。

一致行动是指投资者通过协议或者其他安排，与其他投资者共同扩大其所能够支配的公司股份表决权数量的行为或者事实。一致行动一般通过签订一致行动协议来实现。一致行动协议可能有两种约定：一是约定相关行动人在投票前应当充分协商，取得一致意见，保证表决的一致性；二是约定相关行动人按照其中一人的意见一致行动，或者其他人委托其中一人行使股权权利。值得注意的是，夫妻共同控制与一致行动人不同。前者是法定的，后者是协议约定的。

实际控制人对公司经营决策有重大影响力，如果实际控制人对公司进行不当控制，可能会损害公司及公司中小股东的利益。对此，公司采取了如下措施加以防范：在章程中，增加中小股东权益保护条款，加强和完善公司内部控制制度；未来拟引入外部董事、外部监事，在经营决策方面对实际控制人进行制衡。另外，实际控制人的共同控制可能存在出现意见分歧的风险，该风险也将对公司运营和发展的稳定性造成不利影响。对此，公司采取了如下措施加以防范：在一致行动协议书中约定，对于重大事项应当在表决前充分协商，以协商一致的意见作为表决意见；各方意见无法达成一致时，以持股数量较多的一方的意见作为表决意见。

（5）实际控制人的特殊形态，具体有以下三种。

1）实际控制人的特殊类型。根据现有招股说明书及上市公司年报等公开资料及研究资料，较为特殊的实际控制人类型主要包括以下几种。

第一，国有资产监管机关。国资委监管的中央企业旗下上市公司普遍将国资委或集团公司作为实际控制人，一些地方国企也将本级政府国有资产监管机关列为实际控制人。

第二，大学、研究院所。例如，方正科技的实际控制人是北京大学，交大昂立的实际控制人为上海交通大学。

第三，职工持股会。大众交通和大众公用的实际控制人为职工持股会，但职工持股会作为实际控制人是历史遗留的产物。根据《关于职工持股会及工会持股有关问题的法律意见》（法协字〔2002〕第115号），证监会要求拟IPO（Initial Public Offering，首次公开募股）公司的实际控制人不属于职工持股会或工会持股。

第四，集体所有制企业。例如，青岛海尔的实际控制人海尔集团公司为集体所有制企业，法拉电子的实际控制人厦门市法拉发展总公司也是集体所有制企业。

第五，村民委员会。例如，南山铝业的实际控制人为南山村村民委员会。

第六，外资。据不完全统计，外资作为上市公司实际控制人的案例有东睦股份、海鸥卫浴、信隆实业、汉钟精机、浩宁达、丰林集团等。

2）共同控制权。公司的实际控制人可以是多人。根据《证券期货法律适用意见第1号》，发行人及其保荐人和律师主张多人共同拥有公司控制权的，应当符合以下条件：每人都必须直接持有公司股份和（或者）间接支配公司股份的表决权；发行人公司治理结构健全、运行良好，多人共同拥有公司控制权的情况不影响发行人的规范运作。

3）多人共同拥有公司控制权的情况。多人共同拥有公司控制权一般应当通过公司章程、协议或者其他安排予以明确，有关章程、协议及安排必须合法有效、权利义务清晰、责任明确，该情况在最近三年内且在首发后的可预期期限内是稳定、有效存在的，共同拥有公司控制权的多人没有出现重大变更。

（6）实际控制人的信息披露，有以下几点要注意。

1）实际控制人信息披露的一般要求。根据《公开发行证券的公司信息披露内容与格式准则第1号——招股说明书（2015年修订）》的要求，实际控制人应披露到最终的国有控股主体或自然人为止。

2）国企作为实际控制人的信息披露。一般而言，财政部管理的中央金融企业控股的上市公司，将中央金融企业本部或上一级的汇金公司作为实际控制人；国资委管理的中央企业将国资委作为实际控制人；地方国企一般将本级政府国有资产监管部门列为实际控制人。

3）外资作为实际控制人的信息披露。与对国有企业相对宽松的态度不同，证监会对由境外公司或个人控股的拟上市公司采取了严格的态度。

（7）法律法规对实际控制人的要求，具体有以下四点。

1）保持稳定。《首次公开发行股票并上市管理办法》第十二条要求拟IPO（不含创业板IPO）公司的实际控制人在最近三年内没有发生变更。《首次公开发行股票并在创业板上市管理暂行办法》第十四条要求拟在创业板IPO的公司的实际控制人在最近两年内没有发生变更。

2）共同控制权情况下实际控制人未变更的认定。根据《证券期货法律适用意见第1号》，发行人及其保荐人和律师应当提供充分的事实和证据证明多人共同拥有公司控制权的真实性、合理性和稳定性，没有充分、有说服力的事实和证据证明的，其主张不予认可。

3）无实际控制人情况下控制权未变更的认定。根据《证券期货法律适用意见第1号》，拟IPO公司不存在拥有公司控制权的人或者公司控制权的归属难以判断的，如果符合以下情形，可视为公司控制权没有发生变更：① 发行人的股权及控制结构、经营管理层和主营业务在首发前三年内没有发生重大变化；② 发行人的股权及控制结构不影响公司治理有效性;③ 发行人及其保荐人和律师能够提供证据充分证明。

4)国有企业股权无偿划转或重组情况下实际控制权未变更的认定。根据《证券期货法律适用意见第1号》,因国有资产监督管理需要,国务院或者省级人民政府国有资产监督管理机构无偿划转直属国有控股企业的国有股权或者对该等企业进行重组等导致发行人控股股东发生变更的,如果符合以下情形,可视为公司控制权没有发生变更:① 有关国有股权无偿划转或者重组等属于国有资产监督管理的整体性调整,经国务院国有资产监督管理机构或者省级人民政府按照相关程序决策通过,且发行人能够提供有关决策或者批复文件;② 发行人与原控股股东不存在同业竞争或者大量的关联交易,不存在故意规避《首发办法》规定的其他发行条件的情形;③ 有关国有股权无偿划转或者重组等对发行人的经营管理层、主营业务和独立性没有重大不利影响。按照国有资产监督管理的整体性调整,国务院国有资产监督管理机构直属国有企业与地方国有企业之间无偿划转国有股权或者重组等导致发行人控股股东发生变更的,比照上述规定执行,但是应当经国务院国有资产监督管理机构批准并提交相关批复文件。

三、勤勉义务

《公司法》第一百四十七条规定:"董事、监事、高级管理人员应当遵守法律、行政法规和公司章程,对公司负有忠实义务和勤勉义务。"

《公司法》第一百四十九条规定:"董事、监事、高级管理人员执行公司职务时违反法律、行政法规或者公司章程的规定,给公司造成损失的,应当承担赔偿责任。"

董事、监事、高级管理人员的勤勉义务,又称为注意义务,是指董事、监事和高级管理人员行使职权、进行决策时,必须以公司利益为标准,不得有疏忽大意或者重大过失,以一理性人在类似岗位与类似情形下所应有的谨慎态度和专业技能来管理公司事务。

勤勉义务最大的特点在于,其建立的理性标准人不是社会中的普通人,而是公司的管理者,相较于普通理性人标准,一方面对董事、监事、高级管理人员的管理技能提出了更高的要求,要求其应有相应管理技能下的谨慎态度;另一方面免除前者之外仍发生商业风险时的勤勉义务,以防止过分限制其经营决策,令其丧失应变、冒险和进取精神。不过这两个方面仍非常抽象,对实务理解与适用意义有限。

对于勤勉义务,《公司法》第一百四十七条仅仅是原则性的规定,而第一百四十九条虽然可以作为适用条款,但其适用范围有限,如董事、监事、高级管理人员在履行管理职责时没有违反法律、法规或公司章程,但仍有违反勤勉义务的情形,在实务上一般是对该条作扩张解释。

(一)违反勤勉义务的典型实务案例

在上海某机电专用设备有限公司诉李某高级管理人员损害公司利益的纠纷案中,法院认为:判断董事等高级人员是否履行了勤勉义务,应该从三个方面加以辨别:① 须以善意为之;② 在处理公司事务时负有在类似的情形、处于类似地位的具有一般性谨慎的人在处理自己事务时的注意；③ 有理由相信是为了公司的最大利益的方式履行其职责。被告在全面负责原告经营期间，作为 UV 手机外壳涂装线项目原告一方的具体经办人，仅以口头协议的方式与某真空电子（天津）有限公司发生交易行为，在离职时亦无法向原告提供经交易对象确认的文件资料。按照经营的一般常识，采用口头协议交易的方式，一旦与交易对象产生纷争，双方无法明确各自的权利义务关系，故对于不能即时完成交易的民事行为，交易双方一般均采取签订书面协议或由交易相对方对相关内容作出确认，因而被告应有理由相信采用口头协议方式的经营判断与公司的最佳利益不相符合，然而被告无视该经营风险的存在，没有以善意（诚实）的方式，按照其合理地相信是符合公司最佳利益的方式履行职务。并且，被告没有以一种可以合理期待在同样的地位上、类似的状况下能够尽到的注意、履行一个高级职员的职责。因此，被告明显违反了勤勉义务。

在北京某矿泉水有限公司诉王某公司高级管理人员损害公司利益的纠纷案中，原告是销售桶装饮用水的公司，被告是其聘任的总经理。因为有的客户拉走水桶后没有送回，导致公司丢失了 100 只空桶，于是公司要求总经理赔偿损失。双方争议的焦点是被告应否对此赔偿责任。法院适用普通谨慎人标准，认为被告可以通过预收押金的方式避免此类情况的发生，这样的要求对于一个处于相同地位的普通谨慎的人来说并非苛刻，被告没有尽到应有的谨慎与注意义务，应当赔偿。

（二）勤勉义务的阻却事由：商业判断规则

美国特拉华州法院将商业判断规则描述为：推定董事作出商业决策系基于充分信息、善意并真诚地相信所采取行动符合公司最佳利益，除非原告能够推翻推定，否则法院会尊重董事的决策，董事不会面临个人责任。对于商业判断规则的正当性基础，一般认为有三个：鼓励董事敢于冒险、避免司法侵入商业决策、维护董事会在公司治理中的决策中心地位。

商事判断规则不是要求法官用商业思维分析问题，而是要求法官在特定条件下会推定董事、监事、高级管理人员的决策合理，从而提高原告的证明要求，降低了对董事、监事、高级管理人员勤勉义务的要求。这意味着，商事判断规则其实更多的是一种程序规则，当适用前提满足，其主要着眼于举证责任。按照"谁主张谁举证"的原则，虽然原告本身就需要负担举证责任，但商事判断要求法院尊重董事、监事、高级管理人员所做决策，并推定决策合理，因此对董事、监事、高级管理人员的判断提出质疑的原告将面临更高的举证责任，直到推翻上述推定。原告的证明需要达到的证明标准可能不仅仅是优势证据标准，而是达到诸如清晰和令人信服的更高标准。

（三）勤勉义务争议时的认定

从学理和实务案例来看，当发生董事、监事、高级管理人员是否违反勤勉义务的争议时，其判断通常须经过如下三个步骤。

首先，调查董事、监事、高级管理人员与相关决策或交易是否有法律上的利益冲突，如有则直接适用忠实义务条款。

其次，在没有利益冲突的情况下，董事、监事、高级管理人员对相关决策或交易是否搜集了必要的信息，并在此基础上作出了决策或交易。如否，则直接认定构成违反勤勉义务，如是，则进入下一步。

最后，原告能够举证证明董事、监事、高级管理人员的决策或交易行为完全是不合理的。这一条其实是商业判断规则适用认定问题。从学理及实务上看，对商业判断规则宜宽松认定，只要董事、监事、高级管理人员认为决策或交易对公司有一定的合理性，即使大部分人都认为风险太大，对公司不利，但只要有小部分人仍认为值得冒险，董事、监事、高级管理人员亦可免责。

在慈溪某化纤有限公司、宁波某布艺有限公司诉施某损害股东利益的责任纠纷案中，浙江省慈溪市法院认为：一般认为，《公司法》中的勤勉义务与《中华人民共和国侵权责任法》（简称《侵权责任法》）中的注意义务相似，指董事、监事、高级管理人员必须像一个正常谨慎之人在类似处境下应有的谨慎那样履行义务，为实现公司的最大利益努力工作。据此，管理者在作出某一经营判断之前，应当搜集足够的信息，诚实而且有正当的理由相信该判断符合公司的最佳利益。本案被告在作出赔偿行为时已尽到了勤勉义务，原因在于：首先，相关证据已经证明，被告为赔偿问题多次赴某公司协商，说明被告为解决该问题采取了积极的行动，在多次协商的情况下，被告不可能对产品是否存在质量问题以及损失的大小没有了解；其次，2005年9月，被告与王某、叶某为赔偿问题一起去过某公司，虽然最终未就质量问题达成一致意见，但至少王某和叶某对某公司要求赔偿的事是知情的，股东之间必然也就质量问题商量过；再次，从被告的文化程度和从业经历来看，其业务水平显然远高于其他几位股东，被告基于其对自身业务水平的信任，认为造成质量问题的原因不经过鉴定也能够判断出来，这种自信在无相反证据的情况下应可推定为合理。该案主审法官在裁判之后专门写过案件评析，认为原告对被告违反勤勉义务承担证明责任，可以从以下几个方面举证：① 经营判断另有所图，并非为了公司的利益；② 在经营判断的过程中，没有合理地进行信息搜集和调查分析；③ 站在一个通常谨慎的董事的立场上，经营判断的内容在当时的情况下存在明显的不合理。如果法官对上述任意一点形成心证，那么原告就完成了对义务违反要件的举证，若再能完成对损失和因果关系的举证，举证责任便可转移至被告。

四、忠实义务

一般而言，对于董事、高级管理人员与公司的关系，普通法系国家视之为信托关系，大陆法系国家视之为委任关系。董事、高级管理人员因其特殊身份，知悉公司的经营状况乃至商业秘密，为防止其利用身份优势谋取个人利益而损害公司利益，无论哪一种法律体系，基于平衡利益冲突、保护公司利益的目的，均肯定董事、高级管理人员应对公司承担忠实义务。所谓忠实义务，本杰明·内森·卡多佐法官曾如此界定："董事不得以牺牲任何公司利益为代价而获得个人利益，也不得以同董事所享有的权力相冲突的方式取得个人利益，不得为了个人利益而将那些就公平而言应属于公司的机会据为己有。"

高级管理人员的忠实义务，是指公司高级管理人员在履行职务时，必须以公司利益作为最高追求目标，不得将自身利益置于公司利益、股东利益之上，不得进行损害公司利益、股东利益的行为。

高级管理人员违反忠实义务的具体行为有：① 挪用公司资金；② 将公司资金以其个人名义或者以其他个人名义开立账户存储；③ 违反公司章程的规定，未经股东会、股东大会或者董事会同意，将公司资金借贷给他人或者以公司财产为他人提供担保；④ 违反公司章程的规定或者未经股东会、股东大会同意，与本公司订立合同或者进行交易；⑤ 未经股东会或者股东大会同意，利用职务便利为自己或者他人谋取属于公司的商业机会，自营或者为他人经营与所任职公司同类的业务；⑥ 接受他人与公司交易的佣金归为己有；⑦ 擅自披露公司秘密；⑧ 违反对公司忠实义务的其他行为。

公司对高级管理人员违反忠实义务所得的收入可以行使归入权，将之归于公司所有。

五、竞业禁止

竞业禁止义务实乃忠实义务的具体内容之一。董事、高级管理人员对内承担管理公司事务的职责，忠实义务要求其为实现公司的最大利益尽心竭力，如果他们同时处于公司竞争者的地位，将导致其个人利益与公司利益的冲突以及利用任职公司的便利篡夺商业机会同公司竞争的可能，公司的最大利益将难以实现，故各国公司立法无一例外地规定了竞业禁止。

竞业禁止是指对与权利人有特定关系之人的特定竞争行为的禁止。董事、高级管理人员所负有的竞业禁止义务，是指在管理公司事务、执行公司业务时或在担任公司职务期间，不得为自己或第三人的利益，非法从事同公司竞争的业务的义务。我国《公司法》第一百四十七条第一款规定："董事、监事、高级管理人员应当遵守法律、行政法规和公司章程，对公司负有忠实义务和勤勉义务。"第一百四十八条规定："董事、高级管理员不得有未经股东会或者股东大会同意，利用职务便利为自己或他人谋取属于公司的商业机会，自营或者为他人经营与所任职公司同类的业务的行为。"这些规定构成了我国公司董事、高级管理人员承担竞业禁止义务的法律依据。

《公司法》关于竞业禁止义务的规定，是法律直接作出的强制性规定，该义务为法定的不作为义务，义务人违反该规定的竞业行为，则构成对公司权利的侵犯，应当对公司承担侵权责任。如果公司在其章程、员工守则或与董事、高级管理人员签订的任用合同中对竞业禁止义务作出了约定，则竞业行为构成侵权与违约的竞合，公司应选择于己有利的法律依据，来决定追究义务人的违约或侵权责任。根据相关法律的规定，董事、高级管理人员因违反竞业禁止义务而承担民事责任的方式有以下几种。

1. 将竞业所得收入上交公司

《公司法》第一百四十八条第二款规定："董事、高级管理人员违反前款规定所得的收入应当归公司所有。"此为公司行使归入权的法律依据，在董事、高级管理人员因从事竞业活动而取得收入（包括金钱、其他物品等）时，公司可据此规定直接行使归入权将该收入收归公司所有，董事、高级管理人员应当将该收入上交给公司。若董事、高级管理人员拒绝上交，则公司可诉请法院判决将该收入归于公司所有。归入权的行使以义务人因竞业行为获得收入为前提，但并不以给公司造成损失为条件。值得指出的是：为保护善意第三人的合法权益，维护市场交易安全，归入权的效力仅限于公司与违反竞业禁止义务的董事、高级管理人员之间，不得对抗与该董事、高级管理人员进行交易的第三方，即并不能当然地使交易行为无效。

2. 停止竞业行为

公司享有请求行为人停止竞业行为的权利，尽管我国《公司法》并未对此作出明确规定，但《民法典》规定了停止侵害，根据"特别法上没有规定时适用普通法"的原则，公司可援引《民法典》的规定来行使请求权，要求董事、高级管理人员停止其竞业行为，以最大限度地保护自身的合法权益。

3. 赔偿损失

如果董事、高级管理人员因其竞业行为给公司造成了经济损失，不论其是否从竞业行为中获取了收益，都应向公司赔偿损失。尽管《公司法》并未直接赋予公司损害赔偿请求权，但赔偿损失是《民法典》规定的承担民事责任的方式之一。若公司享有多种形式的请求权，会增强对其合法利益的保护力度，从竞业禁止制度保护公司利益的角度出发，公司享有损害赔偿请求权乃应有之义。需要注意的是：在董事、高级管理人员从竞业活动中获得了收入且给公司造成损失的情况下，出现公司的归入权与损害赔偿请求权竞合的法律现象，如果公司行使归入权后，其损害未能得到全部弥补，则公司可行使损害赔偿请求权，只不过赔偿数额应除去行使归入权所得，若公司选择行使损害赔偿请求权，应对损害的事实、程度承担举证责任。

4. 公司内部处分

董事、高级管理人员与公司存在着特殊的民事法律关系，比如委任契约关系等，若董事、高级管理人员不履行忠实义务，违反法律的规定或与公司的约定，从事与公司竞争的营业，公司可依据其章程、员工守则或与董事、高级管理人员签订的任用合同中的相关约定，行使解任、除名等处分权，以消灭双方之间的委任关系。

5. 刑事责任

民事责任仅是对民事权利主体的事后救济，违反竞业禁止义务的行为除了损害公司的合法权益外，也破坏了正常的市场秩序，是一种广义的不正当竞争，损害了社会公共利益，故在一定情形之下，有必要对其施以刑事制裁。我国《刑法》规定："国有公司、企业的董事、经理利用职务便利，自己经营或者为他人经营与其所任职公司、企业同类的营业，获取非法利益，数额巨大的，处三年以下有期徒刑或者拘役，并处或者单处罚金；数额特别巨大的，处三年以上七年以下有期徒刑，并处罚金。"我国现行《刑法》规定的非法经营同类营业罪，其犯罪主体为特殊主体，即国有公司、企业的董事、经理，不包括经理以外的其他高级管理人员，并且该罪名仅适用于犯罪主体严重违反竞业禁止义务，获取非法利益数额巨大或特别巨大的情形。对于非国有公司、企业的董事、高级管理人员的同类情形，我国《刑法》并未作出规定，依据《刑法》的罪刑法定原则，非国有公司的董事、高级管理人员违反竞业禁止义务的行为，在现有的法律框架内，不存在非法经营同类营业罪的问题。另外，董事、高级管理人员在竞业活动中非法泄露、使用或者允许他人使用其掌握的所在公司的商业秘密，构成了对公司的商业秘密的严重侵犯，还应当按照《刑法》的相关规定，追究其侵犯商业秘密的刑事责任。从《刑法》关于侵犯商业秘密罪的规定来看，在行为人主观上具有故意且在后果上给权利人造成了重大损失时才构成该罪。

六、关联交易、自我交易

一般认为，自我交易是指董事、高级管理人员与公司之间发生的交易。但控股股东或实际控制人与公司交易，同样应受自我交易规则的规制。

（一）自我交易的规制方式

1. 直接禁止方式

《公司法》第一百一十五条规定："（股份有限）公司不得直接或者通过子公司向董事、监事、高级管理人员提供借款。"这是《公司法》上唯一一处直接禁止自我交易或关联交易的规定。

2. 批准交易方式

《公司法》第一百四十八条规定："董事、高级管理人员不得有下列行为：……（四）违反公司章程的规定或者未经股东会、股东大会同意，与本公司订立合同或者进行交易。"

《公司法》第一百二十四条规定："上市公司董事与董事会会议决议事项所涉及的企业有关联关系的，不得对该项决议行使表决权，也不得代理其他董事行使表决权。该董事会会议由过半数的无关联关系董事出席即可举行，董事会会议所作决议须经无关联关系董事过半数通过。出席董事会的无关联关系董事人数不足三人的，应将该事项提交上市公司股东大会审议。"

根据上述规定，自我交易主要适用的是批准交易方式。这种规制方式要求自我交易须符合公司章程的规定，或者经过股东（大）会的决议。这意味着如果自我交易不符合前述规定或未经决议，该交易行为效力待定，如果公司事后未予追认，将直接导致该交易无效。而既然《公司法》已经对自我交易有明确规定，任何相对人都被推定知道或应当知道法律规定，该相对人在与公司交易时负有审查义务（仅形式审查），如果相对人未尽到此种审查义务，就不得主张善意。

而根据《公司法》第一百二十四条规定的精神，此种批准交易的规制方式必然要求存在关联关系的相关股东、董事回避表决，其表决权不计入股东（大）会或董事会的出席数与表决数的计算中。

(二)关联交易

《公司法》第二百一十六条规定:"本法下列用语的含义:……(四)关联关系,是指公司控股股东、实际控制人、董事、监事、高级管理人员与其直接或者间接控制的企业之间的关系,以及可能导致公司利益转移的其他关系。但是,国家控股的企业之间不仅因为同受国家控股而具有关联关系。"关联交易是指董事或高级管理人员的关联人与公司之间发生的交易,这是从公司管理层角度来看关联交易。实际上关联交易的范围十分广泛,是实务上常见的现象,可以从以下几个方面来分析。

1. 关联方的认定

《上市公司信息披露管理办法》第六十二条规定:"本办法下列用语的含义:……(四)上市公司的关联交易,是指上市公司或者其控股子公司与上市公司关联人之间发生的转移资源或者义务的事项。关联人包括关联法人(或者其他组织)和关联自然人。"

《上市公司信息披露管理办法》规定:"具有以下情形之一的法人(或者其他组织),为上市公司的关联法人(或者其他组织):直接或者间接地控制上市公司的法人(或者其他组织);由前项所述法人(或者其他组织)直接或者间接控制的除上市公司及其控股子公司以外的法人(或者其他组织);关联自然人直接或者间接控制的,或者担任董事、高级管理人员的,除上市公司及其控股子公司以外的法人(或者其他组织);持有上市公司5%以上股份的法人(或者其他组织)及其一致行动人;在过去12个月内或者根据相关协议安排在未来12个月内,存在上述情形之一的;中国证监会、证券交易所或者上市公司根据实质重于形式的原则认定的其他与上市公司有特殊关系,可能或者已经造成上市公司对其利益倾斜的法人(或者其他组织)。"

《上市公司信息披露管理办法》规定:"具有以下情形之一的自然人,为上市公司的关联自然人:直接或者间接持有上市公司5%以上股份的自然人;上市公司董事、监事及高级管理人员;直接或者间接地控制上市公司的法人的董事、监事及高级管理人员;上述第1、2项所述人士的关系密切的家庭成员,包括配偶、父母、年满18周岁的子女及其配偶、兄弟姐妹及其配偶,配偶的父母、兄弟姐妹,子女配偶的父母;在过去12个月内或者根据相关协议安排在未来12个月内,存在上述情形之一的;证监会、证券交易所或者上市公司根据实质重于形式的原则认定的其他与上市公司有特殊关系,可能或者已经造成上市公司对其利益倾斜的自然人。"

《企业会计准则第36号——关联方披露》第三条规定:"一方控制、共同控制另一方或对另一方施加重大影响,以及两方或两方以上同受一方控制、共同控制或重大影响的,构成关联方。控制,是指有权决定一个企业的财务和经营政策,并能据以从该企业的经营活动中获取利益。共同控制,是指按照合同约定对某项经济活动所共有的控制,仅在与该项经济活动相关的重要财务和经营决策需要分享控制权的投资方一致同意时存在。重大影响,是指对一个企业的财务和经营政策有参与决策的权力,但并不能够控制或者与其他方一起共同控制这些政策的制定。"

《企业会计准则第 36 号——关联方披露》第四条规定："下列各方构成企业的关联方：（一）该企业的母公司。（二）该企业的子公司。（三）与该企业受同一母公司控制的其他企业。（四）对该企业实施共同控制的投资方。（五）对该企业施加重大影响的投资方。（六）该企业的合营企业。（七）该企业的联营企业。（八）该企业的主要投资者个人及与其关系密切的家庭成员。主要投资者个人是指能够控制、共同控制一个企业或者对一个企业施加重大影响的个人投资者。（九）该企业或其母公司的关键管理人员及与其关系密切的家庭成员。关键管理人员是指有权力并负责计划、指挥和控制企业活动的人员。与主要投资者个人或关键管理人员关系密切的家庭成员是指在处理与企业的交易时可能影响该个人或受该个人影响的家庭成员。（十）该企业主要投资者个人、关键管理人员或与其关系密切的家庭成员控制、共同控制或施加重大影响的其他企业。"

《企业会计准则第 36 号——关联方披露》第五条规定："仅与企业存在下列关系的各方，不构成企业的关联方：（一）与该企业发生日常往来的资金提供者、公用事业部门、政府部门和机构。（二）与该企业发生大量交易而存在经济依存关系的单个客户、供应商、特许商、经销商或代理商。（三）与该企业共同控制合营企业的合营者。"

实务中有争议的是，董事、高级管理人员的近亲属，如配偶、父母、子女等与公司发生交易纠纷，究竟适用自我交易规则还是关联交易规则。目前较为主流的看法是作为关联交易来处理（这一争议问题，可参见最高人民法院民事审判第二庭编、法律出版社 2014 年出版的《公司案件审判指导》第 538 页，以及王军所著、高等高育出版社 2017 年出版的《中国公司法》第 384 页）。

2. 关联交易的类型

《企业会计准则第 36 号——关联方披露》第七条规定："关联方交易，是指关联方之间转移资源、劳务或义务的行为，而不论是否收取价款。"

《企业会计准则第 36 号——关联方披露》第八条规定："关联方交易的类型通常包括下列各项：（一）购买或销售商品。（二）购买或销售商品以外的其他资产。（三）提供或接受劳务。（四）担保。（五）提供资金（贷款或股权投资）。（六）租赁。（七）代理。（八）研究与开发项目的转移。（九）许可协议。（十）代表企业或由企业代表另一方进行债务结算。（十一）关键管理人员薪酬。"

3. 关联交易的规制方式

（1）批准交易方式：针对关联担保。《公司法》第十六条规定："公司向其他企业投资或者为他人提供担保，依照公司章程的规定，由董事会或者股东会、股东大会决议；……前款规定的股东或者受前款规定的实际控制人支配的股东，不得参加前款规定事项的表决。该项表决由出席会议的其他股东所持表决权的过半数通过。"

从《公司法》的规定来看，目前仅有关联担保这一种关联交易适用批准交易方式，其他关联交易适用损害赔偿方式。

（2）损害赔偿方式。《公司法》第二十一条规定："公司的控股股东、实际控制人、董事、监事、高级管理人员不得利用其关联关系损害公司利益。违反前款规定，给公司造成损失的,应当承担赔偿责任。"

根据上述规定,损害赔偿的规制方式适用于绝大多数的关联交易。这种规制方式表明:关联交易即使不符合公司章程规定或未经股东(大)会、董事会决议(公司章程可以规定某些关联交易事项须符合公司章程规定或者须先经过股东会或董事会决议。但此种章程规定并不具有对外效力),该关联交易仍然是有效的,但关联交易不得损害公司利益,否则应对公司损失进行赔偿。

4. 关联交易在实务上的难点

(1)关联交易是否要事先披露?是否要经过公司决议?在中国某有限公司诉被告王某、上海某代理有限公司关于公司高级管理人员损害公司利益赔偿纠纷案中,上海市原卢湾区(现为黄浦区)法院认为:关联交易中双方当事人地位不平等,一方对另一方的经营决策能够直接或间接控制,从而会在相对方之间产生利益的不公平、不均衡。因此,法律对关联交易作了特别的规制,要求关联交易在其产生过程中必须履行特殊的程序。具体而言,关联交易的缔约人必须将该项关联关系向公司股东会披露、报告,由股东会批准决定是否进行交易,唯有充分的信息披露,才能保障关联交易公正与公平。本案中,原告与某公司间涉及货物运输的关联交易,无论是否由被告王某利用职权促成,王某作为公司的副总裁,同时又分管公司的外贸进出口业务,当然负有将此项关联关系向公司股东会报告的义务。然而,本案尚未有证据证明王某履行了报告义务,因此,其行为构成对公司忠实义务的违反。

本案提出了一个非常好的问题,即董事或高级管理人员是否有义务将涉及公司的关联交易事先披露给公司,进而由公司批准是否进行交易?

在济南某制水有限公司、山东某投资咨询有限公司股权转让纠纷再审案中,最高人民法院认为:某制水公司主张本案股权转让协议书系关联交易应为无效,并向原审法院和本院提交证据,欲证明本案股权转让协议书签订时该公司的法定代表人王某是甲公司的实际控制人、甲公司与某制水公司具有关联关系、本案股权转让损害了某制水公司利益等事实。《公司法》第二十一条规定:"公司的控股股东、实际控制人、董事、监事、高级管理人员不得利用其关联关系损害公司利益。违反前款规定,给公司造成损失的,应当承担赔偿责任。"根据该规定,当公司的控股股东、实际控制人、董事、监事、高级管理人员利用其关联关系损害了公司利益时,其法律后果是承担赔偿责任,而不是关联交易行为无效,因此,某制水公司主张的事实并不能成为本案股权转让协议书无效的依据,某制水公司举证的证明目的与股权转让协议书效力的认定并无关联性。

《公司法》并未规定关联交易须符合公司章程规定或经公司决议,实务上要求董事、高级管理人员披露关联交易并经公司决议的做法是对关联交易的限制,没有厘清自我交易与关联交易区分规制的立法目的。

为防止关联交易损害公司利益,立法上可规定关联交易披露义务,至于是否需要经过公司决议,应由公司章程规定。此时,公司如违反章程规定,未经公司决议或者未履行披露义务,其法律后果是忠实义务的违反(章程可规定相应的责任),但并不能直接导致关联交易的无效。前面已经说过，关联交易规制的方式并不是从关联交易的效力角度着手，而是对不正当关联交易要求相关主体承担相应的赔偿责任，这一点为许多实务裁判所混淆而导致误判。

（2）不当关联交易的认定标准。在东莞市某餐料生产有限公司与蔡某、王某公司关联交易损害责任纠纷案中，广东省东莞市中级人民法院认为：我国《公司法》并未禁止关联交易，仅对利用关联关系损害公司利益的行为进行规范。合法有效的关联交易应当同时满足以下三个条件：交易信息披露充分、交易程序合法、交易对价公允。案涉交易是否属于合法有效的关联交易，本院围绕上述三个条件审查分析如下。

首先，从2008年4月19日的某资料公司《2008年第三次董事会记录》、2009年1月5日《临时董事会纪要》载明的参加会议人员以及议案情况来看，该公司的各股东对于蔡某存在关联交易的行为是知晓的，没有证据显示蔡某隐瞒或未充分披露案涉交易信息。

其次，从异动提议审批表记录情况以及冼某在询问笔录中的陈述可知，该公司采购货物由专门的采购委员会审核通过，现无证据显示蔡某影响采购委员会选定供应商或采购货物的价格。

最后，现无证据显示案涉交易存在价格不公允的情况，且编号为PB0812012、采购委员会日期为2009年4月20日的异动提议审批表显示某源经营部最终供货价格比其他供应商还要便宜0.1元。

综合以上三个交易条件分析，原审法院认定现有证据显示案涉交易均为合法有效的关联交易并无不当。某资料公司主张案涉关联交易损害了其利益，依据《中华人民共和国民事诉讼法》第六十四条第一款规定，某资料公司应举证证明案涉关联交易损害了其利益，否则某资料公司应自行承担举证不能的不利后果。

本案也是一例对关联交易规制方式认识错误的案例。虽然法院认识到我国《公司法》并未禁止关联交易，仅对利用关联关系损害公司利益的行为进行规范，但在分析说理时是不正确的。关联交易是否不当，应从关联交易条件是否公允角度来判断，如果关联交易不符合市场上平等交易时的公允标准，公司因此受到了损害，则可认定为不正当的关联交易，相关主体应承担损害赔偿责任。当然，不正当的关联交易还可能是涉及无效、可撤销等效力瑕疵事由的关联交易，此时关联交易可能被认定为无效或可撤销，但这已经和《公司法》上关联交易的规制方式无关。

（3）谁是关联交易损害赔偿的主体？在无锡某精密测量技术有限公司诉李某、北京某精密测量技术有限责任公司高级管理人员损害公司利益赔偿纠纷案中，无锡市锡山区法院认为，首先，李某在无锡某精密测量技术有限公司中担任总经理职务证据确实并经双方认可无误，从公司章程及无锡某精密测量技术有限公司成立时的一系列协议及股东会、董事会决议来看，李某在无锡某精密测量技术有限公司中全面主持经营管理工作，包括公司运营工作计划、组织机构设置，公司财务负责人也经无锡某精密测量技术有限公司聘请并经董事会同意。因此，应认定李某具备控制无锡某精密测量技术有限公司经营及财务之职权。其次，从事实上看，李某同时兼有北京某精密测量技术有限公司之法定代表人及无锡某精密测量技术有限公司之总经理的特殊身份，并据上述分析，李某具备控制无锡某精密测量技术有限公司经营及财务之职权。因此，北京某精密测量技术有限公司、李某存在关联关系，如李某无正当理由利用职权将无锡某精密测量技术有限公司的资金转移至北京某精密测量技术有限公司，应认定为利用关联关系损害无锡某精密测量技术有限公司利益之行为。如李某利用关联关系损害无锡某精密测量技术有限公司利益之事实成立，则作为关联关系方北京某精密测量技术有限公司收取无锡某精密测量技术有限公司汇款之行为应认定为侵害无锡某精密测量技术有限公司之权益，对所侵占财产应予返还，而李某也应对其侵权行为承担对无锡某精密测量技术有限公司的赔偿责任，故应由北京某精密测量技术有限公司承担相应的返还义务，如不能返还对无锡某精密测量技术有限公司造成的损失，由李某承担相应的赔偿责任。

据此，无锡市锡山区法院判决北京某精密测量技术有限公司于判决生效后三日内向无锡某精密测量技术有限公司返还34万元，李某对北京某精密测量技术有限公司的上述还款承担补充赔偿责任。

（三）自我交易与关联交易区分规制的缘由

1.《公司法》关于关联交易与自我交易的立法目的的区别

关联交易本身是一个相对中性的概念，它既可能产生损害公司利益的结果，也可能给交易各方都带来利益。因此，《公司法》第二十一条规定的目的不在于禁止关联交易，而在于防止因关联交易导致公司利益受损，侧重于交易的公正性。《公司法》第一百四十八条对未经披露的董事、高级管理人员自我交易则是采取禁止的态度，因为相比于一般交易，董事、高级管理人员更容易倾向自身利益而置公司利益于不顾，该规定有利于避免公司与董事、高级管理人员之间发生利益争议冲突。对于自我交易，《公司法》经历了从严格禁止到逐步放松的过程，但是须经过公司批准，其目的仍在于防止董事、高级管理人员在与公司交易时损害公司的利益。

但是关联交易则不同，由于董事、高级管理人员虽与关联方存在关联关系，但毕竟无法直接控制关联方，而董事或高级管理人员通过关联方来损害公司利益时通过事后救济即可，并无必要对每项关联交易都通过事前交易进行规制。

需要注意的是，自我交易是一种特殊的关联交易形式。《公司法》禁止董事、高级管理人员进行自我交易损害公司利益。董事、高级管理人员违反公司章程的规定或未经股东会、股东大会同意，与本公司订立合同或进行交易，给公司造成损失的，应当承担赔偿责任。

2. 关联关系的判断

审查是否存在关联关系是认定关联交易的前提。所谓关联关系，是指控股股东、实际控制人、董事、监事、高级管理人员与其直接或间接控制的企业之间的关系，以及可能导致公司利益转移的其他关系。在实践中，关联关系通常体现为家族关系或持股关系，如交易相对方是行为人实际控制的其他企业，或与行为人关系密切的家庭成员实际控制的企业时，应认定为具有关联关系。需要注意的是，在确定关联关系时应以是否存在直接或间接控制作为限定条件，不宜过于宽泛地划定关联关系。同时，根据《上市公司信息披露管理办法》，上市公司的关联交易是指上市公司或其控股子公司与上市公司关联人之间发生的转移资源或义务的事项。在审查涉及上市公司的关联交易时，可依据《上市公司信息披露管理办法》中对关联法人和关联自然人的规定加以判断。

3. 关联交易的实体和程序审查

对于关联交易行为是否损害公司利益，法院应着重从实体和程序两个方面进行审查。

（1）审查关联交易对价是否公允。交易价格是否公允是判断关联交易是否给公司造成损失的核心要件。关于公允价格的判断可参照《上市公司治理准则》第七十六条的规定："关联交易应当具有商业实质，价格应当公允，原则上不偏离市场独立第三方的价格或收费标准。"法院应结合原、被告双方的举证，综合判定交易价格是否偏离正常市场价格，并认定是否对公司造成损失。

（2）审查关联交易的程序是否合规。在程序审查方面，法院应审查关联交易是否已向公司披露、是否符合法律法规或公司章程的规定。如审查是否符合《公司法》规定，上市公司董事与董事会决议事项所涉及的企业有关联关系的，不得对该项决议行使表决权，也不得代理其他董事行使表决权；是否符合公司章程对关联交易的程序性规定，如需经股东会、股东大会或董事会的同意等。

需要注意的是，虽然公司内部决策程序能够为关联交易的正当性提供一定支撑，但仍应对关联交易是否具有公允性进行实质性审查。如关联交易损害公司利益，被告仅以该交易已经履行信息披露、经股东会或股东大会同意等法律法规或公司章程规定的程序为由抗辩的，法院不予支持。

除审查交易价格的公允性、审批程序的合法性之外，法院还可针对具体个案案情，结合交易内容是否具有商业必要性、是否属于公司经营需要、是否具有真实的交易动机等其他因素综合判定关联交易。

4. 赔偿责任的认定

非正当关联交易的赔偿范围，通常是非正当关联交易价格与已查明公允交易价格之间的差额。该部分差额即为非正当关联交易对公司造成的损失，应由侵权人向公司进行赔偿。

5. 关于自我交易的赔偿范围

《公司法》第一百四十八条第一款第四项规定的自我交易归入权诉讼与第二十一条规定的关联交易损害赔偿诉讼，均为涉及损害公司利益的责任纠纷，均具备侵权责任的一般构成要件。两者的区别在于，在行为主体上，自我交易是负有忠实义务的董事、高级管理人员本人，而关联交易的行为主体可涵盖与公司具有关联关系的所有主体；在行为和结果要件上，自我交易强调董事、高级管理人员违反章程规定或未经股东会同意与本公司进行交易，且其因自我交易而获得的收入应当归公司所有；而关联交易则强调关联人利用关联关系使公司利益受损，关联人应当对公司所受损失承担赔偿责任。

七、公司归入权

公司归入权是指对公司内部人违反忠实义务等特定行为所获得的溢出收益，公司收归所有的权利。

公司归入权的实质是对公司所涉及的各方利益平衡的一种制度安排，是公司内部人违反忠实义务时法律赋予公司的一项特别救济手段。公司与内部人之间的利益既有一致性又有冲突性，因为公司是由股东投资设立的营利性的法人组织，这就决定了其要追求自身利益的最大化，股东利益的最大化决定着公司利益的最大化。公司内部各利益主体之间在某些时候会不可避免地发生利益冲突，为了切实保护公司的合法利益，平衡公司和各利益主体之间的关系，法律便赋予了公司以特别救济——公司归入权。这一制度的确立，对于规范公司内部人员行为、督促其履行忠实义务、最大限度地保护公司和股东的合法权益具有重要的意义。

公司归入权制度设立的目的，一方面在于督促公司的董事、监事和高级管理人员以及其他负有忠实义务的人履行忠诚于公司的职责，惩戒其侵害公司利益的行为；另一方面，将股东、高级管理人员等人违反忠实义务的所得归入公司，增加公司资产，起到保护公司及公司其他股东乃至公司债权人等利益相关人的作用。

我国《公司法》在确定公司归入权适用的法律事实时，一方面借鉴了现代西方各国立法的普遍做法，将公司归入权适用于董事、经理违反竞业禁止义务的行为，对公司的董事、监事、高级管理人员的忠实义务和勤勉义务作了规定；另一方面又创造性地扩大了公司归入权的适用范围。

在《公司法》之外，《中华人民共和国证券法》（简称《证券法》）对公司的归入权也有规定：上市公司董事、监事、高级管理人员、持有上市公司股份5%以上的股东，将其持有的该公司的股票在买入后六个月内卖出，或者在卖出后六个月内又买入，由此所得收益归该公司所有，公司董事会应当收回其所得收益。公司董事会不按照前款规定执行的，股东有权要求董事会在三十日内执行。公司董事会未在上述期限内执行的，股东有权为了公司的利益以自己的名义直接向人民法院提起诉讼。

公司归入权的构成要件是公司能够行使归入权的法定实体要件，我国公司行使归入权必须符合以下几个法定要件。

（1）归入权行使的对象原则上为特定的公司高级管理人员，即公司的董事、监事、经理及大股东等公司内部人。若上述人员利用配偶、子女及他人名义实施了公司能够行使归入权的特定行为，该他人也成为公司归入权的行使对象。

（2）行为人在客观上实施了违反法定义务的特定行为，即公司负责人在客观上实施公司能够行使归入权的特定行为，如违反同业竞争禁止义务、挪用公司资金或者将公司资金借贷给他人和以公司资产为本公司的股东或者其他个人债务提供担保、短线交易等行为。

（3）行为人在该特定行为中获取了利益。公司负责人没有取得任何收入，公司就不能行使归入权。公司负责人取得的收入，既可以是货币形态，也可以是实物形态；既可以是公开收入，也可以是隐性收入。

（4）特定行为和获取利益之间要有因果关系。如果公司负责人违反法定义务的特定行为引起了自己收入的取得，则该特定行为和取得收入之间就存在因果关系。只有公司负责人的特定行为和取得收入之间存在因果关系，公司才能对其行使归入权。

公司变更实务

一、公司增资实务

(一) 增资扩股的目的

1. 筹集经营资金，扩大生产规模

创业公司、中小企业扩大生产规模，需要不断筹集生产经营资金。而在所有的融资方式（包括银行贷款、民间借贷、实物抵押、股权质押等）之中，增资扩股的融资成本最低，且可行性和重复使用率也较高。

2. 调整股东结构和持股比例

公司根据内部情况和外部形势的发展，需要不断调整公司的股权结构和股东之间的持股比例，完善公司法人治理结构。增资扩股的结果是部分股东的股权受到稀释，部分股东的股权比重上升，因而成为公司调整股权结构和持股比例的重要手段。

3. 提高公司信用，获得法定资质

增资扩股出于扩大公司规模的目的，自然会提高公司的信用。同时，出于特定经营目的的公司需要注册资本达到一定数额标准以获得特定的法定资质，因而部分注册资本未达标准的公司须进行增资扩股。

4. 引进战略投资者

公司发展需要资金，投资者在带来资金的同时，还将引进技术、产品、管理经验和购销网络等，从而提升公司的竞争力。

(二) 增资扩股与股权转让

股权转让是指公司股东将其股东权益有偿转让给他人。现实中往往出现将增资扩股和股权转让混淆的情况，其实两者之间有以下几点区别。

1. 资金的受让方不同

股权转让的资金由被转让公司的股东受领，资金的性质是股权转让的对价；增资扩股中获得资金的是公司，而非某一特定股东，资金的性质是公司的资本金。

2. 投资人对公司的权利义务不同

股权转让后，投资人取得公司股东地位的同时，不但继承了原股东在公司的权利，也应当承担原股东相应的义务；增资扩股中的投资人是否与原始股东一样，承担之前的义务，需由协议各方进行约定。

3. 出资完成后，公司注册资本的变化不同

股权转让后，公司的注册资本并不发生改变；增资扩股后，公司的注册资本必然发生变化。

4. 原股东股权计税成本不同

增资扩股后，公司原股东股权计税成本不变；股权转让后，公司原股东股权计税成本会发生改变。因为增资扩股一般会导致原股东股权的稀释，但不影响原股权的计税基础，对企业增加的实收资本和资本公积属于股东新投入的资本金，对股东的投资款不征收企业所得税。股权转让中原股东获得转让资金后，扣除股权的计税成本及相关税费确认财产转让所得征收所得税，但不得扣除被投资企业未分配利润等股东留存收益中按该项股权所可能分配的金额，同时根据股权转让的比例调整原股东股权的计税基础。

（三）增资方式

1. 以公司未分配利润、公积金转增注册资本

按照法律规定，公司税后利润首先必须用于弥补亏损和提取法定公积金（提取比例为10%，公司法定公积金累计额超过公司注册资本50%的，可以不再提取），剩余利润才用于分配股东。而公司分配给股东的利润，经股东会决议后可用以转增注册资本、增加股东的出资额，前提是所留存的法定公积金不得少于转增前公司注册资本的25%。

2. 股东增加出资

公司股东还可以将货币或者其他非货币财产作价投入公司，直接增加公司的注册资本。货币存入公司所设银行账户，非货币出资则需办理财产转移手续。

3. 新股东投资入股

增资扩股时，投资人可通过投资入股的方式成为公司的新股东。新股东投资入股的价格，常见的计算方法是根据公司净资产与注册资本之比，溢价部分则计入资本公积。

（四）增资注意事项

1. 货币出资

（1）新股东（投资人）开立银行账户投入资本金时应在银行单据备注"投资款"。

（2）各股东按各自认缴的出资比例投入资金，需提供银行相关账单原件。

2. 以实物、知识产权、土地使用权等出资

（1）用于投资的实物为投资人所有，且未做担保或抵押。

（2）以非货币出资的，股东或者发起人应当对其拥有相应的所有权或使用权。

（3）以实物或无形资产出资的须经评估，并提供评估报告。

（4）非货币出资需在投资后按照有关规定办理转移过户手续及报备案。

3. 以未分配利润转增注册资本的转增比例

（1）转增比例过高，会影响公司账面业绩（主要是利润率）。

（2）转增的未分配利润需要扣除应提未提的折旧和应纳未纳的税收，一旦转增比例过高，会涉及较大数额的折旧及纳税调整。

4. 以上市为目的进行的增资扩股

《首次公开发行股票并上市管理办法》规定，发行人自股份有限公司成立后，持续经营时间应当在三年以上，但经国务院批准的除外；有限责任公司按原账面净资产值折股整体变更为股份有限公司的，持续经营时间可以从有限责任公司成立之日起计算；发行人最近三年内主营业务和董事、高级管理人员不能发生重大变化，实际控制人不能发生变更。因此，在一定期限内，以上市为目的进行增资扩股的公司的董事、高级管理人员和实际控制人不能发生变更，公司的主营业务也不能发生重大变化。

5. 三种公积金转增注册资本的不同

（1）法定公积金转增注册资本的，所留存的该项公积金不得少于转增前公司注册资本的25%。

（2）资本公积金转增注册资本的，需要根据公司所执行的会计制度进行具体分析。

（3）任意公积金转增注册资本，可以全额转增。

6. 有限责任公司股东优先认购权

有限责任公司的股东在公司增资扩股时有权优先按照实缴的出资比例认缴出资，另有约定的除外。若有新股东（投资人）入股，公司原股东声明放弃全部或部分优先认缴出资权。

7. 增资扩股的税务问题

以未分配利润和任意公积金转增注册资本，属于股息、红利性质的分配。自然人股东取得的转增资本数额，应作为个人所得征税（法人股东无须缴税）。

用于转增的未分配利润应当扣除截至转载时点应纳的税收金额，因为公司很可能没有按期缴纳税款，或者缴纳日期晚于转增日期，则在增资扩股时首先需要扣除相应的税款。

8. 开设验资专用银行账户

为了保护投资人的权益，顺利通过验资，在增资扩股时，如果新加入的股东以货币出资，公司应当开设验资专户。验资的目的是验证公司注册资本的变更事宜是否符合法定程序、注册资本的增加是否真实、相关的会计处理是否正确。

（五）增资协议主要内容

（1）投资人（新股东）投资额度及其所认购的出资份额比例，以及投资人向公司缴付出资之后各股东的持股比例。

（2）投资人的出资方式，分期出资需注明每期的数额与出资时间。

（3）签署增资协议之前，双方（即新股东和原股东）之间一般会签署意向书和保密协议，并进行尽职调查和资产评估。因此，增资合同中亦须包含公司资产的描述及相关确认、原股东对此陈述与保证的条款。

（4）明确股东权利与义务的交割时间以及手续办理与费用的承担方。

（5）明确交割时间以前债务（包含一切可能导致债务发生的情形）的承担方式。

（6）明确增资后公司治理机构，包括董事会、总经理等人选的确定，对公司章程进行修改亦应体现在增资协议中。

（7）明确利润分配、表决事项、清算等事项，以及违约责任承担方式与解决程序。

（8）其他特殊设置，如对赌条款等。

（六）增资所需材料

1. 工商变更登记所需材料

营业执照正副本原件、公章、财务章、人名章、法定代表人身份证原件、原公司章程、原验资报告复印件、开户许可证原件。

2. 市场监督管理局所需材料

（1）公司变更登记申请书。

（2）委托书和经办人身份证明。

（3）股东会决议（同意转让股权的决议）。向第三人转让的，需要其他股东过半数同意，或提交转让股东向其他股东发生的股权转让书面通知。

（4）公司章程修正案（转让后的股东签名）。

（5）股权转让协议。

（6）新股东身份证明（需验原件）。

（7）公司营业执照正本和全部副本。

二、公司减资实务

公司减资一般是指公司在资本过剩或亏损严重的情况下，根据经营业务的实际情况，依法减少注册资本金的行为，即公司在符合一定条件或者出现相关法定事由的时候，可以减少注册资本。公司注册资本具有重大意义，其作为公司资产的重要组成部分，既是公司获得独立人格的法律基础，也直接关系到公司股东的合法权益。

(一)公司减资流程

1. 公司减资相关法律规定

《公司法》第三十七条规定:"股东会行使下列职权:……(七)对公司增加或者减少注册资本作出决议;……"第四十三条规定:"股东会会议作出修改公司章程、增加或者减少注册资本的决议,以及公司合并、分立、解散或者变更公司形式的决议,必须经代表三分之二以上表决权的股东通过。"第四十六条规定:"董事会对股东会负责,行使下列职权:……(六)制订公司增加或者减少注册资本以及发行公司债券的方案;……"第六十六条规定:"国有独资公司不设股东会,由国有资产监督管理机构行使股东会职权。国有资产监督管理机构可以授权公司董事会行使股东会的部分职权,决定公司的重大事项,但公司的合并、分立、解散、增加或者减少注册资本和发行公司债券,必须由国有资产监督管理机构决定;其中,重要的国有独资公司合并、分立、解散、申请破产的,应当由国有资产监督管理机构审核后,报本级人民政府批准。"第一百零三条规定:"股东大会作出决议,必须经出席会议的股东所持表决权过半数通过。但是,股东大会作出修改公司章程、增加或者减少注册资本的决议,以及公司合并、分立、解散或者变更公司形式的决议,必须经出席会议的股东所持表决权的三分之二以上通过。"第一百七十七条规定:"公司需要减少注册资本时,必须编制资产负债表及财产清单。公司应当自作出减少注册资本决议之日起十日内通知债权人,并于三十日内在报纸上公告。债权人自接到通知书之日起三十日内,未接到通知书的自公告之日起四十五日内,有权要求公司清偿债务或者提供相应的担保。"第一百七十九条规定:"公司增加或者减少注册资本,应当依法向公司登记机关办理变更登记。"第二百零四条规定:"公司在合并、分立、减少注册资本或者进行清算时,不依照本法规定通知或者公告债权人的,由公司登记机关责令改正,对公司处以一万元以上十万元以下的罚款。"

(二)公司减资法定流程

公司的注册资本从某种程度上来讲是公司对外所能承担的债务能力的信用背书,注册资本减少会在一定程度上动摇公司的资本信用基础,进而影响到公司债权人的权利,故我国的《公司法》对于公司减少注册资本的程序进行了明确的规定。

1. 董事会制订减资方案

董事会制订公司减少注册资本的方案(不设董事会的,由执行董事行使该职权),方案应当包括:减少注册资本的数额,各股东具体承担的减少注册资本的数额,各股东的出资方式、出资日期等。

2. 股东会作出决议

有限责任公司召开股东会,由股东代表的三分之二以上表决通过;股份有限公司召开股东大会,由参加会议持表决权三分之二以上的股东表决通过。国有独资公司减资由国有资产监督管理机构决定。

注册资本属于公司章程应当载明的事项，在减资的时候要相应修改公司的章程，股东（大）会同时应就修改公司章程的事项作出决议。

3. 编制资产负债表及财产清单

公司需要减资时，必须编制资产负债表及财产清单，目的在于理清财产，使得股东和债权人对公司的资产、负债情况有了解。

4. 通知及公告

公司应当自作出减少注册资本决议之日起十日内通知债权人，并于三十日内在报纸上公告。

5. 债务清偿或担保

债权人自接到通知书之日起三十日内，未接到通知书的自公告之日起四十五日内，有权要求公司清偿债务或者提供相应的担保。

6. 办理减资变更登记手续

公司应当自公告之日起四十五日后向工商部门申请减少注册资本的变更登记，并应当提交公司在报纸上登载公司减少注册资本公告的有关证明和公司债务清偿或者债务担保情况的说明。

需要说明的是，法律、行政法规和国务院决定规定变更注册资本必须报经批准的，需办理相关的前置审批手续，提交有关批准文件或者许可证复印件。

（三）公司瑕疵减资

"公司法司法解释（三）"第十四条第二款规定："公司债权人请求抽逃出资的股东在抽逃出资本息范围内对公司债务不能清偿的部分承担补充赔偿责任，协助抽逃出资的其他股东、董事、高级管理人员或者实际控制人对此承担连带责任的，人民法院应予支持；抽逃出资的股东已经承担上述责任，其他债权人提出相同请求的，人民法院不予支持。"

注册资本是公司获得外部交易相对人信任的基础，涉及公司债权人的利益。《公司法》第一百七十七条规定了公司减资应履行的程序义务，但没有明确规定公司在未按照规定编制资产负债表及财产清单或者违反通知义务的情形下，有关责任承担的归属。从有关司法实践可知，一般将公司减资导致公司不能偿还债务的责任直接归于股东。

根据《公司法》第一百七十七条的规定，公司瑕疵减资主要包括未编制资产负债表及财产清单、未在法定期间内通知债权人并在报纸上公告或虽通知债权人并公告但未按债权人要求清偿债务或者提供相应的担保，而实践中经常出现的瑕疵减资情形以公司减资违反通知义务的居多。

1. 未通知债权人的减资行为对债权人不产生法律效力

公司法第一百七十八条规定："公司需要减少注册资本时，必须编制资产负债表及财产清单。公司应当自作出减少注册资本决议之日起十日内通知债权人，并于三十日内在报纸上公告。债权人自接到通知书之日起三十日内,未接到通知书的自公告之日起四十五日内,有权要求公司清偿债务或者提供相应的担保。"该条中对于未通知债权人的减资行为效力没有明确规定。

从法律行为理论上看,减资行为,是公司旨在减少注册资本数额而将其意思表示于外的法律行为。就法律行为的构成而言,完整的减资行为包括减资的目的、数额、形式等(目的意思),明确地追求公司注册资本变更的意思(效果意思),并将此意思表示于外(表示行为)。减资行为无须经公司债权人同意。《公司法》规定公司减资必须通知债权人并公告,是为了保障债权人的合法权益不因减资而受损。在法定资本制下,(实质)减资意味着公司注册资本的减少,注册资本的减少又将导致公司所有者权益的减少,公司的偿债能力降低。如果(实质)减资时没有通知债权人,将产生股东优先于债权人分配的后果,有悖《公司法》的设计理念。简言之,《公司法》规定公司减资时必须通知债权人并公告,其目的在于保障债权人债权的优先受偿,而并非在于未通知债权人即否定减资的行为效力。

公司减资时未通知债权人的,债权人不能诉请确认减资行为无效。设置法律行为无效制度,主要是为了防止当事人损害国家利益、社会公共利益。未通知债权人即减资的行为,损害的是特定债权人的利益,一般与国家利益、社会公共利益无涉,对行为本身无须进行否定性评价,重点是对行为的后果作出妥当安排。而且,如果赋予债权人确认减资行为效力的诉权,将会导致债权人对公司治理的过分干预,影响公司经营的稳定。

另外,债权人也不得起诉要求撤销减资行为。可撤销的民事行为针对的是意思表示有瑕疵的情形,减资中未通知债权人与股东形成减资的意思表示是否真实之间并无关联性。

债权人关心的是债权及时、全面的实现,不是减资行为的效力。未通知债权人的减资行为对债权人不产生法律效力,即减资行为相对无效而非绝对无效,更符合当事人利益及立法精神。允许债权人可依据减资行为作出前公司的注册资本数额向公司及股东主张权利,但不能起诉要求确认减资行为无效,能够更好地平衡债权人利益保护与商事行为的稳定性,也更符合法理。

2. 或然债权人属于应当被通知的债权人

所谓或然债权,是指在发生上具有不确定性的债权,这里的"不确定"既指债权时间,亦指债权金额。虽然这种债权是否发生处于一种不确定的状态,但债权的基础法律关系已经形成,只待条件成熟,债务人便会成为现实负债人。通过对相关案例进行研究分析,发现在公司减资中公司或股东是否应当对或然债权人履行通知义务抗辩时,均以公司减资时双方债权债务关系尚未明确、债权数额尚未确定和以债权人享有的债权并不充分为由来予以抗辩。但这种抗辩并未获得法院支持,理由是法院认为公司通过减资决议降低了公司的债务清偿能力,当潜在的债权人与公司已发生争议或债权基础法律关系已产生的情况下,公司应当预见到双方发生债权的可能性,并应当将或然债权人作为需履行通知义务的适格债权人。

《公司法》第一百七十七条对减少公司注册资本中履行通知义务规定为"公司应当自作出减少注册资本决议之日起十日内通知债权人,并于三十日内在报纸上公告",由此可见,在本条法律规定中并没有已知债权人和未知债权人之分,而统一采用的是"债权人"的文字表述。通过对此条文解读可知,"通知"和"公告"都是通知债权人的方式,两者并非择一关系而是并存关系,但明确通知应为首选的方式以达到通知债权人的客观效果。比如,在高某诉上海某传媒广告有限公司股东损害公司债权人利益责任纠纷案中,法院明确在判决书中说理写明:"通知和公告的目的是为有效地通知债权人,在公司履行法定通知义务后,由债权人提出是否要求公司清偿债务或者提供相应担保。'通知'针对的是明确和能够有效联络的债权人,'公告'针对的是无法联络和潜在不特定而'隐藏'的债权人——或然债权人。公告仅是对直接通知的补充和完善,只有在无法直接通知时,公告才被作为一种替代方式使用。"

3. 不当减资不能加速股东出资义务到期

公司不当减资,股东需参照抽逃出资的法律规定承担责任,而在2013年《公司法》修订后,原有的注册资本实缴制变更为认缴登记制,对于股东的认缴出资额、出资期限等事项均交由公司章程自行规定,股东在其认缴期限届满前未缴足认缴部分的注册资本不违反法律规定。在佛山市物业资产经营有限公司诉邱某等股东损害公司债权人利益责任纠纷案与梁某诉顾某股东损害公司债权人利益责任纠纷案两案中,两原告分别在一审起诉和二审上诉中认为:公司在行政市场监管部门注册登记的财产是公司生存发展和对外宣示公司财力以及债务清偿的基本保障,公司减资而导致无法对其债务有效清偿时,作为债权人的原告有权要求作为被告的股东对已认缴但认缴期限尚未届至的资本履行提前到期的出资义务。但两原告据此要求被告股东对已认缴但认缴期限尚未届至的资本履行提前到期的出资义务对其债权作出清偿的请求,并未获得法院的支持。

根据"公司法司法解释(三)"第十三条第二款的规定,公司债权人可以请求未履行或者未全面履行出资义务的股东在未出资本息范围内对公司债务不能清偿的部分承担补充赔偿责任。通过该规定可明确的是,股东未履行或者未全面履行出资义务是承担补充清偿公司债务的前提条件,即在公司注册资本认缴制下,只有认缴期限届满且未按照章程约定未全额履行出资义务的才承担责任。即使股东存在不当减资的行为,在其认缴注册资本未至原认缴期限的情况下,股东仍有期限利益,在认缴期限届满前不属于未全面履行出资义务的情形。公司违反法定程序减资,并非认缴出资的股东加速履行未到期出资义务的法定事由。根据我国《企业破产法》和《公司法》的规定,股东认缴出资期限提前到期仅限于公司清算、破产等情况,债权人没有申请启动破产程序而请求加速到期股东出资义务是缺乏法律依据的。

针对前述两案中原告起诉和上诉的理由,法院裁判观点认为:股东对公司的出资义务源于股东间出资协议或章程约定,并通过登记备案后向社会公示,这种公示是向包括债权人在内的不特定第三人宣告了自己的出资期限。如前所述，在注册资本认缴制度之下，股东对出资享有期限利益，债权人也是在此预期下与公司进行交易。根据公示公信原则，债权人自然亦应当受到注册资本缴纳期限利益的约束，应当认为其自愿承担交易对手注册资本缴纳期限未届至、公司资本信用敞口的风险。债权人仅以其对公司债权没有获得清偿为由，要求股东提前履行出资义务，实则是对公示公信和诚实信用原则的违背。认缴制是《公司法》的明文规定，而加速到期无疑是对认缴制的突破，这种突破实质上是加重了股东个人的责任。根据《公司法》第二十八条的规定，股东应按期缴纳认缴出资额。这里的按期体现的是法律对公司章程和公司自治原则下对出资期限的尊重。对何种情况下不再按期而是"加速到期"，须通过法律或司法解释予以特别规定。股东出资义务的期限利益作为法律规定的一种合法利益，如无法律明确规定，仅以个案处理为由予以剥夺，亦有违民法保护权利的基本理念，有违公示公信原则，同时不具有法律正当性。

4. 公司瑕疵减资造成债权人利益受损的责任归属

公司减资而未通知债权人本质上与股东抽逃出资并无不同，《公司法》规定公司负有公司减资时的通知义务，而未具体规定股东的相关责任。但在具体法律实践中，承担责任的主体均为公司股东，这是因为公司是否减资实质上取决于股东的意志，故股东应当尽到合理的注意义务。否则，可根据"公司法司法解释（三）"第十四条第二款的规定，由相关股东在公司减资数额范围内对公司债务不能清偿部分承担补充赔偿责任。

从保障公司债权人的角度出发，股东负有按照公司章程切实履行全面出资的义务，同时负有保证公司注册资本充实的责任。公司减资时，应当履行完整的法律程序，确保债权人有机会在公司责任财产减少之前作出相应的权衡和行为。通知已知债权人并根据债权人的要求进行清偿或者提供担保，是相应减资程序对该债权人发生效力、股东减资部分免责的必要条件。

在公司瑕疵减资情形下，股东赔偿责任属于一种法定责任，即不可通过发起人协议、公司章程或股东大会等形式排除，且系补充赔偿责任类型，一般在公司财产不足以偿还债务时才由公司股东对不足部分承担补充赔偿责任。对外而言，股东对公司承担责任的范围应当以其认缴的出资额为限，并在减资数额范围内承担补充赔偿责任；对内而言，股东之间承担的是连带责任。

三、公司合并实务

（一）公司合并概述

公司合并是指两个或两个以上的公司依照《公司法》规定的条件和程序，通过订立合并协议，共同组成一个公司的法律行为。公司的合并可分为吸收合并和新设合并两种形式。吸收合并又称存续合并，它是指通过将一个或一个以上的公司并入另一个公司的方式而进行公司合并的一种法律行为。并入的公司解散，其法人资格消失，接受合并的公司继续存在，并办理变更登记手续。新设合并是指两个或两个以上的公司以消灭各自的法人资格为前提而合并组成一个公司的法律行为，其合并结果是原有公司的法人资格均告消灭。新组建公司办理设立登记手续，取得法人资格。

公司合并，应当由合并各方签订合并协议，并编制资产负债表及财产清单。公司应当自作出合并决议之日起十日内通知债权人，并于三十日内在报纸上至少公告3次。债权人自接到通知书之日起三十日内，未接到通知书的自第一次公告之日起九十日内，有权要求公司清偿债务或者提供相应的担保。不清偿债务或者不提供相应的担保的，公司不得合并。公司合并时，合并各方的债权、债务，应当由合并后存续的公司或者新设的公司承继。

（二）公司合并程序

公司合并涉及公司、股东和债权人等相关人的利益，应当依法进行。根据《公司法》的规定，公司合并的程序通常如下。

1. 董事会制订合并方案

合并各方公司董事会应就合并后公司的名称、合并的条件等拟定详细的方案，交由本公司股东会决定，经股东会决定后可将决议交付对方董事会，双方进行合并活动。未经股东会审议，不得擅自进行合并，签订合并合同。

2. 签订公司合并协议

公司合并协议是指由两个或者两个以上的公司就公司合并的有关事项而订立的书面协议。协议的内容应当载明法律、法规规定的事项和双方当事人约定的事项，一般来说应当包括以下内容。

（1）公司的名称与住所。这包括合并前的各公司的名称与住所和合并后存续公司或者新设公司的名称与住所。公司名称应当与公司登记时的名称一致，并且该名称应当是公司的全称；公司的住所应当是公司的实际住所，即总公司所在地。

（2）存续或者新设公司因合并而发行的股份总数、种类和数量，或者投资总额，以及每个出资人所占投资总额的比例等。

（3）合并各方现有的资本及对现有资本的处理方法。

（4）合并各方所有的债权、债务的处理方法。

（5）存续公司的公司章程是否变更、公司章程变更后的内容、新设公司的章程如何订立及其主要内容。

（6）公司合并各方认为应当载明的其他事项。

3. 编制资产负债表和财产清单

资产负债表是反映公司资产及负债状况、股东权益的会计报表，是会计合并中必须编制的报表。合并各方应当真实、全面地编制此表，以反映公司的财产情况，不得隐瞒公司的债权、债务。此外，公司还要编制财产清单，清晰地反映公司的财产状况。财产清单应当翔实、准确。

4. 合并决议的形成

公司合并应当由公司股东会或者股东大会作出合并决议，之后进行其他工作。公司合并会影响到股东利益，如股权结构的变化。根据《公司法》第四十三条、第六十一条、第六十六条和第一百零三条的规定，就有限责任公司来讲，其合并应当由股东会作出特别决议，即经代表三分之二以上表决权的股东通过才能进行；就股份有限公司来讲，其合并应当由公司的股东大会作出特别决议，即必须经出席会议的股东所持表决权三分之二以上通过才能进行；就国有独资公司来讲，其合并必须由国有资产监督管理机构决定，其中，重要的国有独资公司合并应当由国有资产监督管理机构审核后，报本级人民政府批准后才能进行。

5. 向债权人通知和公告

公司应当自作出合并决议之日起十日内通知债权人，并于三十日内在报纸上公告。一般来说，对所有的已知债权人应当采用通知的方式告知，只有对那些未知的或者不能通过普通的通知方式告知的债权人才可以采取公告的方式。通知和公告的目的主要是告知公司债权人，以便让他们决定对公司的合并是否提出异议。此外，公告也可以起到通知未参加股东（大）会的股东的作用。

6. 合并登记

合并登记分为解散登记和变更登记。公司合并以后，解散的公司应当到工商登记机关办理注销登记手续，存续公司应当到登记机关办理变更登记手续，新成立的公司应当到登记机关办理设立登记手续。公司合并只有进行登记后，才能得到法律上的承认。

（三）公司并购过程中的问题

1. 员工安置问题

员工安置是公司合并的头等大事，既关系到员工的个人利益，也关系到目标企业的顺利交接以及社会的稳定。私营企业的员工对企业的依附性较小，故在私营企业的收购中，员工安置的问题不大。而对于有国企背景企业的收购，则需特别慎重。对该类员工的安置工作一定要做细。几个大的原则，供大家参考。

（1）所有员工原则上全部接收，原工资、福利待遇保持不变，并给过渡期，一般控制在两个月（或更长时间）以内，以保证收购的顺利进行。

（2）过渡期结束后，所有留下来的员工一律竞争上岗，重新签订书面劳动合同。

（3）在2008年1月1日《中华人民共和国劳动合同法》（简称《劳动合同法》）实施之前，以及该法实施后至收购基准日之前，未签书面劳动合同的，要求目标公司一律补签书面劳动合同，以避开双倍赔偿的问题。

（4）原则上，收购方不主动开除任何员工，以避开可能支出的经济补偿金。

（5）对特殊员工，比如"三期"（孕期、产期、哺乳期）中的女职工，以及工伤、工亡员工，特殊对待，以保证企业的稳定和收购的顺利进行。

2. 债权债务问题

对于债权问题，目标公司的原股东更为关注，一般不会出现问题。出现最多的是债务问题。一般情况下，收购方与原股东会在股权收购协议中约定：基准日之前的债务由原股东承担，基准日之后的债务由新股东（收购方）承担。此种约定，实质上是目标公司将自己的债务转让给了原股东或新股东，是一份债务转让协议。债务转让需经债权人同意，故此种约定在没有债权人同意的情况下是无效的。虽然此种约定对外无效，但在新、老股东以及目标公司之间还是有法律约束力的。在实务中，收购方一般会采取让老股东或第三人担保的方式进行约束。

或有债务，是收购方关注的另外一个债务问题，实务中有以下几种处理方式。

（1）分期支付股权收购款。即在签订股权转让合同时支付一部分，办理完工商变更登记后再付一部分，剩余部分作为或有债务的担保。

（2）约定豁免期、豁免额。例如，约定基准日后两年零六个月内不出现标的在一定金额以下的或有债务，原股东即可免责。约定豁免额，以体现收购方的收购诚意；约定豁免期两年，是考虑到诉讼时效，而六个月是过渡期。

（3）约定承担或有债务的计算公式和计算比例。需要指出的是，原股东承担的或有债务，一般是以原股东各自取得的股权收购款为限的。

企业与员工之间形成的债务问题也要妥善处理。由于种种原因，企业可能向员工借款，或员工名为持股，实为借贷等。这些问题务必妥善处理，否则就容易滑向非法集资的泥潭，导致刑事犯罪的发生。

3. 土地、房产问题

公司收购，收购方可能看中了目标公司的土地、房产等重大财产，或者是看中了目标公司的许可证、资质证等经营许可手续。经常会遇到目标公司的净资产是零甚至是负数，但收购方竟愿意出高价收购的情形，其用意就在于此。通过股权收购的方式，收购方节省了大量的土地增值税、房产税、营业税等税收，避免了资产收购需要支付的巨额税费，同时也便于目标公司的顺利交接。

土地和房产一般遵循的是"房地一体"的原则，即房产证与土地使用权证登记的是同一人。但实务中往往出现"房地分离"的情形，对此有的采取"回赎"的方式，有的采取维持现状的方式。

还需要注意的是，土地的用途是商业用途还是工业用途、土地的剩余使用期限多长，以及土地上是否存在抵押等。

以上土地均系国有土地，公司收购中如果是农村集体建设用地就比较棘手。根据《中华人民共和国土地管理法》（简称《土地管理法》）第六十三条的规定："土地利用总体规划、城乡规划确定为工业、商业等经营性用途，并经依法登记的集体经营性建设用地，土地所有权人可以通过出让、出租等方式交由单位或者个人使用，并应当签订书面合同，载明土地界址、面积、动工期限、使用期限、土地用途、规划条件和双方其他权利义务。前款规定的集体经营性建设用地出让、出租等，应当经本集体经济组织成员的村民会议三分之二以上成员或者三分之二以上村民代表的同意。"

通过出让等方式取得的集体经营性建设用地使用权可以转让、互换、出资、赠予或者抵押，但法律、行政法规另有规定或者土地所有权人、土地使用权人签订的书面合同另有约定的除外。集体经营性建设用地的出租，集体建设用地使用权的出让及其最高年限、转让、互换、出资、赠与、抵押等，参照同类用途的国有建设用地执行。具体办法由国务院制定。

最近几年，煤炭经营许可证、药品经营许可证、网吧经营许可证等经营许可证难以获得审批，收购方通过收购股权的方式则可以获得。

4. 股权收购价格

根据股权收购的支付价格，股权有平价、低价、溢价以及零价格转让。在实务中，个别工商登记机关对股权转让价格不干涉，听取转让双方的真实意思。但大多数工商登记机关均以"注册资本非经法定程序，不得增加或减少"为由，要求平价转让，否则不予办理变更登记手续。为解决此种难题，一般会制作两份股权收购协议，工商登记机关一份，股东自己留一份。提交给工商登记机关的是平价转让，股东自己留的是低价或溢价，甚至零价转让。不过，提交给工商登记机关的协议上一般会写上这样一句话，以实现两份协议的衔接："此份股权收购协议，仅为办理工商登记所用。在股权收购过程中，双方可达成补充协议，补充协议与本协议不一致的，以补充协议为准。"工商登记机关对此特约条款，一般不作干涉。股东自己留存的股权收购协议中，也会列明："本股权收购协议系提交给工商登记机关的股权收购协议的补充协议，两者不一致的，以本协议为准。"

对于内资收购来讲，"阴"合同系当事人的真实意思表示，也未损害第三人的合法权益，尽管不具有对抗第三人的效力，但在当事人之间是有法律约束力的，不应单纯以"协议未经备案"为由确定其无效。

对于外资收购来讲，上述"阴"合同系无效合同。"阴"合同属于"阳"合同的补充协议，对股权转让的价格进行了实质性变更，违反了《最高人民法院关于审理外商投资企业纠纷案件若干问题的规定（一）》（法释〔2010〕9号）第二条的规定，属于绝对无效的条款。该司法解释第二条规定："当事人就外商投资企业相关事项达成的补充协议对已获批准的合同不构成重大或实质性变更的，人民法院不应以未经外商投资企业审批机关批准为由认定该补充协议未生效。前款规定的重大或实质性变更包括注册资本、公司类型、经营范围、营业期限、股东认缴的出资额、出资方式的变更以及公司合并、公司分立、股权转让等。"为防止国有资产的流失，对于外资收购，审批机关依据《外国投资者并购境内企业的规定》规定，都会要求提交目标企业的资产评估报告、净资产审计报告、法律意见书，且经"招拍挂"（招标、拍卖、挂牌）程序，以公允的价格收购目标企业，否则不予审批。

5. 外资并购中注册资本的计算问题

关于注册资本，在资产并购的情形下，确定注册资本较简单，与所有新设外商投资企业一样，该并购后新设外商投资企业的所有中外投资者的出资总额即为企业的注册资本。在股权并购的情形下，由于目标公司的法人资格继续存在，注册资本的确定相对复杂。这里需要区分三种情况。

（1）外国投资者仅购买目标公司原股东的股权，未认购企业的增资。这时，目标公司仅仅是股东和企业性质发生变化，注册资本未变化。因此，并购后新设外商投资企业的注册资本就是其变更登记（由境内公司变为外商投资企业）前的注册资本。

（2）外国投资者不仅购买目标公司原股东的股权，还单独或与其他投资者一同认购目标公司的增资。虽然股东变更不影响企业注册资本额，但由于目标公司还有增资，其所有者权益（净资产）会因该增资部分而增加，所以并购后新设外商投资企业的注册资本应为原境内公司注册资本与新增资额之和，外国投资者与目标公司原其他股东在目标公司资产评估的基础上，确定各自在外商投资企业注册资本中的出资比例。

（3）外国投资者不购买目标公司原股东的股权，仅认购目标企业的增资。这时，目标公司同样会因该部分增资导致其注册资本同步增加。所以，并购后新设外商投资企业的注册资本亦为原境内公司注册资本与新增资额之和。需要指出的是，在境内公司（目标公司）是股份公司的情况下，如果其以高于票面价值的方式"溢价"增发股票，其注册资本即股本总额应为原公司注册资本额与增发股票的票面总值之和。也就是说，在该情况下，《关于外国投资者并购境内企业的规定》中的"增资额"应为股份公司增发股票的票面值，而非"溢价"值。

在外资并购中，注册资本的计算直接决定外方能汇入多少增资并购款，故异常重要。

6. 外资并购中的关联交易问题

在外资并购中，关联关系披露是《关于外国投资者并购境内企业的规定》中规定的交易双方的法定义务，交易双方不存在关联关系的声明及法律意见书也是报审批时的必备文件。在做法律意见书时，要做好尽职调查，参照企业上市的要求，以《公司法》《企业会计准则第36号——关联方披露》等法律、行政法规为依据，穷尽所有关联关系。一般的关联关系包括股权、协议、人事安排等。对法人股东，要穷尽到自然人股东；对自然人股东，要穷尽其三代以内的直系血亲、旁系血亲以及姻亲。同时，要求收购方、目标公司及股东、董事、监事、高级管理人员出具不存在关联关系的保证。律师要调查目标公司的全部工商档案，还需要求收购方提供经中国驻外使领馆认证的收购方的全部工商注册档案。

如果存在关联关系，则要披露，并遵守国家的相关税收、外汇法规；否则，需出具不存在关联关系的法律意见书，以顺利通过审批。

7. 税收问题

公司并购中，主要税收包括以下几种。

（1）所得税。溢价，则征收个人所得税或企业所得税；平价、低价以及零资产转让，不存在所得税的问题。内资并购的所得税问题一般较好解决，而外资并购比较复杂。特别是外国投资者并购原外国投资者的股权，涉及外汇的汇出，又可能涉及国际重复征税的问题，律师应提前策划好。有的企业利用"因私用汇"、设计费、双向抵销等不法手段规避税收，逃避外汇监管，应当予以禁止。

（2）土地增值税、契税。股权收购很好地避开了土地增值税和契税。

8. 并购中的知识产权

在知识产权资产所占比重较大的并购交易中，经常会把知识产权与企业管理架构、财务状况等其他法律关系区分开来，作为一项独立的法律关系加以考察。

（1）并购项目可能涉及的知识产权。国际上普遍认可的知识产权种类主要有版权或著作权、邻接权、专利权、工业设计权、商标专用权和商号权、科学发现权、集成电路布图设计专有权、地理标志权、商业秘密权、反不正当竞争权，此外还有动物新品种权、域名权等。

在我国，专利和工业设计以专利的形式来保护，商标专用权和地理标志权以商标的形式来保护，著作权和邻接权以著作权的形式来保护，而商业秘密权、商号权和域名权则被纳入反不正当竞争权范畴来保护。目前，我国与知识产权保护有关的专门法律法规主要有《中华人民共和国专利法》（简称《专利法》）、《中华人民共和国商标法》（简称《商标法》）、《中华人民共和国著作权法》（简称《著作权法》）《中华人民共和国反不正当竞争法》《集成电路布图设计保护条例》《中华人民共和国植物新品种保护条例》等。

（2）知识产权权利转移的法定要求和程序。

1）专利权或专利申请权的转移。基于合同关系转移专利权或专利申请权的行为，在我国《专利法》中被称为专利权或专利申请权的转让行为。《专利法》第十条规定："转让专利申请权或者专利权的，当事人应当订立书面合同，并向国务院专利行政部门登记，由国务院专利行政部门予以公告。专利申请权或者专利权的转让自登记之日起生效。"根据上述规定，如果并购交易双方仅仅签订了书面的专利权或专利申请权转让协议而未向专利行政部门办理相关的转让登记手续，则收购方不能真正获得相应的专利权资产。一旦目标公司又与善意第三人签订专利权或专利申请权转让合同并向专利行政部门办理相关的转让手续，该第三人可以依法取得相关专利权或专利申请权，收购方只能追究目标公司的违约责任，而不能直接对相关专利或专利申请主张权利。

如果资产并购项目涉及国外企业与国内企业之间的专利权或专利申请权的转让，则这种转让被视为技术进出口，要符合《中华人民共和国技术进出口管理条例》。对于因公司合并而发生的专利权或专利申请权转移，新设公司或存续公司需要根据《中华人民共和国专利法实施细则》第十四条的规定，在完成合并后凭工商部门出具的公司合并证明文件向专利行政部门办理权利转移手续。

专利权或专利申请权转让手续一般可由受让方或其委托的专利代理机构办理。由于公司合并导致的专利权或专利申请权转移则可由新设公司（存续公司）或其委托的专利代理机构办理。

2）商标专用权的转移。对于基于合同关系发生的注册商标专用权转移，即注册商标权的转让，《商标法》第四十二条规定："转让注册商标的，转让人和受让人应当签订转让协议，并共同向商标局提出申请。受让人应当保证使用该注册商标的商品质量。转让注册商标的，商标注册人对其在同一种商品上注册的近似的商标，或者在类似商品上注册的相同或者近似的商标，应当一并转让。对容易导致混淆或者有其他不良影响的转让，商标局不予核准，书面通知申请人并说明理由。转让注册商标经核准后，予以公告。受让人自公告之日起享有商标专用权。"

对于因公司合并转移注册商标专用权的情况，接受相关注册商标专用权的新设公司（存续公司）应根据《中华人民共和国商标法实施条例》第三十二条的规定，凭工商行政部门出具的公司合并证明到商标局办理注册商标专用权转移手续。

尽管法律规定了商标专用权转让需要双方共同申请，但转让的具体手续可由受让方或其委托的商标代理机构办理。因公司合并而发生商标专用权转移的，商标专用权转移的手续可由新设公司（存续公司）或其委托的商标代理机构办理。

3）著作权的转移。根据《著作权法》的规定，著作权中的财产权转让应当订立书面合同。根据《著作权法实施条例》第二十五条的规定，与著作权人订立转让合同的，可以向著作权行政管理部门备案。这表明著作权中财产权的转让并不需要登记生效，只要双方签订的转让合同所规定的转让条件满足，著作权即发生转移。在签订著作权转让协议时，需要注意写明转让的权利，不要遗漏重要的权利类型。

在实践中，由于登记并非作者享有著作权的必要条件，目标公司可能既拥有经过登记的作品，也可能拥有未经登记的作品。对于已进行著作权登记的作品，如果收购方或新设公司（存续公司）不就这些著作权的转移情况进行登记，可能出现公众无法了解权利主体变化进而导致新的权利人难以顺利行使权利的情况，因此最好向原登记机构进行权利转移登记。而对于未经登记的作品，特别是一些重要的作品，建议收购方或新设公司（存续公司）也向登记机构办理著作权转移登记手续。

4）布图设计专有权的转移。根据《集成电路布图设计保护条例》第二十二条的规定，集成电路布图设计专有权转让应当订立书面合同，并向国务院知识产权行政部门登记，集成电路布图设计专有权的转让自登记之日起生效。在实际操作中，可以由受让人或新设公司（存续公司）或其委托的专利代理机构向布图设计登记部门办理转移手续。布图设计专有权的转移手续与专利权相似，可参考专利权转让。

5）商业秘密权的转移。我国目前尚无法律规定商业秘密的转移条件，一般认为商业秘密的转移可以依照《民法典》的相关原则来确定商业秘密转移的效力。在实践操作中，交易双方一般会根据知识产权尽职调查所查明的商业秘密载体种类、数量来规定与商业秘密有关的资料移交和技术支持事宜，并设定商业秘密转移生效的条件。当转让协议所设定的转移条件成就时，可以认为相关商业秘密的转移生效。

如果并购项目涉及国外企业与国内企业之间的技术秘密的转让，会涉及技术进出口的问题，也需符合《中华人民共和国技术进出口管理条例》的相关规定。国内公司需要取得国务院商务主管部门的技术进出口许可（适用于限制进出口的技术）或者技术进出口合同备案证明（适用于自由进出口的技术），否则无法办理外汇、银行、税务、海关等相关手续。

6）其他知识产权的转移。对于由中国互联网络信息中心负责管理的 CN 域名和中文域名，已注册域名的出让人应当按照中国互联网络信息中心于 2012 年 5 月 28 日发布并于 2012 年 5 月 29 日实施的《中国互联网络信息中心域名注册实施细则》的规定，向域名注册服务机构提交域名转让申请，经域名注册服务机构核准后，由域名注册服务机构予以变更运行。

对于植物新品种的转让，《中华人民共和国植物新品种保护条例》规定，植物新品种的申请权和品种权可以依法转让。我国的单位或者个人就其在国内培育的植物新品种向外国人转让申请权或者品种权的，应当经审批机关批准。国有单位在国内转让申请权或者品种权的，应当按照国家有关规定报经有关行政主管部门批准。转让申请权或者品种权的，当事人应当订立书面合同，并向审批机关登记，由审批机关予以公告。

9. 并购项目中的劳动问题

（1）资产并购，特别是重大资产并购，是否属于《劳动合同法》所规定的"重大事项"，从而需要履行法定的民主程序，在实践中争议较大。

《劳动合同法》第四条规定："用人单位应当依法建立和完善劳动规章制度，保障劳动者享有劳动权利、履行劳动义务。"上述民主程序正如该条所述，是指"用人单位在制定、修改或者决定有关劳动报酬、工作时间、休息休假、劳动安全卫生、保险福利、职工培训、劳动纪律以及劳动定额管理等直接涉及劳动者切身利益的规章制度或者重大事项时，应当经职工代表大会或者全体职工讨论，提出方案和意见，与工会或者职工代表平等协商确定"。该条进一步要求，"在规章制度和重大事项决定实施过程中，工会或者职工认为不适当的，有权向用人单位提出，通过协商予以修改完善。用人单位应当将直接涉及劳动者切身利益的规章制度和重大事项决定公示，或者告知劳动者"。该条不仅规定了应当履行民主程序的八项规章制度及重大事项，还规定了应当履行的法定程序。

一般认为，在目前相关法律机制尚不完善的情况下，就资产并购等重大交易事项实现《劳动合同法》所规定的民主程序还有很长的路要走。但是为避免员工的激烈反对或发生群体性事件，并购双方在确保有关商业秘密得到保护的前提下，应积极邀请职工代表、工会部门，甚至劳动管理部门提早介入并购谈判。

（2）根据《劳动合同法》第四十条的规定，劳动合同订立时所依据的客观情况发生重大变化，致使劳动合同无法履行，经用人单位与劳动者协商，未能就变更劳动合同内容达成协议的，用人单位提前三十日以书面形式通知劳动者本人或者额外支付劳动者一个月工资后，可以解除劳动合同。但是《劳动合同法》并未明确何为"客观情况发生重大变化"。《关于〈中华人民共和国劳动法〉若干条文的说明》第二十六条对"客观情况"进行了解释，即发生不可抗力或出现致使劳动合同全部或部分条款无法履行的其他情况，如企业迁移、被兼并、企业资产转让等情形。此外，各地还可能对何为客观情况存在不同解释。因此，在依据该法定理由与员工解除劳动关系之前，并购方与目标企业应当向当地劳动部门咨询，以判断拟定的资产并购是否属于客观情况。

基于客观情况发生重大变化的法定理由解除劳动合同的，用人单位应当遵守下列程序：一是与员工就变更劳动合同进行必要的协商，且经过协商未达成协议；二是用人单位提前三十日书面通知劳动者或额外支付劳动者一个月工资，该选择权在用人单位，员工无权干涉或要求；三是按照员工在本单位的工作年限，依法向员工支付法定经济补偿。

此外，《劳动合同法》第四十三条规定："用人单位单方解除劳动合同，应当事先将理由通知工会。用人单位违反法律、行政法规规定或者劳动合同约定的，工会有权要求用人单位纠正。用人单位应当研究工会的意见，并将处理结果书面通知工会。"

（3）股权并购不影响劳动关系的继续履行。在股权并购交易中，目标企业本身作为用人单位的主体资格并没有发生变化，只是其登记注册事项发生了一定变更，例如股东和股东出资额、企业名称、法定代表人、企业所有制性质等。根据《劳动合同法》第三十三条的规定，用人单位变更名称、法定代表人、主要负责人或者投资人等事项，不影响劳动合同的履行。

对于国有企业而言，国有股东的变更实际涉及的是企业所有制的改变，即国有企业改制问题。当国有企业改制为非国有控股企业时，企业性质变更为非国有性质。在《劳动合同法》实施之前，一直盛行"国企改制买断工龄"的做法；而《劳动合同法》出台后的国企改制不需要解除劳动合同，更无须支付经济补偿金，只需要按劳动合同的约定继续履行。《广东省高级人民法院、广东省劳动争议仲裁委员会关于适用〈劳动争议调解仲裁法〉〈劳动合同法〉若干问题的指导意见》（粤高法发〔2008〕13号）第二十三条规定："用人单位变更名称、法定代表人、主要负责人或者投资人，不影响劳动合同的履行，劳动者的工作年限应连续计算。劳动者要求解除劳动关系并由用人单位（投资人）支付经济补偿金的，不予支持。"

股权并购中，劳动关系继续履行，这使目标企业员工的工龄可以连续计算。在劳动关系中，有诸多事项与工龄挂钩，例如医疗期、年休假、与员工签订无固定期限劳动合同的可能性以及经济补偿金等。因此在股权并购之前，需要将上述用工成本考虑在并购计划内。

（4）特殊类型的并购包括以下两种情况。

1）涉及国有企业的股权并购。这类并购可能出现下列几种情况：一是并购国有控股的国有企业的股权（又分为相对控股和绝对控股）；二是并购国有资本参股企业的股权；三是整体并购导致国有资本全部退出。股权并购的形式不同，对职工的安置方式和离退休人员的管理方式也不同。国有企业改制，应根据国家及地方的改制规定执行。

2）在境外发生的资产或股权收购。除《中华人民共和国反垄断法》外，我国法律不规范中国境外发生的并购交易。因交易发生在境外，不涉及中国境内实体，境内关联实体与员工之间的劳动关系按劳动合同约定继续履行。

（5）并购后续事项。根据《劳动合同法》第五十条的规定，离职员工应当按照其与用人单位的约定，办理工作交接。《劳动合同法》还将经济补偿金的支付与工作交接联系起来，如果用人单位因劳动合同的解除或终止应当向员工支付经济补偿的，应在办结工作交接时向员工支付。

《劳动合同法》规定，用人单位应当在解除或终止劳动合同时出具解除或终止劳动合同的证明，并在十五日内为离职员工办理档案和社会保险关系转移手续。用人单位违反规定未向劳动者出具解除或终止劳动合同书面证明的，将可能承担下列法律责任：一是行政责任，二是赔偿责任（例如劳动者因此未能及时足额享受失业保险待遇，或影响其重新就业）。

并购完成后，如果涉及外国人的就业单位、就业区域发生变更的，并购企业应当依法申请变更或重新申请外国人就业许可并获得批准，用人单位应当在十日内到当地公安机关办理居留证件的变更手续。涉及与被聘用的外国人解除劳动关系的，用人单位应及时报劳动保障部门、公安部门备案，同时交还该外国人的就业证和居留证件，并到公安机关办理外国人出境手续。

（四）股权并购问题

在股权收购实践中，一些投资者盲目自信，仅凭自己对目标公司的了解以及感觉就作出最终的决定。股权收购作为一项复杂的法律工程，收购的成功与否既取决于前期对目标公司状况全面准确的调查掌握，也取决于收购过程中各种法律保障手段的有效设置。针对如此复杂的法律工程，投资者除了依靠自身判断决策外，还应当充分重视专业机构的作用与价值。

1. 拟收购股权本身存在权利瑕疵

收购行为的直接对象，就是出让方持有的目标公司的股权。如果出让方出让的股权存在权利瑕疵，将导致收购交易出现本质上的风险。通常情况下，收购方也对出让方出让的股权进行一定的调查核实，例如在收购前通过工商档案记录对出让股权进行查询。但是，在具体交易过程中，曾经出现股权有重大权利瑕疵，但并未办理工商登记手续的实际案例。

因此，除进行工商档案查询外，还可以通过对目标公司内部文件进行查阅（如重大决策文件、利润分配凭证等）及向公司其他股东、高级管理人员进行调查等各种手段予以核实，并通过律师完善相应法律手续，锁定相关人员的法律责任，最大限度地使真相浮出水面。

2. 出让方原始出资行为存在瑕疵

在股权收购后，收购方将根据股权转让协议约定向出让方支付收购款，进而获取股权、享有股东权利、承担股东义务。因为收购方不是目标公司的原始股东，有理论认为收购方并不应当承担目标公司在出资设立时的相关法律责任。因此，股权收购中，收购方往往容易忽视此类风险。

但是，根据《公司法》以及"公司法司法解释（三）"的相关规定，如出让方存在未履行或未全面履行出资义务即转让股权的情况，受让方有可能基于此种情况而与出让方承担连带责任。在股权收购中，受让方应当特别注意出让方是否全面履行完毕出资义务，同时可以通过就相关风险及责任分担与出让方进行明确的约定，以规避可能发生的风险。

3. 主体资格瑕疵

目标公司主体资格瑕疵主要是指目标公司因设立或存续期间存在违法违规行为而导致其主体资格方面可能存在的障碍，如目标公司设立的程序、资格、条件、方式等不符合当时法律、法规和规范性文件的规定，设立行为或经营项目未经有权部门审批同意，设立过程中有关资产评估、验资等不合法合规，目标公司未依法存续等。存在持续经营的法律障碍、经营资质被吊销、营业执照被吊销、目标公司被强制清算等情形均可能导致目标公司主体资格存在障碍。

4. 主要财产和财产权利风险

股权收购的常见动因之一，往往是直接经营目标公司资产税收成本过高，而采用股权收购这一方式进行变相的资产收购。在此种情况下，目标公司的主要资产及财产权利就成为收购方尤为关注的问题。

对于目标公司财产所涉及的收购风险主要体现为以下几个方面：目标公司拥有的土地使用权、房产、商标、专利、软件著作权、特许经营权、主要生产经营设备等是否存在产权纠纷或潜在纠纷；目标公司以何种方式取得上述财产的所有权或使用权，是否已取得完备的权属证书，若未取得，则取得这些权属证书是否存在法律障碍；目标公司对其主要财产的所有权或使用权的行使有无限制，是否存在担保或其他权利受到限制的情况；目标公司有无租赁房屋、土地使用权等情况以及租赁是否合法有效等。

5. 重大债权债务风险

目标公司重大债权债务是影响股权价值及收购后公司经营风险的重要因素，相关收购风险主要包括：出让方是否对目标公司全部债权债务进行如实披露并纳入股权价值评估范围；重大应收、应付款和其他应收、应付款是否合法有效，债权有无无法实现的风险;目标公司对外担保情况,是否有代为清偿的风险以及代为清偿后的追偿风险;目标公司是否有因环境保护、知识产权、产品质量、劳动安全、人身权等原因产生的侵权之债等。

股权收购中,对目标公司担保的风险、应收款诉讼时效以及实现的可能性应予以特别关注,通常还应当要求出让方对目标公司债权债务特别是或有债权债务作出承诺和担保。

6. 诉讼、仲裁或行政处罚风险

这方面的风险为目标公司是否存在尚未了结的或可预见的重大诉讼、仲裁及行政处罚案件。如存在此类情况,可能会对目标公司的生产经营产生负面影响,进而直接导致股权价值的降低。

股权收购中,除需要对目标公司是否存在上述情况进行充分的调查和了解,做到心中有数之外,还可以通过与出让方就收购价款的确定及支付方式的约定以及上述风险的责任分担进行明确划分以规避风险。

7. 税务、环境保护、产品质量、技术等标准风险

对于某些特定的目标公司而言,这部分风险也是收购风险的易发地带。此类风险一般与目标公司享受优惠政策、财政补贴等政策是否合法、合规、真实、有效,目标公司生产经营活动和拟投资项目是否符合有关环境保护的要求,目标公司的产品是否符合有关产品质量和技术监督标准,目标公司近年有否因违反环境保护以及产品质量和技术监督方面的法律、法规和规范性文件而被处罚等情况密切相关。

如不能充分掌握情况,则可能在收购后爆发风险,导致股权权益受损。

8. 劳动用工风险

随着中国《劳动法》《劳动合同法》及劳动保障相关法律法规政策的完善,在劳动用工方面,立法对劳动者的保护倾向也越来越明显。在此种立法倾向之下,用工企业承担相应用工义务也就更加严格。

然而,在实际操作中,目标企业作为用人单位未严格按照法律规定履行用人单位义务的情况时有发生。尤其是对于设立时间已久、用工人数众多、劳动合同年限较长的目标公司,此类风险更加值得关注。

针对此类风险,收购方可以采取要求出让方就依法用工情况作出承诺与担保、与出让方就相关风险发生后的责任承担进行明确约定或在可能的情况下要求出让方在收购前清退目标公司相关用工的方式予以规避。

9. 受让方控制力风险

有限责任公司作为一种人合为主、资合为辅的公司形式,决定了其权力机关主要由相互了解、友好信任的各方股东构成,同时也决定了一般情况下,股东按照出资比例行使股东权利。基于以上特征,收购方在收购目标股权时,既需要注意与出让方达成两相情愿的交易合意,还应当充分了解己方在收购后的合作方及其他股东的合作意向,以避免因不了解其他股东的合作情况而误陷泥潭。同时,还应当充分关注出让方对目标企业的实际控制力,避免出现误以为出让方基于相对控股地位而对目标企业拥有控制权,而实际上,可能发生公司其他小股东均为某一主体所控制,出让方根本无控制权的情况。

针对此类风险,除通过一般沟通访谈了解其他股东合作意向外,还可以通过委托专业机构对其他股东的背景情况予以详细调查的方式进行防范。

(五)并购重组中资产权属及完整性

1. 标的资产是否已取得相应权证?

标的资产的权证办理情况是否已分类详细披露;对采矿权证、探矿权证、特许经营许可证、药品食品注册证、商标权证、专利权证等其他相应权属或资质证书的办理情况,比照土地使用权、房屋建筑物权证的关注要点把握。

对于土地使用权、房屋建筑物未取得相应权证的,要关注以下事项。

(1)申请人是否补充披露尚未取得相应权证资产对应的面积、评估价值、分类比例,相应权证办理的进展情况、预计办毕期限、相关费用承担方式,以及对本次交易和上市公司的具体影响等。

(2)在明确办理权证的计划安排和时间表的基础上,关注是否提供了相应层级土地、房屋管理部门出具的办理权证无障碍的证明。如办理权证存在法律障碍或存在不能如期办毕的风险,是否提出相应切实可行的解决措施。例如,由重组交易对方承诺,如到期未办毕,则以现金方式向上市公司补偿相应的评估价值,或者对上市公司进行赔偿,赔偿范围包括但不限于上市公司因该等事项承担任何民事、行政及刑事责任而引起的全部经济损失。

(3)本次交易标的资产评估及作价是否已充分考虑前述瑕疵情况,如未考虑,是否已提出切实可行的价值保障措施。

(4)律师和独立财务顾问是否对前述问题进行核查并明确发表专业意见,包括但不限于该等情形是否对本次交易作价产生重大影响,是否对交易进展构成障碍、申请人提出的解决措施是否有效可行。

2. 标的资产权属是否存在争议或限制?

(1)标的资产(包括标的公司股权及标的公司持有的主要资产)权属存在抵押、质押等担保权利限制或相关权利人未放弃优先购买权等情形的,申请人是否逐项披露标的资产消除权利限制状态等或放弃优先购买权等办理进展情况及预计办毕期限,是否列明担保责任到期及解除的日期和具体方式。针对不能按期办妥的风险,是否已充分说明其影响,进行了充分的风险提示,提出切实可行的解决措施。标的资产作为担保物对应的债务金额较大的,关注是否已充分分析说明相关债务人的偿债能力,证明其具有较强的偿债能力和良好的债务履行记录,不会因为担保事项导致上市公司重组后的资产权属存在重大不确定性。独立财务顾问和律师是否对此进行充分核查并发表明确的专业意见。

（3）标的资产涉及被行政处罚的，应披露处罚的具体事由、处罚进展或结果，分析其对上市公司的影响。律师和独立财务顾问是否就该等处罚对本次交易的影响发表明确意见。涉及诉讼、仲裁、司法强制执行或其他争议的，比照办理。

3. 标的资产的完整性情况是否充分披露？

（1）上市公司拟购买（或出售）的资产涉及完整经营实体的，关注相关资产是否将整体注入（或置出）上市公司。除有形资产外，相关资产是否包括生产经营所需的商标权、专利权、非专利技术、特许经营权等无形资产。如包括，是否详细披露权属变动的具体安排和风险；如未包括，是否需要向关联方支付（或收取）无形资产使用费，以及如何确定金额和支付方式。

（2）涉及完整经营实体中部分资产注入上市公司的，关注重组完成后上市公司能否（如何）实际控制标的资产，相关资产在研发、采购、生产、销售和知识产权等方面能否保持必要的独立性。

（3）标的资产涉及使用他人商标、专利或专有技术的，关注是否已披露相关许可协议的主要内容，是否充分说明本次重组对上述许可协议效力的影响，该等商标、专利及技术对上市公司持续经营的影响；关注是否结合许可协议的具体内容以及商标、专利和技术使用的实际情况，就许可的范围、使用的稳定性、协议安排的合理性等进行说明。如果商标权有效期已经或临近届满，关注是否说明期限届满后的权利延展安排以及对标的资产可能产生的不利影响。

（4）关注独立财务顾问和律师是否已审慎核查上述问题，并发表明确的专业意见。

4. 其他问题

（1）土地使用权问题。关注拟注入上市公司的标的资产是否涉及现行法规或政策限制或禁止交易的划拨用地或农业用地（标的公司为特殊农业公司的除外）。极特殊情况下涉及划拨用地注入上市公司的，关注申请人是否已结合《国务院关于促进节约集约用地的通知》及其他划拨用地政策，明确说明拟采取划拨方式取得国有土地使用权的相关资产注入上市公司是否违反相关规定；如涉嫌违反，是否已采取必要措施进行纠正，并说明由此形成的相关费用的承担方式及对评估值的影响。

拟注入标的资产涉及农用地转用征收的，关注是否说明征用农地已取得了相关有权部门的批准、相关程序是否完备有效、相关补偿费用是否已经依法支付、是否存在重大争议及未决事项。同时，对于农业用地的后续审批申请，关注是否充分说明政策风险和其他重大不确定性因素，是否已采取切实可行的措施避免前述风险影响重组后上市公司的正常生产经营。

拟注入标的资产涉及土地授权经营的，关注是否已提供有权土地管理部门对授权经营土地的授权或批准文件，以及对本次交易相关的土地处置方案的批准文件；如尚未取得有关权利或批准文件，关注是否充分披露该等情况对本次交易及上市公司的影响。

拟注入标的资产涉及的土地可能涉及规划调整或变更的，关注是否已明确披露存在变更土地用途的规划或可能性,是否已明确由此产生的土地收益或相关费用的归属或承担方式。

(2)标的资产涉及项目审批或特许经营的。拟注入上市公司的标的资产(项目公司本身)涉及立项、环保、用地、规划、施工建设、行业准入、外资管理、反垄断等有关报批事项的,关注是否已充分披露办理的许可证书或相关主管部门的批复文件。

标的资产业务涉及特许经营的,关注是否充分说明特许经营授权具有的排他性、不可撤销性等特殊属性,是否充分解释特许协议约定的相关计算公式、相关参数的变更方式及其具体影响等。特许经营事项需要相关主管部门确认或批准的,关注是否已提供相应的确认或批准意见。特许经营事项已有经营记录的,关注以往开展经营是否获得了相关主管部门批准的经营许可资质,是否已履行了必要的登记或备案等法律手续,是否按期足额缴纳各种资费等(提供相应证明文件),独立财务顾问和律师是否核查上述问题并发表明确的专业意见。

(3)标的资产涉及税务事项的。对拟注入上市公司的标的公司及标的资产,关注律师和独立财务顾问是否已充分核查其以往合理期间内的纳税合规情况并发表明确专业意见,是否已提供相关税务部门关于公司纳税合规情况的证明文件。

拟注入上市公司的资产存在盈利严重依赖税收返还、税收优惠情况的,关注是否充分说明相关税收返还或优惠的依据以及税收政策的持续性和影响。

对于拟注入上市公司的土地使用权,关注是否说明已按国家现行标准足额缴纳土地出让税费。

拟注入资产为资源类企业股权的,关注是否充分说明资源税政策对标的资产未来营利能力及评估作价的影响。

资产交易产生较大税负的,关注是否说明相关税负的具体金额、交易各方如何分担,以及对上市公司未来业绩的影响。

(六)同业竞争的披露

(1)申请报告是否已详细披露收购交易中的收购人、收购人的实际控制人及该实际控制人的下属企业或重组交易中的交易对方、交易对方的实际控制人及该实际控制人的下属企业?

(2)是否已结合上述企业的财务报告及主营业务构成等相关数据,详细披露其与上市公司的经营和业务关系,并就是否存在现实或潜在的同业竞争进行说明和确认,包括但不限于双方在可触及的市场区域内生产或销售同类或可替代的商品,或者提供同类或可替代的服务,或者争夺同类的商业机会、客户对象和其他生产经营核心资源?

经核查确认不存在现实同业竞争的,需要关注收购人或重组交易对方及其实际控制人是否进一步对避免潜在的同业竞争作出明确承诺,并重点关注对不存在现实或潜在同业竞争（利益冲突）关系的解释说明是否充分、确切，普通投资者能否据此判断相关企业与上市公司在业务发展方面的划分定位、判断相关承诺是否限制了上市公司的正常商业机会。

（七）重大资产重组行为是否构成关联交易？

（1）上市公司首次董事会会议是否就本次重组是否构成关联交易作出明确判断，并作为董事会决议事项予以披露？

（2）存在关联关系的董事、股东是否依照法律法规和章程规定，在相关董事会、股东大会会议上回避表决？

（3）上市公司董事会确认本次重组涉及关联交易的，独立董事是否另行聘请独立财务顾问就本次重组对上市公司非关联股东的影响发表意见？

（4）重组报告书是否充分披露本次重组前后的关联交易变化情况；重组是否有利于上市公司增强经营独立性，减少和规范关联交易；重组方案是否严格限制因重组而新增可能损害上市公司独立性的持续性关联交易；对于重组完成后无法避免或可能新增的关联交易，是否采取切实有效的措施加以规范，相关各方是否作出了明确具体的承诺或签订了完备的协议，以提高关联交易的决策透明度和信息披露质量，促进定价公允性？

（八）内幕交易

并购重组过程中是否存在内幕交易，既是证监会审核关注的重点，也是律师需要审慎核查并发表专业意见的问题，这主要包括以下三个方面。

（1）是否出具上市公司二级市场股票交易自查报告，即从董事会首次决议前六个月起至重组报告书公布之日止，上市公司及其董事、监事、高级管理人员，交易对方及其董事、监事、高级管理人员，相关专业机构及其他知悉本次重大资产交易内幕信息的法人和自然人，以及上述相关人员的直系亲属买卖该上市公司股票及其他相关证券情况的自查报告及相关买卖情况说明？

（2）如果上述相关人员有股票买卖记录，但发生在信息披露后，则关注相关人员是否能够清晰说明相关情况，律师需要对此不构成内幕交易发表明确意见。

（3）如果相关人员有股票买卖记录，发生在信息披露前但数量不大的，则关注相关人员是否能够清晰说明相关情况，律师需要对此不构成内幕交易发表明确意见。此外，还需关注相关人员是否上缴收益，是否接受所在公司或券商、律师的相关培训，上述买卖行为及整改情况是否及时披露。

（九）收购资金来源

1. 收购资金来源于借贷的关注点

关注收购人是否提供借贷协议，是否充分披露借贷协议的主要内容，包括借贷方、借贷数额、利息、借贷期限、担保及其他重要条款等。除借贷协议外，关注是否就上市公司股份的取得、处分、质押及表决权的行使等与借款人或其他第三方存在特殊安排？是否披露该安排的具体内容？

结合收购人过往的财务资料及业务、资产、收入、现金流的最新情况，关注收购人是否具备偿还能力以及偿还借款的资金来源，收购人是否具备收购实力，相关借贷协议是否真实、合法。

2. 管理层收购中的收购资金来源关注点

关注上市公司的分红政策与高级管理人员的薪酬待遇；上市公司及其关联方在过去两年内是否与管理层及其近亲属以及其所任职的企业存在资金、业务往来，是否存在资金占用、担保行为及其他上市公司向管理层输送利益的行为。

如收购资金部分来源于员工安置费、补偿费或者身份置换费，关注是否已取得员工的同意，是否符合相关规定并已取得有关部门的批准。如收购资金部分来源于奖励基金，关注奖励基金的提取是否履行了必要的批准程序以及奖励基金的发放情况等。

3. 对自然人或自然人控制的空壳公司进行收购的收购资金来源关注点

关注上市公司及其关联方在过去两年内是否与收购人及其近亲属以及其关联方存在资金、业务往来，是否存在资金占用、担保行为及其他上市公司向收购人输送利益的行为；收购人是否具备收购实力；收购人的真实身份是否充分披露，是否具备持续的诚信记录，是否存在代他人收购的情形。

（十）持续经营能力（公司独立性）

（1）重组完成后上市公司是否做到人员、资产、财务方面独立？财务方面独立包括但不限于独立开设银行账户、独立纳税，以及独立进行财务决策。

（2）重组完成后上市公司负债比率是否过大（如超过70%），导致上市公司财务风险很高？

（3）重组完成后上市公司是否将承担重大担保或其他连带责任，导致上市公司财务风险明显偏高？

（4）重组完成后控股股东或关联方是否占用上市公司资金，或上市公司是否为控股股东或关联方提供担保？

（5）重组完成后上市公司与控股股东及其实际控制人之间是否存在同业竞争问题？如存在，是否已就同业竞争问题进行合理安排？

（6）交易完成后上市公司收入是否严重依赖关联交易？关联交易收入及相应利润在上市公司收入和利润中所占的比重是否合理？

四、公司分立实务

公司分立程序主要是在合理商业目的的基础上，内部明晰资产清单及分立原则后，各方达成协议，并按照公司决策程序通过分立方案（方案应包括分立的准确财务清单和数据），完成法定公告程序，并在报纸刊登公告。

公司主要适用派生分立模式，即原公司存续，分立出新的派生公司。在此情况下，原公司进行变更登记，派生公司进行新设登记，并按照工商部门对公司分立的要求提交相关材料。完成工商变更后，公司需与当地税务部门沟通，申请享有原公司及派生公司的税收优惠政策，取得税务部门批复，然后按照不动产登记机构申请材料要求办理不动产转移登记。

公司分立法定流程历时较长，自公司决议作出之日起，历时45～90个工作日。公司分立手续烦琐，公司应严格按照《公司法》及工商、税务等部门的要求完成流程步骤、拟定相关文件并提交相关申请。为享有相应税收优惠政策，公司需保持与税务机关的紧密沟通，避免增加税赋支出。

（一）公司分立相关法律规定

《公司法》第四十三条规定："股东会的议事方式和表决程序，除本法有规定的外，由公司章程规定。股东会会议作出修改公司章程、增加或者减少注册资本的决议，以及公司合并、分立、解散或者变更公司形式的决议，必须经代表三分之二以上表决权的股东通过。"第一百七十五条规定："公司分立，其财产作相应的分割。公司分立，应当编制资产负债表及财产清单。公司应当自作出分立决议之日起十日内通知债权人，并于三十日内在报纸上公告。"第一百七十六条规定："公司分立前的债务由分立后的公司承担连带责任。但是，公司在分立前与债权人就债务清偿达成的书面协议另有约定的除外。"第一百七十九条规定："公司合并或者分立，登记事项发生变更的，应当依法向公司登记机关办理变更登记；公司解散的，应当依法办理公司注销登记；设立新公司的，应当依法办理公司设立登记。公司增加或者减少注册资本，应当依法向公司登记机关办理变更登记。"

（二）决议流程

1. 作出决定与决议

公司分立，先由公司董事会拟订分立方案，然后由公司的股东（大）会讨论作出决议。董事会所拟订的分立方案对分立规定得越具体和细致越好。分立方案一般包括以下内容。

（1）分立协议各方拟定的名称、住所、法定代表人。

（2）分立后各方的注册资本。

（3）分立形式。

（4）分立协议各方对拟分立公司财产的分割方案。

（5）分立协议各方对拟分立公司债权、债务的承继方案。

（6）职工安置办法。

（7）违约责任。

（8）解决争议的方式。

（9）签约日期、地点。

（10）分立协议各方认为需要规定的其他事项。

公司股东（大）会可就上述方案进行适当的修改。

2. 签署分立协议

公司分立经股东（大）会通过后，由分立后的各公司的代表根据股东（大）会的决议，就资产分割、债权债务的分担、股权安排等事项及其具体实施办法进一步达成一致协议。

3. 编制资产负债表和财产清单，进行财产分割

公司分立，应当编制资产负债表及财产清单，并对其财产进行相应的分割。分割的具体数额和办法根据股东会的决议和分立协议进行。财产是公司设立的基本物质条件，也是公司承担债务的保障，因此，公司分立必须合理、清楚地分割原公司的财产。对于派生分立，是原公司财产的减少；对于新设分立，是公司财产的重新分配。

4. 通知或公告债权人，履行债权人保护程序

公司应当自作出分立决议之日起十日内通知债权人，并于三十日内在报纸上公告。不按规定通知或者公告债权人的，由公司登记机关责令改正，对公司处以一万元以上十万元以下的罚款。

（三）工商登记

《中华人民共和国公司登记管理条例》（简称《公司登记管理条例》）第三十八条规定："因合并、分立而存续的公司，其登记事项发生变化的，应当申请变更登记；因合并、分立而解散的公司，应当申请注销登记；因合并、分立而新设立的公司，应当申请设立登记。公司合并、分立的，应当自公告之日起四十五日后申请登记，提交合并协议和合并、分立决议或者决定以及公司在报纸上登载公司合并、分立公告的有关证明和债务清偿或者债务担保情况的说明。法律、行政法规或者国务院决定规定公司合并、分立必须报经批准的，还应当提交有关批准文件。"

国家市场监督管理总局《公司合并分立登记提交材料规范（补充）》规定，因分立申请设立、变更或注销登记的公司除按照《公司登记管理条例》和国家工商行政管理总局（现为国家市场监督管理总局）《内资企业登记提交材料规范》（工商企字〔2009〕83号）的规定执行外，还应当提交以下材料。

（1）公司分立的决议或决定。

（2）依法刊登公告的报纸样张。分立公告应当包括：分立各方的名称，分立形式，分立前后各公司的注册资本和实收资本。

（3）分立各方的营业执照复印件。

（4）债务清偿或者债务担保情况的说明。

（5）法律、行政法规和国务院决定规定必须报经批准的，提交有关的批准文件或者证书复印件。

（6）因分立申请公司设立登记的，提交载明分立情况的存续公司的变更证明或解散公司的注销证明。但是分立决议或决定中载明解散公司需先行办理清算的除外。采取解散分立的，原公司按《公司注销登记提交材料规范》提交有关材料，办理注销登记；原公司注销后，分立后新设的公司按《公司设立登记提交材料规范》填写有关表格并提交有关材料，办理设立登记。

专题七

公司解散与清算实务

公司自股东或发起人合意设立公司并经过工商行政管理部门核准颁发企业法人营业执照后，公司法律人格即建立起来，此刻公司的财产即脱离出资人或股东掌控，公司随即独立享有了民事主体权利和民事行为能力。公司以其自有的股东出资财产对外承担法律责任和独立享受独立法人主体的各项权利义务，这种主体资格非因法律程序不得否定或解除。与自然人一样，公司作为民事权利主体同样具有一定的生命周期。或是因为股东自治原因，或因法定原因，或因公司存在司法部门强制性原因死亡，当公司出现这些情形时，公司应该消亡，公司法律制度下称为解散。解散是公司具备了死亡的前提条件，解散后公司应该依法履行清算的义务。与公司破产清算不同，公司解散后仍有剩余财产可供分配，如同自然人死亡后进行遗产及相关事务的清理，这样公司才可以最终依法从社会主体中彻底消亡。

公司解散的条件和合法清算，既可保护公司小股东或非实际控制股东的利益，又可保护债权人和公司职工的合法权益，且为保证经济秩序中商事主体一直遵循和建立的合法准入、依法退市的法律机制，以及对整个经济社会健康发展均是有重要意义的。

一、公司解散

（一）公司解散的含义和特点

1. 公司解散的含义

公司解散，是指已经成立的公司，因公司章程或者法定事由出现而停止公司的经营活动，并开始公司的清算，使公司法人资格消灭的行为。公司解散是由一系列法律程序和法律行为构成的时间过程。首先，公司解散需要履行一系列的法律程序和完成一系列的法律行为，如依法进行清算、了结债权债务等。这些行为由于涉及众多相关主体的切身利益，必须严格依法进行。其次，公司解散是一个时间过程。公司解散之后仍存续一段时间，其法人资格并不立即消灭，而需要进入清算程序了结公司既有的法律关系。清算中的公司在清算目的范围内视为依然存续，但这时的公司行为能力受到限制，只能进行与清算有关的活动，不得开展与清算无关的经营活动，直到清算程序终了时，公司法人资格才消灭。

2. 公司解散的特点

公司解散具有以下几个特点。

（1）公司解散是针对已经依法成立的公司而言的。没有依法成立的公司或者设立失败、设立无效的公司是不存在解散之说的，这是公司解散制度的题中应有之意。

（2）公司解散系公司法人资格终止的前奏和原因，但公司解散并不意味着法人资格当然消灭。对于清算中的公司而言，其法人资格依然存续，但其权利能力和行为能力大大缩减，其业务范围被严格局限于对解散的公司的债权债务的清理、处理，以及与清算有关的公司未了结的业务及剩余财产的处置等，不得再开展新的商业活动，公司在清算阶段进行的经营活动一律无效。

（3）公司解散必须依法进行清算。在有限责任公司和股份有限公司中，公司的财产就是对公司债权人唯一的担保，所以除因合并、分立的事由解散时不用清算外，公司出现其他类型的解散事由后，为保护债权人利益，应当立即组成清算组织进行清算。未依法清算的，债权人可以请求人民法院裁决清算义务人进行清算，或者请求人民法院指定有关人员组成清算组织进行清算。清算必须严格依照法律规定的程序进行。

3. 公司解散的分类

公司解散是公司最终消亡的前提，是清算的源头，又称为公司清算的前置程序。公司解散有广义和狭义之分，广义的解散包括宣告破产，破产也是公司消亡的形式。狭义的解散则排除宣告破产这一解散事由。两者的主要区别在于公司是否有可分配的剩余财产，两者在公司清算期间有时还会出现转换，即当清理财产时发现无剩余，则公司应该启动破产清算程序。破产清算均是强制性的、无选择的，是完全的司法干预清算，且破产的前提需要人民法院裁决的形式确定，无公司私权利自治的内容。而解散和解散清算则可以由公司通过自愿的程序自行进行处理。我国法律制度中根据解散事由将公司解散分为自行解散、法定解散和强制解散。强制解散包括行政解散和司法解散。《公司法》规定了五种解散原因，"公司法司法解释（二）"对可诉的情形进行了具体的规定。

（二）公司解散的法定情形

1. 公司章程规定的营业期限届满或者公司章程规定的其他解散事由出现

公司的营业期限是公司存续的时间界限，公司章程可以规定公司的营业期限。《公司法》规定，公司营业执照签发日期是公司的成立日期，公司的营业期限从公司营业执照签发之日起计算。公司的营业期限届满，公司应当停止活动，进入解散阶段。

根据《公司法》第八十一条的规定，公司章程应当载明公司的解散事由与清算办法。公司章程可以根据本公司的具体情况，规定某些特定的事由作为公司解散的原因，一旦公司出现了公司章程中规定的应当解散的原因，公司就应当停止生产或者经营活动，进入公司解散程序。

依照《公司法》第七十四条的规定，如果公司章程规定的营业期限届满或者章程规定的其他解散事由出现，股东会会议通过决议修改章程使公司存续的，对股东会该项决议投反对票的股东可以请求公司按照合理的价格收购其股权。

公司章程在设立时可以约定亏损达一定数额或比例、经营条件发生哪些重大变化、持续几年不能分红、股东既不能转让股权公司又不能回购股权形成股东僵局和发生不可抗力等合法情形构成公司章程规定的其他解散事由。

2. 股东会或者股东大会决议解散

公司这一商事主体组建时的目的是追求股东利益，也就是在合法范围内追求股东利益的最大化，股东作为公司营利的最终受益者，公司的持续发展或中断经营及消亡无不与股东息息相关，股东在任一时期终止公司持续经营的自主权正是其经营权和财产权合一的体现。这一自由原则也正是公司法律制度中立法的思想，是私法自治原则的体现。所以公司解散法律制度中赋予公司股东达到所持股比例三分之二以上股东表决通过即可以自行解散公司的权利。

股东会或者股东大会决议解散公司的，可以由董事会制订公司解散的方案，由股东会或者股东大会作出决议。有限责任公司股东会会议作出公司解散的决议，必须经代表三分之二以上表决权的股东通过；股份有限公司股东大会作出解散公司的决议，必须经出席会议的股东所持表决权的三分之二以上通过。

需要注意的是，国有独资公司不设股东会，由国有资产监督管理机构行使股东会职权。虽然国有资产监督管理机构可以授权公司董事会行使股东会的部分职权，决定公司的重大事项，但公司的解散必须由国有资产监督管理机构决定。其中，重要的国有独资公司解散，应当由国有资产监督管理机构审核后，报本级人民政府批准。

3. 因公司合并或者分立需要解散

一个公司吸收其他公司为吸收合并，被吸收的公司解散。两个以上公司合并设立一个新的公司为新设合并，合并各方解散。

解散分立是指一个公司分解为两个以上公司，本公司解散，并设立两个以上新的公司。这种解散方式是公司基于法律规定而解散，称为法定解散。公司分立中以派生分立方式分立时，不存在公司解散问题；以新设分立方式分立时，则原公司解散。公司合并或分立导致公司解散的，不必履行解散清算程序，只需要按照《公司法》第一百七十四、一百七十五条的规定自作出合并或分立决议之日起十日内通知债权人，并于三十日内在报纸上公告。因为公司主体并没有彻底消灭，只是改变了公司的存在形态，其债权债务仍由存续公司概括承继，即概括转移和连带责任。

4. 依法被吊销营业执照、责令关闭或者被撤销

吊销营业执照，是指剥夺公司已经取得的营业执照，使其丧失继续从事生产或者经营的资格。例如，《广告法》第五十五条规定："违反本法规定，发布虚假广告的，由市场监督管理部门责令停止发布广告,责令广告主在相应范围内消除影响,处广告费用三倍以上五倍以下的罚款,广告费用无法计算或者明显偏低的,处二十万元以上一百万元以下的罚款;两年内有三次以上违法行为或者有其他严重情节的,处广告费用五倍以上十倍以下的罚款,广告费用无法计算或者明显偏低的,处一百万元以上二百万元以下的罚款,可以吊销营业执照,并由广告审查机关撤销广告审查批准文件、一年内不受理其广告审查申请。"

责令关闭,是指公司违反了法律、行政法规的规定,被行政机关作出了停止生产或者经营的处罚决定。例如,《证券法》第一百九十四条规定:"证券公司及其从业人员违反本法第五十七条的规定,有损害客户利益的行为的,给予警告,没收违法所得,并处以违法所得一倍以上十倍以下的罚款;没有违法所得或者违法所得不足十万元的,处以十万元以上一百万元以下的罚款;情节严重的,暂停或者撤销相关业务许可。"

公司被撤销,是指由行政机关撤销有瑕疵的公司登记。例如,《中华人民共和国保险法》(以下简称《保险法》)第一百四十九条规定:"保险公司因违法经营被依法吊销经营保险业务许可证的,或者偿付能力低于国务院保险监督管理机构规定标准,不予撤销将严重危害保险市场秩序、损害公共利益的,由国务院保险监督管理机构予以撤销并公告,依法及时组织清算组进行清算。"此外,《金融机构撤销条例》第二条规定:"本条例所称撤销,是指中国人民银行对经其批准设立的具有法人资格的金融机构依法采取行政强制措施,终止其经营活动,并予以解散。"

法定解散由于属于立法行为,必须在法律明文规定的范围内公司才符合解散条件,而如股东不足法定人数或可以通过公司内部私权利自治解决的僵局状况,不属法定解散情形,只能当公司股东穷尽了所有自治对策仍无法处理时才可以寻求司法救济,但仍然不能法定解散。这种方式统称为强制解散,前者又称为行政解散,后者称为司法解散。两者均是基于公权利的介入而使公司主体资格消亡,所以称为强制性解散。

5. 司法强制解散

司法强制解散,又称为裁定解散,或法院勒令解散,是指法院基于股东的申请,在公司经营管理出现显著困难,持续经营会重大损害股东利益,或董事、股东之间出现僵局等一系列情况出现,通过其他途径不能解决的解散事由出现,而作出公司强制解散的裁定。现行法律体制下,"公司法司法解释(二)"第一条明确规定了四种可以受理公司解散之诉的情形,应该视为现阶段判决解散的依据。上述情况,单独或合计持有公司全部股东表决权百分之十以上的股东具有此类非讼解散案件适格原告的主体资格。

单独或者合计持有公司全部股东表决权百分之十以上的股东,提起公司解散之诉,需要同时具备以下情形之一:① 公司持续两年以上无法召开股东会或者股东大会,公司经营管理发生严重困难的;② 股东表决时无法达到法定或者公司章程规定的比例,持续两年以上不能作出有效的股东会或者股东大会决议,公司经营管理发生严重困难的;③ 公司董事长期冲突,且无法通过股东会或者股东大会解决,公司经营管理发生严重困难的；④ 经营管理发生其他严重困难，公司继续存续会使股东利益受到重大损失的情形。

我国解散制度中规定对于公司形成的僵局状态能够通过股东知情权、回购股权、转让股权及股东会议召集和撤销权等来解决的，则排除在司法强制解散之外，也就是股东提起解散公司之诉的前置条件是需要竭尽公司所有内部救济措施。应该说我国解散清算制度在《公司法》及最高人民法院出台的司法解释后已经趋于完善合理，但是由于强制司法解散受理案件的条件严格及操作程序复杂，这类案件在人民法院受理的数量非常小，司法实践中存在人民法院将这种矛盾突出、容易引起上访事件发生的纠纷拒之门外的情况。

应该说，解散和清算公司对于公司股东和债权人来说，某种程度上，矛盾多于企业宣告破产案件。企业之所以宣告破产是因为企业财产和权能已经耗尽，对于内部股东没有维持的一丝意义，无法向企业债权人作以交待。而公司解散除自行解散、法定解散外，大部分处于公司股东、董事等僵持状态，如公司小股东权利受损，而公司控股股东或实际控制人根本无解散公司的想法，公司确实出现应该解散的情形，因为客观原因解散不能，这种情况下动用司法强制解散则使公司矛盾更突出，人民法院也无能为力。我国"公司法司法解释（二）"第五条规定的解散公司之诉的调解倡议中，协商收购股份、减资或退股方式确实为缓和公司僵局提供了对策。但试想，如果公司能够通过以上途径解决，那么股东则不必提出解散公司的请求。对于公司解散之诉，调解重要，对于公司制度下的其他纠纷诉讼，调解则更为重要，能够起到防微杜渐的作用。

6. 仲裁机构无权裁决解散公司

《最高人民法院关于撤销中国国际经济贸易仲裁委员会(2009)CIETACBJ裁决(0355)号裁决案的请示的复函》明确："根据《中华人民共和国公司法》第一百八十一条（现改为第一百八十条）的规定，仲裁机构裁决解散公司没有法律依据，属于无权仲裁的情形。"

（三）解散须经批准的公司类型

1. 证券公司

《证券法》第一百二十二条规定，证券公司变更证券业务范围，变更主要股东或者公司的实际控制人，合并、分立、停业、解散、破产，应当经国务院证券监督管理机构核准。

2. 证券登记结算机构

《证券法》第一百五十六条规定："证券登记结算机构申请解散，应当经国务院证券监督管理机构批准。"

3. 期货公司

《期货交易管理条例》规定，期货公司解散的，应当经国务院期货监督管理机构批准。

4. 重要的国有企业

《企业国有资产监督管理暂行条例》第二十一条规定："重要的国有独资企业、国有独资公司分立、合并、破产、解散的,应当由国有资产监督管理机构审核后,报本级人民政府批准。"

5. 商业银行

《中华人民共和国商业银行法》第六十九条规定:"商业银行因分立、合并或者出现公司章程规定的解散事由需要解散的,应当向国务院银行业监督管理机构提出申请,并附解散的理由和支付存款的本金和利息等债务清偿计划。经国务院银行业监督管理机构批准后解散。"

6. 保险公司

《保险法》第八十九条规定:"保险公司因分立、合并需要解散,或者股东会、股东大会决议解散,或者公司章程规定的解散事由出现,经国务院保险监督管理机构批准后解散。经营有人寿保险业务的保险公司,除因分立、合并或者被依法撤销外,不得解散。保险公司解散,应当依法成立清算组进行清算。"

7. 外资银行营业性机构

《中华人民共和国外资银行管理条例》第五十八条规定:"外资银行营业性机构自行终止业务活动的,应当在终止业务活动30日前以书面形式向国务院银行业监督管理机构提出申请,经审查批准予以解散或者关闭并进行清算。"

8. 外资保险公司

《中华人民共和国外资保险公司管理条例》第二十六条规定:"外资保险公司因分立、合并或者公司章程规定的解散事由出现,经中国保监会批准后解散。外资保险公司解散的,应当依法成立清算组,进行清算。经营人寿保险业务的外资保险公司,除分立、合并外,不得解散。"

(四)公司解散的程序

因《公司法》第一百八十条第一项、第二项、第四项、第五项规定而解散的解散程序如下。

1. 成立清算组

因上述原因解散公司的,应当在解散事由出现之日起十五日内成立清算组,开始清算。有限责任公司的清算组由股东组成,股份有限公司的清算组由董事或者股东大会确定的人员组成。逾期不成立清算组进行清算的,债权人可以申请人民法院指定有关人员组成清算组进行清算。人民法院应当受理该申请,并及时组织清算组进行清算。

2. 通知债权人

清算组应当自成立之日起十日内将公司解散清算事宜书面通知全体已知债权人,并于六十日内根据公司规模和营业地域范围在全国或者公司注册登记地省级有影响的报纸上进行公告。

3. 申报债权

债权人应当自接到通知书之日起三十日内,未接到通知书的自公告之日起四十五内,向清算组申报其债权。债权人申报债权,应当说明债权的有关事项,并提供证明材料。清算组应当对债权进行登记。在申报债权期间,清算组不得对债权人进行清偿。

"公司法司法解释(二)"第十一条规定,公司清算时,清算组应当按照《公司法》第一百八十五条的规定,将公司解散清算事宜书面通知全体已知债权人,并根据公司规模和营业地域范围在全国或者公司注册登记地省级有影响的报纸上进行公告。清算组未按照前款规定履行通知和公告义务,导致债权人未及时申报债权而未获清偿,债权人主张清算组成员对因此造成的损失承担赔偿责任的,人民法院应依法予以支持。第十二条规定,公司清算时,债权人对清算组核定的债权有异议的,可以要求清算组重新核定。清算组不予重新核定,或者债权人对重新核定的债权仍有异议,债权人以公司为被告向人民法院提起诉讼请求确认的,人民法院应予受理。第十三条规定,债权人在规定的期限内未申报债权,在公司清算程序终结前补充申报的,清算组应予登记。公司清算程序终结,是指清算报告经股东会、股东大会或者人民法院确认完毕。第十四条规定,债权人补充申报的债权,可以在公司尚未分配财产中依法清偿。公司尚未分配财产不能全额清偿,债权人主张股东以其在剩余财产分配中已经取得的财产予以清偿的,人民法院应予支持;但债权人因重大过错未在规定期限内申报债权的除外。债权人或者清算组,以公司尚未分配财产和股东在剩余财产分配中已经取得的财产,不能全额清偿补充申报的债权为由,向人民法院提出破产清算申请的,人民法院不予受理。

4. 进行清算

(1)自行清算。清算组在清理公司财产、编制资产负债表和财产清单后,应当拟定清算方案,并报股东会、股东大会或者人民法院确认。公司财产在分别支付清算费用、职工的工资、社会保险费用和法定补偿金,缴纳所欠税款,清偿公司债务后的剩余财产,有限责任公司按照股东的出资比例分配,股份有限公司按照股东持有的股份比例分配。清算期间,公司存续,但不得开展与清算无关的经营活动。公司财产在未依照前款规定清偿前,不得分配给股东。

清算组未按照前款规定履行通知和公告义务,导致债权人未及时申报债权而未获清偿,债权人主张清算组成员对因此造成的损失承担赔偿责任的,人民法院应依法予以支持。

(2)指定清算。有下列情形之一,债权人可以申请人民法院指定有关人员组成清算组进行清算,人民法院应当受理该申请,并及时组织清算组进行清算。① 公司解散逾期不成立清算组进行清算的;② 虽然成立清算组但故意拖延清算的;③ 违法清算可能严重损害债权人或者股东利益的。

公司债权人或者股东向人民法院申请强制清算应当提交清算申请书。申请书应当载明申请人、被申请人的基本情况和申请的事实和理由。同时,申请人应当向人民法院提交被申请人已经发生解散事由以及申请人对被申请人享有债权或者股权的有关证据。

公司解散后已经自行成立清算组进行清算,但债权人或者股东以其故意拖延清算,或者存在其他违法清算可能严重损害债权人或者股东利益为由，申请人民法院强制清算的，申请人还应当向人民法院提交公司故意拖延清算，或者存在其他违法清算行为可能严重损害其利益的相应证据材料。

被申请人就申请人对其是否享有债权或者股权，或者对被申请人是否发生解散事由提出异议的，人民法院对申请人提出的强制清算申请应不予受理。申请人可就有关争议单独提起诉讼或者仲裁予以确认后，另行向人民法院提起强制清算申请。但对上述异议事项已有生效法律文书予以确认，以及发生被吊销企业法人营业执照、责令关闭或者被撤销等解散事由有明确、充分证据的除外。

人民法院组织清算的，清算组应当自成立之日起六个月内清算完毕。因特殊情况无法在六个月内完成清算的，清算组应当向人民法院申请延长。

（3）破产清算。清算组在清理公司财产、编制资产负债表和财产清单后，发现公司财产不足以清偿债务的，应当依法向人民法院申请宣告破产。公司经人民法院裁定宣告破产后，清算组应当将清算事务移交给人民法院。

企业解散后债权人或股东向人民法院提出强制清算申请的，人民法院应当审查并依法受理。公司清算中发现符合破产清算条件的，应当及时转入破产清算。

5. 办理注销登记

公司清算结束后，清算组应当制作清算报告，报股东会、股东大会或者人民法院确认，并报送公司登记机关，公司清算组应当自公司清算结束之日起30日内向原公司登记机关申请注销登记。

公司申请注销登记，应当提交下列文件。

（1）公司清算组负责人签署的注销登记申请书。

（2）人民法院的破产裁定、解散裁判文书，公司依照《公司法》作出的决议或者决定，行政机关责令关闭或者公司被撤销的文件。

（3）股东会、股东大会、一人有限责任公司的股东、外商投资的公司董事会或者人民法院、公司批准机关备案、确认的清算报告。

（4）企业法人营业执照。

（5）法律、行政法规规定应当提交的其他文件。

国有独资公司申请注销登记，还应当提交国有资产监督管理机构的决定，其中，国务院确定的重要的国有独资公司，还应当提交本级人民政府的批准文件。

因合并、分立而解散公司，不用进行清算。公司合并，应当由合并各方签订合并协议，并编制资产负债表及财产清单。公司分立，其财产作相应的分割，并编制资产负债表及财产清单。公司应当自作出合并决议或者分立决议之日起十日内通知债权人。债权人自接到通知书之日起三十日内，未接到通知书的自公告之日起四十五日内，可以要求公司清偿债务或者提供相应的担保。公司应当自作出合并决议或者分立决议之日起三十日内在报纸上公告。因合并、分立而解散公司的，应当自公告之日起四十五日后申请注销登记，提交合并协议和合并、分立决议或者决定以及公司在报纸上登载公司合并、分立公告的有关证明和债务清偿或者债务担保情况的说明。法律、行政法规或者国务院决定规定公司合并、分立必须报经批准的，还应当提交有关批准文件。

公司注销登记完成后，公司公告终止。

（五）公司解散中的债权人保护

根据《民法典》、"公司法司法解释（二）"、《最高人民法院关于适用〈中华人民共和国企业破产法〉若干问题的规定（一）》（简称"企业破产法司法解释（一）"）等法律法规的相关规定，债权人在公司解散中为维护其权利，主要可以行使以下权利。

1. 申请强制清算或者破产清算

公司逾期成立清算组或者怠于组织清算的，债权人可以申请人民法院指定有关人员组成清算组进行清算。

企业法人已解散但未清算或者未在合理期限内清算完毕，债权人申请债务人破产清算的，除债务人在法定异议期限内举证证明其未出现破产原因外，人民法院应当受理。

2. 要求公司股东、董事等承担赔偿责任

有限责任公司的股东、股份有限公司的董事和控股股东，以及公司的实际控制人在公司解散后，恶意处置公司财产给债权人造成损失，或者未经依法清算，以虚假的清算报告骗取公司登记机关办理法人注销登记，债权人主张其对公司债务承担相应赔偿责任的，人民法院应依法予以支持。

3. 要求公司股东、董事承担清偿责任

公司未经清算即办理注销登记，导致公司无法进行清算，债权人主张有限责任公司的股东、股份有限公司的董事和控股股东，以及公司的实际控制人对公司债务承担清偿责任的，人民法院应依法予以支持。

4. 要求股东或者第三人承担保证责任

公司未经依法清算即办理注销登记，股东或者第三人在公司登记机关办理注销登记时承诺对公司债务承担责任，债权人主张其对公司债务承担相应民事责任的，人民法院应依法予以支持。

5. 要求未出资股东及其他股东或发起人承担连带清偿责任

公司解散时，股东尚未缴纳的出资均应作为清算财产。股东尚未缴纳的出资，包括到期应缴未缴的出资，以及依照《公司法》第二十六条和第八十条的规定分期缴纳尚未届满缴纳期限的出资。公司财产不足以清偿债务时，债权人主张未缴出资股东，以及公司设立时的其他股东或者发起人在未缴出资范围内对公司债务承担连带清偿责任的，人民法院应依法予以支持。

（六）公司解散所引起的其他法律后果

1. 办理有关注销手续

《企业国有资产产权登记管理办法》第九条规定，企业解散、被依法撤销或者被依法宣告破产的，应当自该情形发生之日起三十日内办理注销产权登记。

2. 抵押权人提前行使抵押权

《中华人民共和国城镇国有土地使用权出让和转让暂行条例》第三十六条规定："抵押人到期未能履行债务或者在抵押合同期间宣告解散、破产的，抵押权人有权依照国家法律、法规和抵押合同的规定处分抵押财产。"

3. 无偿收回划拨土地使用权

《中华人民共和国城镇国有土地使用权出让和转让暂行条例》第四十七条规定："无偿取得划拨土地使用权的土地使用者，因迁移、解散、撤销、破产或者其他原因而停止使用土地的，市、县人民政府应当无偿收回其划拨土地使用权，并可依照本条例的规定予以出让。"

4. 信托终止

根据《中华人民共和国信托法》第三十九条的规定，设立信托后，委托人死亡或者依法解散、被依法撤销、被宣告破产时，委托人是唯一受益人的，信托终止，信托财产作为其遗产或者清算财产。

5. 终止股票、债券上市交易

根据《证券法》规定，上市公司解散的，由证券交易所决定终止其股票或者公司债券上市交易。此外，上市公司解散的，还应当立即将有关解散的情况向国务院证券监督管理机构和证券交易所报送临时报告，并予公告，说明事件的起因、目前的状态和可能产生的法律后果。

6. 更换股票

《证券法》规定，收购行为完成后，收购人与被收购公司合并，并将该公司解散的，被解散公司的原有股票由收购人依法更换。

7. 办理注销税务登记

《中华人民共和国税收征收管理法实施细则》第十五条规定："纳税人发生解散、破产、撤销以及其他情形，依法终止纳税义务的，应当在向工商行政管理机关或者其他机关办理注销登记前，持有关证件向原税务登记机关申报办理注销税务登记。"

《中华人民共和国税收征收管理法实施细则》第五十条规定："纳税人有解散、撤销、破产情形的，在清算前应当向其主管税务机关报告；未结清税款的，由其主管税务机关参加清算。"

8. 保证金支付

根据《直销管理条例》第三十条的规定，直销企业发生停业、合并、解散、转让、破产等情况，无力向直销员支付报酬或者无力向直销员和消费者支付退货款的，国务院商务主管部门和国务院工商行政管理部门共同决定，可以使用保证金。

根据《旅行社条例》第十五条的规定，旅行社因解散、破产或者其他原因造成旅游者预交旅游费用损失的，旅游行政管理部门可以使用旅行社的质量保证金。

9. 劳动合同终止

根据《中华人民共和国劳动合同法》（简称《劳动合同法》）第四十四条的规定，用人单位被吊销营业执照、责令关闭、撤销或者用人单位决定提前解散的，劳动合同终止。

根据劳动合同期限，将到期员工适时终止劳动关系。公司解散前如涉及劳动合同期限届满的员工，可根据合同期限终止劳动关系，劳动合同期满终止劳动关系，公司仍需按照每满一年支付一个月工资的标准向员工支付经济补偿金。劳动合同期满终止劳动关系法律没有规定需要提前一个月通知员工，但公司可以提前一个月通知员工，让其了解劳动关系情况，做好相应离职准备。

公司可与员工适当协商一致解除劳动合同，协商降低或增加补偿金、赔偿金等金额，在真实意思表示下签订的协商一致解除协议为有效。很多公司解散清算前，已没有充足的资金进行员工清退安置，在此种情况下，如果员工同意，双方可以签署协商一致解除协议，就解除或者终止劳动合同办理相关手续，支付工资报酬、加班费、经济补偿或者赔偿金等达成的协议，在不违反法律、行政法规的强制性规定，且不存在欺诈、胁迫或者乘人之危情形的，该协议及达成的解除赔偿金额是有效的。但提醒注意的是，如果出现欺诈、胁迫、乘人之危、重大误解、显失公平这些情形的，该协议涉及无效或可撤销，其中的内容自然也不会得到法院的支持。其中，显失公平的情况需要结合具体案件、具体情况进行判断，个别案件中在员工主动要求协商一致解除的情况下，即使没有经济补偿金，也是真实、有效、获得支持的。因此种方式相对有一定风险，还是建议慎重操作。

在公司作出解散决议后，按照《劳动合同法》第四十四条规定，按照公司解散终止劳动关系，支付经济补偿金。这种情况下，即使劳动合同未到期，也可以按照工作每满一年支付一个月工资的标准向员工支付经济补偿金。因此种解除属于劳动合同终止，如果员工不配合签署相关离职文件，在公司解散事由发生后，公司通知员工，并按法律规定支付经济补偿金即可发生劳动合同终止的效力。公司支付经济补偿金需要注意扣除个税，避免发现后补税已无法向员工追还。合同到期解除，经济补偿金需并入当月工资中，与工资一并计算个税金额纳税。协商一致解除及其他情况，补偿金在当地上年职工平均工资 3 倍数额以内的部分，免征个人所得税；超过 3 倍数额的部分，不并入当年综合所得，单独适用综合所得税率表，计算纳税。在处理公司解散和终止劳动合同期间，用人单位还应该依法将涉及劳动者切身利益的这一重大事项的决定向劳动者公示以告知劳动者。

劳动关系处理是公司解散清算中的重要组成部分，是职工在公司宣布解散前，参加公司生产经营活动而应获得的报酬，包括标准工资、奖励工资、津贴和其他工资收入。社会保险则是法律、法规规定的，公司应为职工缴纳的各种保险费，包括职工养老、疾病、伤残、生育、失业等特殊情况下的社会保险费用。职工工资和社会保险都与职工切身利益有关，因此《公司法》规定，拨付清算费用后，首先支付职工工资和社会保险两种费用。值得注意的是，公司解散后，清算过程中发生的职工工资、劳动保险费用等，对因参加清算工作未解除劳动合同关系的职工来说，属于清算费用，优先拨付。

10. 妥善安置职业病患者

《中华人民共和国职业病防治法》第六十条规定："用人单位在发生分立、合并、解散、破产等情形时,应当对从事接触职业病危害的作业的劳动者进行健康检查,并按照国家有关规定妥善安置职业病病人。"

二、公司清算

长期以来,有关公司清算的问题一直是困扰公司股东、公司债权人以及政府有关主管部门的一大难题。这不仅因为公司清算直接关系到公司股东以及公司债权人的利益,而且因为公司清算是公司退出市场机制的重要组成部分,对正常市场经济秩序的建立具有重要影响。

(一)公司清算程序启动方式

公司清算,也称公司清盘,是指公司解散后,负有公司清算义务的主体按照法律规定的方式、程序对公司资产、负债、股东权益等公司的状况进行全面的清理和处置,清理债权债务,处理公司财产,了结各种法律关系,并最终消灭公司法人资格的一种法律行为。公司解散后,除因各种合并或者分立的事由外,都要经过清算程序。公司清算包括破产清算和解散清算,破产清算适用《企业破产法》的规定,解散清算分为自行清算和强制清算。

1. 自行清算方式

自行清算又称普通清算,是指公司解散后自己组织清算机构进行的清算。自行清算依赖于股东和清算义务人的诚信和公司资产足以清偿债务,任一主体阻碍清算,自行清算都难以维持下去,即需要通过强制清算解决。

普通清算基于公司章程规定的事由出现;股东会决议解散;依法被吊销营业执照、责令关闭或被撤销而解散;股东申请人民法院解散等四种情形。由于强制解散和强制清算程序属于两个不同的诉讼程序和案由,需要适格主体分别提起,所以在股东申请人民法院解散公司后,公司仍然可以组织自行清算。自行清算由股东自行进行,债权人一般并不介入,法院只起消极监督作用,这种监督在现行法律下只对有争议的债权有确认的作用。当然,事后监督无处不在。清算组成员因故意或重大过失给公司或债权人造成损失的,应当承担赔偿责任。在"公司法司法解释(二)"中规定了九种责任可对清算组、股东、董事、控股股东、实际控制人或清算组成员寻求责任赔偿,所以公司自行清算这种公司自治清理制度虽然赋予了清算组成员非常大的自由空间,但由于相应程序无人民法院的裁决确定,要求按更严格的法律程序进行。

2. 强制清算方式

强制清算,又称法定清算或特别清算,是指普通清算程序开始后,因法定事由的发生而转入特别清算程序的清算。普通清算程序启动后不能正常进行时才可由公权力介入进行强制清算。强制清算由债权人或股东申请启动,债权人依法申请人民法院指定清算组进行清算的,或债权人依照"公司法司法解释(二)"第七条第二款未提起清算申请的,公司股东可以申请人民法院指定清算组对公司进行清算的,人民法院应予受理。强制清算是以债权人或股东为主体启动的清算程序。强制清算的法定性在于,清算组成员由人民法院指定并更换,对债权的确认、清算方案和清算报告经人民法院确认。

3. 破产清算方式

破产清算,是指在公司不能清偿到期债务的情况下,依照《企业破产法》的规定所进行的清算。破产清算是法院以裁定方式作出的认定债务人已经缺乏清偿债务的能力,应当依照破产程序进行的清算。破产清算完全由公权力介入,破产条件的具备需要法院审查确定,破产清算的程序也需要人民法院全程监督。管理人指定的法定性、债权人会议积极参与制度、破产费用和共益债务、重整机制等均是破产清算有别于一般清算之处。同时,由于清算目的不同,破产清算过多关注的是债权人债权是否得到了公平的清偿,而一般清算则过多关注终止公司法人资格问题,只在发现公司资产不能清偿债务时转入破产清算程序。一般清算在程序和处理上与破产清算的操作模式互有借鉴意义,除具有剩余财产内容外,破产清算与一般清算有异曲同工之处。

(二)公司清算与公司解散的关系

公司清算是法律的强制性要求,而公司解散在多数情况下是公司或其股东的一种自发或自愿行为,如营业期限到期、决议解散、公司合并与分立等。但有时公司解散也是一种因外界行为的发生或法律强制性要求而发生的被迫行为,如公司被吊销执照、责令关闭或被撤销以及法院的判决或裁定等。

1. 程序不同

解散和清算是两个完全独立的法律程序,如前所述,在自行解散程序中,公司出现解散事由后,依法成立清算小组,公司才正式进入了由清算小组接管的清算程序。在强制解散后,法律仍然赋予了公司自行清算的权力,所以在我国"公司法司法解释(二)"中,解散和清算,人民法院不能一并受理。解散属于确认之诉,清算属于非讼案件。只有在公司怠于履行清算义务或者对公司、债权人财产造成损失时才启动强制清算程序。

2. 解散和清算是前后衔接的两个必经程序

公司解散是公司主体注销的前置条件和程序,是公司走向最终消亡的前提。公司在解散事由出现后还需要经过一系列的清算程序,将公司原来遗留的所有事务和公司的对外、对内权利义务全部清理完毕才能正式办理注销登记手续,最终宣告公司主体资格消灭,如同宣告自然人的死亡。但是一般情况下公司清算在先,死亡在后,而自然人死亡在先,清理遗产在后。因为公司的债权债务和股东的各项权益一般情况下在公司注销后随即消灭,除非股东或清算组成员有侵害公司或债权人财产的情况,公司的股东或债权人均不得再行主张权利。而自然人死亡由于其遗产在遗嘱继承范围外,要通过法定继承方式由继承人承受其遗产,承担其债务,所以自然人称之为处理"后事"。这样,公司在注销前解散后的清算过程就显得非常重要,既保证了公司股东利益,又确保了公司债权人的合法权益,同时一定程度上减少了公司法定清算组成员受到追索或牵连的风险,依法的准入和退出制度对维护社会经济秩序起到很大的作用。

解散是清算的前提和基础，清算是解散的后续和必经阶段。除合并、分立外，当公司出现解散事由后，下一步必须履行清算程序，不允许不了了之。否则，作为公司的债权人和股东，均有权启动强制清算程序，即要求人民法院以公权力介入，进行监督性的强制清算。相反，当公司不符合解散条件时，或者解散的成因事实和机制不健全时，也不能进入清算程序，否则清算缺乏前提和基础。

根据《公司法》的规定，公司解散后应当进行清算，但并不是所有的解散都应当进行清算。如公司因合并或分立需要解散时，由于原公司的债权和债务将由新公司享有和承担，从而使公司股东以及公司债权人的利益有法律上的保障。在这种情况下，公司并不一定清算，《公司法》也没有要求在这种情况下必须进行清算。

（三）公司股东请求人民法院解散公司

《公司法》赋予了公司股东请求人民法院解散公司的权利。"公司经营管理发生严重困难，继续存续会使股东利益受到重大损失，通过其他途径不能解决的，持有公司全部股东表决权百分之十以上的股东，可以请求人民法院解散公司。"但是股东如何行使这一权利以及法律如何保障公司股东这一权利的实现却存在一定问题。

"公司经营管理发生严重困难"与"股东利益受到重大损失"并没有明确的标准，现实中也不可能有这样的标准，因为在不同的职业经理人面前，经营管理是否困难以及股东是否将遭受重大损失的标准或看法可能不一样。正因为如此，公司股东尤其是小股东几乎没有办法证明上述问题存在。

公司股东提出解散公司的前提条件之一还必须是在发生上述问题后通过其他途径无法解决，但《公司法》并没有明确界定什么是其他途径。其他途径是法律救济途径还是一般意义上的经济手段？诸如资产重组、聘请其他专业人士经营管理等是否属于其他途径？因此，公司股东在向法院提出申请时将无法证明是否已经采用了所有的其他途径且不能扭转局面。原告股东起诉时需要准备的证据包括：证明公司的经营已连续几年亏损的情况的证据，如财务审计报告等；造成公司亏损的主要原因的证据，以及这个原因是无法挽救和克服的证据，如公司主导产品没有市场或根本没有市场等；公司的小股东向公司的控股股东提交的就上述原因和亏损情况要求解散公司的书面函件，该函件应说明亏损情况、亏损原因以及不可克服性、要求解散的意见和要求限期召开股东会对解散公司进行表决的请求、要求控股股东于要求日期内答复和逾期不答复视为同意等内容，以及控股股东的回复情况等，属于穷尽了其他途径仍然不能解决的证据；原告股东的持股比例超过10%的证据以及公司章程等。

《公司法》还规定，公司股东请求法院解散公司时，还必须得到公司全部表决权10%以上的股东通过。首先，该规定可能没有平等保护持有公司10%以下表决权的小股东的权益，因为除非联合其他股东，该小股东是不可能直接享有这一权利的。其次，这条规定可能与《公司法》第三十七条的规定存在冲突。第三十八条规定公司解散的决定权归属公司股东会而非少数或个别股东。这一冲突的存在可能导致法院不受理此案或受理案件存在问题。为避免这一问题，律师在起草公司章程或代理诉讼时，应当充分考虑二者之间的关系，并采取措施避免实施过程中可能发生的冲突。

（四）债权人是否有权要求人民法院解散公司并进行清算

《公司法》没有赋予公司债权人请求人民法院解散公司的权利，即使公司出现了公司股东有权提出解散公司请求的情况，如经营管理出现严重困难、无法通过其他途径解决等。而《公司法》的宗旨之一就是要保护公司债权人的利益。为此，有无必要设定在发生同样情况时债权人享有与股东同样的请求人民法院解散的权利值得考虑。

虽然《公司法》规定公司债权人有权请求人民法院组织成立清算委员会对公司进行清算，但公司债权人行使该权利的前提是公司已经解散且没有成立清算委员会。而公司是否已经解散以及是否依法成立了清算组，债权人并不掌握或无法掌握。因此，债权人请求人民法院组织成立清算委员会的权利并不容易实现。另外，由于《公司法》没有关于公司清算期限的规定，也没有关于清算委员会承担责任的相应规定，如果公司清算后立即组织成立所谓的清算委员会但并不真正进行清算或采取故意拖延时间等方式损害债权人的利益，那么，在这种情况下，公司债权人是否有权要求法院另行组织清算委员会进行清算，也值得考虑。

（五）人民法院能否在裁定解散公司的同时裁定直接进入清算程序

《公司法》赋予了公司股东请求法院解散公司的权利，但该股东在提出解散公司请求的同时，是否有权要求法院直接组织清算委员会进行清算？这里存在两个问题。

1. 公司股东是否有权要求人民法院组织清算？

《公司法》对此并没有明确的规定。相反，《公司法》只是赋予了公司债权人这一权利。因此，公司股东要求法院组织成立清算委员会进行清算并没有直接的法律依据。但是，实践中的大量情况是，当公司股东发生争议时，公司自行组织清算委员会基本上是不可能的。因此，《公司法》的这一不明确规定，既不利于保护公司和公司股东的利益，也不利于保护公司债权人的利益。公司股东应当享有要求法院组织清算的权利。

2. 公司股东在提出解散公司请求的同时，是否有权要求人民法院直接组织清算委员会进行清算？

按照以往的司法解释，人民法院无权裁定组织清算委员会并进入清算程序。但新修订的《公司法》规定，在公司解散而又没有依法成立清算委员会的情况下，公司债权人（非公司股东）可以请求人民法院组织成立清算委员会并对公司进行清算。可以看出，人民法院裁定组织清算的前提是：公司解散后没有依法成立清算委员会且公司债权人（非公司股东）提出组织成立清算委员会的请求。据此，人民法院完全可能在裁决公司解散时并不裁定直接进入组织清算委员会的程序。因此，律师在代理当事人提出诉讼请求时，在相关规定并不十分明晰的情况下，一般不宜提出直接要求进入清算程序的请求。

（六）人民法院在清算中的地位与作用

《公司法》赋予人民法院组织人员成立清算组并进行清算的职能，明显打破了以往法院不能受理清算案件的拘束。但是人民法院在组织清算过程中到底具有什么样的职能并不明确。根据《公司法》现有条文的规定，法院的职能仅限于组织清算委员会的成立、确认清算方案以及确认清算报告。除此之外，法院是否还有其他职能？例如，是否有权对有关事项进行裁决？是否有权直接参与或指导清算？是否有权进行更正甚至否定清算委员会的意见？法院与清算委员会意见不同时怎么处理等？这些职能不明确一方面可能限制人民法院发挥其应有的作用，另一方面也可能导致人民法院滥用司法权利。

（七）律师在清算委员会中的地位与作用

由于《企业破产法》出台及最高人民法院相关的若干规定的相继施行，律师及会计师事务所、破产清算事务所等专业中介机构及个人介入公司广义清算的事务逐年增多，而且管理人名册中被列入的中介机构基本成为公司广义清算事务中的主力，所以不可忽视律师等破产管理人在清算中的地位和作用。在自行清算中，由于清算的随意和自控，在现实中律师与清算组的关系大体有两类。一类是律师作为清算组，直接接管公司，对公司进行全权的清理，类似破产管理人的地位，权利大，责任也多，易受到清算不当的民事责任后果追究。另一类是律师作为清算组聘请的全程法律顾问，指导并协助清算组完成公司的清算，不接管公司财产，不全权负责公司的清理，不属于清算组成员，当然不承担民事责任。二者关系的不同也同样决定律师的权限和报酬，全权负责公司清算可以参照破产管理人制度，工作方式方法可以参照最高人民法院关于审理企业破产案件指定管理人的规定，报酬的支付标准则可以适用最高人民法院关于审理企业破产案件确定管理人报酬的规定。当然，对于清算组聘请的法律顾问，现行法律无地位的界定，但是否应划为清算组聘请的工作人员范畴值得探讨。但两类人员的报酬在自行清算中均列入清算方案中，需要通过股东会进行最终确认。如果律师作为清算期间诉讼事务的代理人，与上述两种情况不同，其基于授权受雇于公司，以委托人身份负责处理诉讼事务，其所收取的报酬仍然计入清算费用。

（八）清算人的地位、作用

1. 清算人与清算义务人的地位

清算人在我国法律体系中规定不够统一，在我国《公司法》中清算主体称为清算组，《企业破产法》中清算主体称为管理人。但清算人的地位和作用大体一致，均是组织实施公司具体清算事务，为公司注销登记，付诸行动的自然人或法人。

除法定解散中合并和分立公司不需要进行清算和特别清算中清算成员由人民法院确定外，公司的清算组均由公司自行确定。我国《公司法》第一百八十三条规定的具有确定清算组成员义务的人员为公司清算义务人。由于清算义务人的法定和义务双重属性，除在公司制度上对清算人追究责任外，同样规定对于清算义务人延误清算，导致公司财产损失对公司债权人和股东的补充赔偿责任。

2. 解散清算中公司的能力与清算人的作用

解散清算中的公司由于其主体资格未通过工商登记机关注销，公司仍然具有完整的民事权利能力，只是经营权利受到限制（公司只能围绕着清理公司财产的相关事宜进行），公司的代表变更为公司登记机关备案的清算组，但公司仍然以其自身为主体独立行使民事权利和承担义务。主要体现在以下几个方面。

（1）公司主体资格存续，在诉讼和清算事务中为独立主体承担民事权利和义务。

（2）清算人对内作为公司决策机构和对外代表公司进行民事和诉讼活动。原公司的股东会、董事会等机关依然存续，但丧失其实际地位，由清算人对外代表公司进行民事活动。如果公司存在董事、监事等缺位情形，不必进行选举或更换，保持原有公司状态。

（3）公司权利能力和行为能力仅限于清算的目的，不得从事与清算业务无关的经营活动。此时公司原有法律关系保持不变，不允许股东转让其股权，股东同时不享有盈余分配请求权。

清算组负责人代表公司，相当于原法定代表人地位，在公司办理注销前以公司名义进行民事活动。对于刻制印章问题，由于公司自行清算无法律明确规定，可以参照《企业破产法》中破产管理人制度，为了清算这一专项事务，清算组可以刻制印章，并交工商行政管理部门备案，便于清算组与公司以往业务责权区分。

3. 清算组的形成和议事规则

（1）清算组的形成。有限责任公司的清算组来源自股东，清算义务人与清算组成员身份重合，不可任意确定。股份有限公司中，董事、股东大会具有确定清算组的法定义务，由以上人员内部选举或对外聘任清算组。在公司外聘清算组或人民法院指定清算组时，清算组成员可以是公司董事、监事、高级管理人员、股东、主管部门、中介机构等或中介机构中的其他专业人员。清算组成员选定遵循与公司、股东没有利害关系和有利于保证清算公正的原则进行。出现不利于清算事务的法定情形应该依照选举程序更换清算组成员。在股份有限公司对于有职工持股的（或工会持股，抑或信托持股）或具有国有股权的情况下，清算组成员中应该有经过合法程序确认或工商登记中确定的职工持股或工会代表加入，而且为了获取这种共有股权中共有权人的利益，确定分配方案时，共有股权的代表人必须取得合法的授权。

公司自行清算情形基于公司股东会或股东大会的决议形成，在解散的同时，清算组成员可以一并选举产生，尤其在公司股东会难于召集或职工持股的情况下适宜采用这种操作方式。清算组形成后应当依照《公司登记管理条例》的规定，自成立之日起10日内将清算组成员、清算组负责人名单向公司登记机关备案。

（2）清算组成员组成。关于清算组的成员人数，法律未作出限制性或倡议性规定，现实中可以是单数，也可以是复数；既可以是自然人，也可以是法人。清算组为法人时，仍然由法人派出自然人代表参与清算。但是按照多数决的原则，当清算组成员为自然人时，笔者建议人数为单数。除对于法定通过股东会确认的程序外，大部分时间均是清算组自行处理清算事务，引用多数决的原则便于清算工作的推进和责权区分。

（3）清算组的议事规则。现行清算制度下，清算组的召集程序、议事规则和表决程序均没有明确法律依据，所以在清算组成员为自然人时，经常发生问题：一方或多方故意不参加会议致使清算会议无法召开，或虽参加会议，但由于议决事规则不清晰，而不能达成一致或多数意见，构成清算僵局。笔者建议建立如下清算组的议事规则。

第一，建立清算组代表制度。各清算人是不可分割的一个整体，每个清算人应该均可代表公司，所以实践中，在清算组为自然人数人时大多采取清算代表人制度。"公司法司法解释（二）"第十条第二款规定："公司成立清算组的，由清算组负责人代表公司参加诉讼。"此规定可以作为清算组代表制度的理论依据。

第二，章程或现行法律对议事规则进行规定，或者公司最好在清算组形成之前或形成之时制定规则，并得到公司董事会、股东会或所有清算成员的认同或通过。

（九）公司清算与相关诉讼或仲裁之间的关系

在公司清算过程中，经常会遇见公司或公司清算委员会在诉讼或仲裁中作为被告或被申请人的情况。由于诉讼或仲裁的过程一般较长，公司清算委员会不得不等待法院生效判决或仲裁裁决甚至中止清算，清算工作经常被无限期拖延。在此期间，公司由于不能开展与清算无关的活动，其资产会受到一定程度的损失，不仅影响公司以及公司股东的利益，同时也会损害公司债权人的利益。实际上，对于正在进行的诉讼或仲裁的债权人的利益采取必要的措施给予保护（如采取提存公证方式将债权人应得的利益予以充分预留），清算完全可以正常进行而不受影响。因此，是否有必要对清算期限给予合理的限定以及对清算与诉讼或仲裁的关系进行规定，也值得研究。

（十）公司清算中的债权申报

债权人的地位不同于破产清算中债权人会议的作用和权限，主要原因是解散清算中公司有剩余财产，而破产清算中，由于破产企业财产不足以清偿债务，债权人的债权不会得到全额或完整的保护，则债权偿还方案关系到每个债权人的重要利益。而解散清算中由于能够足额偿还债务，完整保护债权人的利益后公司仍有剩余。这一重要区分导致解散清算中不需要引入债权人会议，而且法律对债权的确认仍然规定了诉讼确认和提出质疑的权利，并且规定了对超期申报债权的救济，这些都是债权人可以一步到位寻求法律帮助的途径。

与此同时，债务的清偿方案是否需要经全体债权人确认在公司自行清算程序中无规定，在向破产清算转化时采取了债权人通过理论，通过后可不向破产清算转换，直接终结解散清算，减少了司法成本。应该说，如果在公司清算中债务清偿矛盾不多，而且资产负债率相对较高，完全不用考虑债权人想法，情况相反则应该引用债权人通过理论，采取债权人会议制度，或采取逐个确认清偿的方法，避免纠纷和矛盾。

1. 关于公司清算通知和公告的问题

公司清算通知和公告的问题主要表现为清算委员会故意不通知相关债权人，或因为疏忽而没有通知相关债权人，或者虽然通知或公告但由于邮寄的原因或者因公告送达方式的局限性而没有送达相关债权人，最终导致债权人无法知道债权申报，或虽然知道但已经超过申报期限。很明显，这不利于保护公司债权人的利益，但《公司法》并没有关于公司清算在通知和公告送达方面的强制性规定。为此，有关公司清算的公告、通知在形式和方法上应当有必要的要求。同时，还应当规定因清算委员会的过错而导致债权人无法申报债权并遭受损失的，清算委员会及其成员应当承担相关的责任。

2. 关于债权人超过债权申报期限进行申报是否有效的问题

《公司法》对此也没有明文规定。实践中是否可以这样处理：由于债权人自身的过错而逾期申报债权的，如果清算已经完成，应当免除清算公司或其股东的责任；如果清算仍在进行的，应当依法确认其债权申报；由于清算委员会的过错而导致债权人逾期申报债权的，清算委员会应当依法确认其债权申报；公司已经清算完毕的，债权人应当有权向公司股东主张权利。

3. 关于清算委员会的相关责任问题

保证清算委员会正确行使权利或防止清算委员会滥用权利是维护公司股东和公司债权人的重要保障。由于清算委员会毕竟代表公司或公司股东的利益，而公司债权人也没有必要的手段知悉公司清算的过程，更不可能对公司清算进行必要监督。因此，在清算过程中，经常出现清算委员会故意或过失损害公司债权人利益的行为，然而几乎没有清算委员会或其成员因其过错行为而承担相关责任的先例。对于清算委员会的过错行为应承担的责任，相关法律、法规缺乏相应规定。为此，有必要建立追究清算委员会或其成员相关责任的程序和制度。

4. 清算中劳动债权的处置

一般情况下，企业拖欠职工工资和保险等费用的，在企业的相关财务会计资料和劳动保障部门等书面文件中有明确记载，清算组应该对上述资料进行调查核实后列出清单，并将清单在企业经营场所予以公示，职工对清单记载有异议的，可以请求清算组予以更正，管理人不予更正的，职工可以向人民法院提起诉讼，请求确认债务人拖欠工资和福利的具体数额。我国《公司法》及相关司法解释中对一般债权的质疑途径，应该同样适用于劳动债权。

（十一）清算僵局的救济

1. 公司僵局的形成

公司经营期间出现的股东董事僵局在公司解散期间仍然会出现，这种僵局可能因为清算组成员的意见分歧、清算方案迟迟不能通过等原因进行不下去，救济是个棘手问题。我国现行的公司解散清算制度下，未规定清算僵局的处理方式，在我国强制清算制度中，由于司法机关指定清算组，一般情况下，从破产管理人名录中抽取，此种情况下，清算组由一个法人或一个自然人主体组成，不会产生分歧，而且清算方案由人民法院通过公权力加以确认，不易出现久拖不决的现象。而在我国由公司自行清算的状况下，在有限责任公司兼有股东及义务人身份的清算组，以及股份公司确定多名自然人组成清算组成员的情况下，则易出现僵局。

所以，这种公司清算僵局是公司清算中极易出现且不能逾越的障碍，清算僵局的解决途径直接关系到公司解散清算的顺利进行、法律目的的实现和交易顺利进行。

2. 公司清算僵局的解决途径

"公司法司法解释（二）"第七条第二款规定了三种自行清算向强制清算过渡或转化的情形，其中，有两项为"虽然成立清算组但故意拖延清算"和"违法清算可能严重损害债权人或股东利益的"。但该两项规定均指在公司已经成立清算组的前提下，很显然，成立清算组后存在上述两项情形符合强制清算转移的条件，也就是这两种情形下，人民法院可以依公司债权人和股东的申请重新指定清算组对公司进行强制清算，否认了原清算组成员的身份，意为更换清算组的动因。

此两项规定不能满足实际业务中其他僵局情况的处理和救济，并且该司法解释的此项规定对于"严重损害债权人或股东利益"的界定同样难于举证、认定和操作。这需要更细化清算僵局的界定，扩大清算僵局转向强制清算的范围，在当前公司法人治理结构和清算制度运用不健全的时期采取一个立法过渡，适当放宽强制清算转化的范围，将清算组内部意见分歧对清算事务达不成一致意见、清算组制订的清算方案经过股东会或股东大会表决超过五次以上或清算程序（除涉案诉讼时限外）长达一年仍然不能通过且清算无实质性进展的情况等列入强制转化清算范围。应该说，强制清算的指导、监督机制虽不及破产清算中人民法院的作用显著，但是强制清算对于维护股东合法利益的平衡、保护债权人合法权益及职工利益均是有益无害的，增加了人民法院涉案的数量和法院审理负担的同时，在保持各方利益的均衡和社会稳定方面，利大于弊。

我国现今自行清算过渡为破产清算有法可依，但也只针对债务清偿方案经全体债权人确认且不损害其他利害关系人利益的情况。对于清算组制定的清算方案及清算其他事务是否承继，既成事实和对清算组成员是否认可和以何种方式更换的诸多问题，仍然没有明确依据。所以笔者建议将人民法院介入后对强制清算和破产清算中清算组成员更换，以及清算组前期既成事实部分认定原则加以明确规定，弥补清算转换程序的不足。

三、公司解散、清算中的法律责任

解散、清算制度之所以能够行之有效，保障公司合法退市制度，主要是对清算义务主体及清算人有一定的职责制约，督促公司相关义务主体依照法定程序严格地履行清算义务。

（一）民事责任

1. 清算组妨碍清算的侵权赔偿责任

（1）清算组未履行向债权人通知和公告义务，导致债权人未及时申报债权而未获清偿，公司债权人可以主张侵权赔偿责任。

（2）执行未经确认的清算方案给公司或债权人造成损失，公司、股东或债权人可以主张侵权赔偿责任。

（3）清算组从事清算事务时，违反法律、行政法规或公司章程给公司或债权人造成损失，公司和债权人可以主张侵权赔偿责任。

2. 清算义务人妨碍清算的侵权赔偿责任

（1）未在法定期限内成立清算组进行清算，导致公司财产贬值、流失、毁损或灭失，在造成损失范围内对公司债务承担赔偿责任。

（2）怠于履行义务，导致公司主要财产、账册、重要文件等灭失，无法进行清算，对公司债务承担连带清偿责任。

（3）在公司解散后，恶意处置公司财产给债权人造成损失或者未依法清算，以虚假的清算报告骗取公司登记机关办理法人注销登记，上述责任主体承担责任。

3. 股东或发起人出资不足的补充连带责任

未缴出资股东以及设立时的其他股东或发起人，在未缴出资范围内对公司债务承担连带清偿责任。

4. 承诺第三人的补充连带责任

未经清算即办理注销登记，导致公司无法进行清算，在工商登记部分承诺承担法律责任的第三人可以承担民事责任。

5. 内部责任分清

上述责任人为二人以上的，其中一人或数人承担民事责任后，主张其他人员按照过错大小分担责任的，人民法院应予以支持。

（二）行政责任

清算组作为公司特殊时期一个责任主体，除承担民事责任外，仍然可以承担行政责任，而且这种行政责任是脱离公司的独立责任。但同样，如果清算组承担民事赔偿责任和缴纳罚款、罚金后，其财产不足以支付，民事赔偿具有优先顺位。

（三）刑事责任

我国《刑法》第一百六十二条对清算人和清算义务人等直接责任人员在公司、企业进行清算时，隐匿财产，对资产负债表或者财产清单作虚伪记载或者在未清偿债务前分配公司、企业财产，严重损害债权人或者其他人利益的规定了刑事责任。

（四）现行解散、清算责任的不足

1. 引用可撤销侵权之诉制度

上述民事和刑事责任均是在公司清算阶段的责任依据，但是许多公司清算前即已经开始侵害债权人和其他人利益，如解散前一定时期出现《企业破产法》第三十一条中无偿转让财产、以明显不合理的价格进行交易、放弃债权等侵害股东利益的情况。这些情况虽然远不及破产中对债权人的利益侵害严重，但同样损害其他权利主体的直接利益。《企业破产法》将这部分行为划入可撤销债务人行为之列，即管理人有权请求人民法院撤销该债务人侵权行为，言外之意，对债权人能够分到仅存财产权益进行了最大限度的保护，而在《公司法》解散、清算中显然无此立法保护。

2. 解散清算程序的不足

我国法律制度中对公司管理层及控制股东的侵权责任纠纷虽为解散、清算之前责任追究提供了有效的法律保障，而且"公司法司法解释（二）"第十二条同样规定了债权人异议的处理方式，但由于立法中未规定侵权责任纠纷的处理方式和程序，导致此类诉讼（包括其他仲裁和纠纷）对何时解决的理解不同。